GRöLS Verlage

„Bücher sind wie Fallschirme. Sie nützen uns nichts, wenn wir sie nicht öffnen."

Gröls Verlag

Redaktionelle Hinweise und Impressum

Das vorliegende Werk wurde zugunsten der Authentizität sehr zurückhaltend bearbeitet. So wurden etwa ursprüngliche Rechtschreibfehler regelmäßig *nicht* behoben, denn kleine Unvollkommenheiten machen das Buch – wie im Übrigen den Menschen – erst authentisch. Mitunter wurden jedoch zum Beispiel Absätze behutsam neu getrennt, um den Lesefluss zu erleichtern.

Um die Texte zu rekonstruieren, werden antiquarische Bücher von Lesegeräten gescannt und dann durch eine Software lesbar gemacht. Der so entstandene Text wird von Menschen gegengelesen und korrigiert – hierbei treten auch Fehler auf. Wenn Sie ebenfalls antiquarische Texte einreichen möchten, finden Sie weitere Informationen auf www.groels.de

Viel Freude bei der Lektüre wünscht Ihnen das Team des Gröls-Verlags.

Adressen

Verleger: Hermann-Josef Gröls,

Im Borngrund 26, 61440 Oberursel

Externer Dienstleister für Distribution & Herstellung:

BoD, In de Tarpen 42, 22848 Norderstedt

Unsere „Edition | Werke der Weltliteratur“ hat den Anspruch, eine der größten und vollständigsten Sammlungen klassischer Literatur in deutscher Sprache zu werden. Nach und nach versammeln wir hier nicht nur die „üblichen Verdächtigen“ von Goethe bis Schiller, sondern auch Kleinode der vergangenen Jahrhunderte, die – zu Unrecht – drohen, in Vergessenheit zu geraten. Wir kultivieren und kuratieren damit einen der wertvollsten Bereiche der abendländischen Kultur. Kleine Auswahl:

Francis Bacon • Neues Organon • **Balzac** • Glanz und Elend der Kurtisanen • **Joachim H. Campe** • Robinson der Jüngere • **Dante Alighieri** • Die Göttliche Komödie • **Daniel Defoe** • Robinson Crusoe • **Charles Dickens** • Oliver Twist • **Denis Diderot** • Jacques der Fatalist • **Fjodor Dostojewski** • Schuld und Sühne • **Arthur Conan Doyle** • Der Hund von Baskerville • **Marie von Ebner-Eschenbach** • Das Gemeindekind • **Elisabeth von Österreich** • Das Poetische Tagebuch • **Friedrich Engels** • Die Lage der arbeitenden Klasse • **Ludwig Feuerbach** • Das Wesen des Christentums • **Johann G. Fichte** • Reden an die deutsche Nation • **Fitzgerald** • Zärtlich ist die Nacht • **Flaubert** • Madame Bovary • **Gorch Fock** • Seefahrt ist not! • **Theodor Fontane** • Effi Briest • **Robert Musil** • Über die Dummheit • **Edgar Wallace** • Der Frosch mit der Maske • **Jakob Wassermann** • Der Fall Maurizius • **Oscar Wilde** • Das Bildnis des Dorian Grey • **Émile Zola** • Germinal • **Stefan Zweig** • Schachnovelle • **Hugo von Hofmannsthal** • Der Tor und der Tod • **Anton Tschechow** • Ein Heiratsantrag • **Arthur Schnitzler** • Reigen • **Friedrich Schiller** • Kabale und Liebe • **Nicolo Machiavelli** • Der Fürst • **Gotthold E. Lessing** • Nathan der Weise • **Augustinus** • Die Bekenntnisse des heiligen Augustinus • **Marcus Aurelius** • Selbstbetrachtungen • **Charles Baudelaire** • Die Blumen des Bösen • **Harriett Stowe** • Onkel Toms Hütte • **Walter Benjamin** • Deutsche Menschen • **Hugo Bettauer** • Die Stadt ohne Juden • **Lewis Caroll** • *und viele mehr….*

Inhalt

Walter Benjamin
Rundfunkarbeiten

Rundfunkgeschichten für Kinder

Berliner Dialekt

Also ich will heute mit euch über die Berliner Schnauze sprechen; die sogenannte große Schnauze ist doch das erste, was allen einfällt, wenn man vom Berliner redet. Der Berliner, sagen die Leute in Deutschland, na ja, das ist eben der Mann, bei dem alles zu Hause anders und besser und schlauer gemacht wird wie bei uns. Wenn man's ihm nämlich glaubt. Deswegen haben sie auch den Berliner nicht gern, wenigstens tun sie so. In Wirklichkeit ist es doch sehr schön, wenn man eine Hauptstadt hat, auf die man ein bißchen schimpfen kann.

Aber stimmt das nun überhaupt mit der Berliner Schnauze? Es stimmt und stimmt auch nicht. Jeder von euch kennt natürlich eine Menge Geschichten, wo diese Schnauze so weit aufgerissen wird, daß das Brandenburger Tor darin Platz hätte. Und nachher erzähle ich euch noch ein paar, die ihr vielleicht sogar nicht kennt. Aber wenn man's sich dann näher überlegt, stimmt doch auch manches mit der großen Schnauze wieder nicht. Zum Beispiel, ganz einfach: andere Stämme und Landschaften machen viel Wesens von ihrer besonderen Sprache; Dialekt, so nennt man doch die Sprache, die in den einzelnen Städten oder Gegenden gesprochen wird. Also sie machen viel Wesens davon und sind stolz darauf und lieben ihre Dichter, die wie Reuter Mecklenburger Platt, wie Hebel Alemannisch, wie Gotthelf Schweizerdeutsch geschrieben haben. Und damit haben sie auch recht. Die Berliner sind aber, grade was ihr Berlinern angeht, immer sehr bescheiden gewesen. Sie haben sich eigentlich mehr wegen ihrer Sprache geschämt, wenigstens vor den feinen Leuten und vor den Fremden. Unter sich haben sie natürlich desto mehr Spaß dran gehabt. Sie haben sich auch über das Berlinern lustig gemacht, genauso wie über alles andere. Davon gibt es viele hübsche Geschichten, zum Beispiel: sitzt da ein Mann mit seiner Frau bei Tisch und sagt: „Wat, heute jibts schon wieder Bohnen, ick eßte sie doch erst jestern." Da verbessert ihn aber seine Frau und sagt: „Man sacht nich, ick eßte, man sacht ick aß", und da antwortet ihr der Mann: „Det mußt du vielleicht von dir sagen, ick brauch det von mir nich zu sagen." Oder die bekannte Geschichte von dem Vater, der mit dem Sohn auf der Landpartie ist: „Wie heeßt der Schmetterling, Vater", da sagt der Vater: „Heeßen heeßt et nich, heißen heeßt et."

Und man mußte den Berlinern erst Mut machen, zu ihrer Sprache sich auch nach außen zu bekennen. Früher hatten sie das eigentlich nicht nötig. Vor hundert Jahren gab es schon Schriftsteller, die haben Berliner Typen aufgestellt, die dann in ganz Deutschland berühmt wurden. Die bekanntesten davon sind: der Schusterjunge, das Marktweib, der Budiker, der Straßenhändler, vor allem der berühmte Eckensteher Nante. Und dann habt ihr vielleicht einmal, wenn ihr alte Jahrgänge von einem Witzblatt in der Hand gehabt habt, die beiden berühmten Berliner gesehen, von denen der eine ganz dick ist und klein und der andere ganz lang und schmal; die redeten über Politik, und mal hießen sie Kielmeier und Strobelweber und Plümecke und Bohnhammel, mal Meck und Scherbel und zum Schluß einfach Müller und Schulze; und sie haben die schönsten berlinischen Sachen zusammengequatscht. Jede Woche stand etwas Neues davon in der Zeitung. Dann kam aber 1870 und die Reichsgründung, und die Berliner wollten auf einmal sehr hoch hinaus und sehr vornehm werden. Da mußten ihnen erst ein paar große Männer, vor denen sie ja immer Respekt haben, die Courage zu ihrem eigenen Dialekt wiedergeben. Zwei von denen sind komischerweise Maler und keine Dichter. Und es gibt eine Menge wunderschöne Geschichten von ihnen. Der eine, den kennen die meisten von euch aber nicht, ist der berühmte alte Max Liebermann, der noch lebt und wegen seiner schrecklichen Schnauze gefürchtet ist. Dem hat es nun aber einmal ein anderer Maler, Bondi heißt er, vor ein paar Jahren mächtig gegeben. Da saßen die beiden im Café einander gegenüber und unterhielten sich nett, und auf einmal sagt Liebermann zu dem Bondi: „Wissense Bondi, Sie sind ja 'n janz netter Kerl, wenn Se bloß nich so eklije Hände hätten." Der Bondi sieht den Professor Liebermann an und sagt: „Herr Professor, da habense ja recht, aber sehnse, die Hände, die kann ick denn eben in meine Tasche stecken, aber wie machen Sie det mit Ihrn Kopp?" Und der andere große Berliner, von dem kennen viele von euch den Namen, der ist vor kurzem gestorben und heißt Heinrich Zille. Wenn der eine besonders schöne Geschichte hörte oder beobachtete, dann ließ er sie nicht einfach so dummweg drucken, sondern zeichnete ein famoses Bild dazu. Und diese Geschichten mit den Bildern hat man jetzt nach seinem Tode gesammelt, ihr könnt sie euch schenken lassen, und viele werdet ihr auch schon kennen. Oder kennt ihr etwa die nicht: ein Vater sitzt mit seinen drei Jungs bei Tisch. Es gibt Nudelsuppe. Da sagt der eine: „Oskar, seh mal, wie Vater die Nudeln um die Schnauze bammeln!" Da sagt der Älteste, der heißt Albert: „Justav, wie kannste denn zu Vater seine Fresse Schnauze sagen!" „Na", sagt Gustav, „wennt sich der Ochse jefallen läßt!" Nun wird es aber dem Vater zu bunt, er springt auf und sucht nach dem Rohrstock. Und die drei Jungens, Gustav, Albert und Oskar, kriechen unter die Bettstelle. Der Vater versucht, sie herauszukriegen, aber das glückt ihm nicht, und schließlich sagt er zu dem Jüngsten: „Du komm man vor, Oskar, du hast ja nischt jesagt, dir tu ick ja nischt." Da hört man die Stimme von Oskar unterm Bett: „Dir Aas kenn ick!" Nachher erzähl ich euch noch ein paar Geschichten von frechen Jöhren.

Aber ihr müßt nicht etwa denken, das Berlinische wäre eine Witzesammlung. Es ist eben eine ganz richtige und wundervolle Sprache. Man hat sogar eine richtige Grammatik dieser Sprache geschrieben. Hans Meyer, Direktor der alten Berliner Schule vom Grauen Kloster, hat sie verfaßt, und sie heißt „Der richtige Berliner in Wörtern und Redensarten". Man kann auf Berlinisch so fein, so witzig, so zart, so klug sprechen wie nur in irgendeiner Sprache sonst. Nur muß man natürlich wissen, wo und wann. Das Berlinische ist eine Sprache, die aus der Arbeit kommt. Sie entsteht nicht bei dem Schriftsteller und bei dem Gelehrten sondern in der Mannschaftsstube und am Skattisch, auf dem Omnibus und im Leihhaus, im Sportpalast und in der Fabrik. Das Berlinisch ist eine Sprache von Leuten, die keine Zeit haben, die sich oft mit einer ganz kurzen Andeutung, einem Blick, einem halben Wort verständigen müssen. Das können nicht Leute, die sich gelegentlich dann und wann in Gesellschaft treffen, sondern nur welche, die sich regelmäßig, tagtäglich, unter ganz bestimmten unveränderten Bedingungen sehen. Unter solchen Leuten entstehen immer besondere Sprachen, und ihr selber habt in der Klasse das beste Beispiel dafür. Es gibt ja eine besondere Schülersprache. So gibt es auch besondere Ausdrücke unter den Arbeitern, unter den Sportsleuten, unter den Soldaten, unter den Dieben usw. usw. Und alle diese Sprachen steuern zum Berlinischen etwas bei, weil eben in Berlin all diese Menschen in den verschiedensten Berufen und Verhältnissen in großen Massen und in einem ungeheuren Tempo zusammenleben. Das Berlinische ist heute einer der schönsten und genauesten Ausdrücke von diesem rasenden Lebenstempo. – Natürlich ist es das nicht immer gewesen. Jetzt lese ich euch eine Berliner Geschichte aus einer Zeit vor, wo Berlin noch nicht die Vier-Millionen-Stadt war, sondern eine Stadt von ein paar hunderttausend Einwohnern.

„ **Bürstenbinder** *(trägt seine Bürsten und Besen, ist aber so betrunken, daß er seine Handelsartikel vergessen hat):* Neunoogen! Neunoogen! Immer ran, wer Jeld hat!

Erster Schusterjunge: Hör'n Se, Herr Schrubber, wer von die Neunoogen en Paar ißt, der bekehrt sich. (*Er verläßt den Betrunkenen und schreit, indem er auf der Straße hin und her rennt:)* Herrjees, nanu is et noch hübscher! Keen Mensch darf nich mehr aus't Fenster roochen!

Mehrere Leute: Wat meenst du'n damit? Ist des wahr? Darf man nich mehr aus't Fenster roochen? Det wär' denn doch zu arch?

Erster Schusterjunge (*fortrennend):* Nee! Man muß aus de Pfeife rochen!– Etsch, etsch!

Eckensteher Brisich *(vor dem Museum):* Det Haus freut mir, det Haus macht mir Spaß.

Eckensteher Lange: Wie so macht dir det Haus Spaß? –

Brisich *(ein wenig turkelnd):* Wie so es mir Spaß macht? Na, wegen die Adlersch da oben druf!

Lange: Na, wie so machen dir denn die Adlersch Spaß? –

Brisich: Weil des königliche Adlersch sind und doch Ecke stehen müssen! Denk' dir, wenn ick son'n königlicher Adler wäre un da oben uf't Museum Ecke stehen müßte als Verzierung! Det wüßt' ick woll: wenn mir durschterte, verziert' ick 'ne Weile nich, sondern zöge meine Pulle raus, jenösse Eenen, und schrie runter uf de Leute: ›Nehmen Se det jefälligst des Museum nich übel! Ein königlicher Adler erholt sich!‹"

Alle Sprachen ändern sich schnell, aber die Sprache einer Großstadt ändert sich noch viel schneller als die Sprache in ländlichen Gegenden. Nun hört euch einmal im Vergleich zu dieser kleinen Geschichte die Sprache eines Ausrufers von heute an. Der Mann, der sie aufgeschrieben hat, heißt Döblin und hat euch an einem der letzten Sonnabende von Berlin erzählt. Natürlich wird er sie nicht genau so gehört haben, wie er sie aufgeschrieben hat. Er hat sich eben oft auf den Alexanderplatz hingestellt und den Leuten zugehört, die ihr Zeug da verkaufen, und dann hat er das Beste zusammengeschrieben.

„Warum aber im Westen der feine Mann Schleifen trägt und der Prolet trägt keine? Herrschaften, treten Sie nur näher, Frollein, Sie auch, mit dem Herrn Gemahl, Jugendlichen ist der Eintritt erlaubt, für Jugendliche kostet es hier nicht mehr. Warum trägt der Prolet keine Schleifen? Weil er sie nicht binden kann. Da muß er sich einen Schlipshalter zu kaufen, und wenn er ihn gekauft hat, ist er schlecht und er kann den Schlips nicht mit binden. Das ist Betrug, das verbittert das Volk, das stößt Deutschland noch tiefer ins Elend, als es schon drin sitzt. Warum zum Beispiel hat man diese großen Schlipshalter nicht getragen? Weil man sich keine Müllschippen um den Hals binden will. Das will weder Mann noch Frau, das will nicht mal der Säugling, wenn der antworten könnte. Man soll darüber nicht lachen, Herrschaften, lachen Sie nicht, wir wissen nicht, was in dem lieben kleinen Kindergehirn vorgeht. Ach Gottchen, das liebe Köpfchen, son kleines Köpfchen und die Härchen, nicht, ist schön, aber Alimente zahlen, da gibts nichts zu lachen, das treibt in Not. Kaufen Sie sich solchen Schlips bei Tietz oder Wertheim, oder, wenn Sie bei Juden nicht kaufen wollen, woanders. Ich bin ein arischer Mann. Die großen Warenhäuser haben keinen Grund, sich von mir Reklame machen zu lassen, die können auch ohne mir bestehen. Kaufen Sie sich solchen Schlips, wie ich hier habe, und dann denken Sie daran, wie Sie ihn morgens binden sollen. Herrschaften, wer hat heutzutage Zeit, sich morgens einen Schlips zu binden, und gönnt sich nicht lieber die Minute mehr Schlaf. Wir brauchen alle viel Schlaf, weil wir viel arbeiten müssen und wenig verdienen. Ein solcher Schlipshalter erleichtert Ihnen den Schlaf. Er macht den Apotheken Konkurrenz, denn wer solchen Schlipshalter kauft, wie ich hier habe, braucht kein Schlafgift und keinen Schlummerpunsch und nichts. Er schläft ungewiegt wie das Kind an der Mutterbrust, weil er weiß: es gibt morgens kein Gedränge; was er braucht, liegt auf der Kommode fix und fertig und braucht bloß in den Kragen geschoben zu werden. Sie geben Ihr Geld für viel Dreck aus. Da haben Sie voriges Jahr die Ganofim gesehn im Krokodil, vorne gab es heiße Bockwurst, hinten hat Jolly gelegen im Glaskasten und hat sich den Sauerkohl um den Mund wachsen lassen. Das hat jeder von Ihnen gesehn, – treten Sie nur dichter zusammen, damit daß ich meine Stimme schonen kann, ich hab meine Stimme nicht versichert, mir fehlt noch die erste Anzahlung – wie Jolly im Glaskasten lag, das haben Sie gesehn. Wie sie ihm aber Schokolade zugesteckt haben, das haben Sie nicht gesehn. Hier kaufen Sie ehrliche Ware, es ist nicht Zelluloid, es ist Gummi gewalzt, ein Stück zwanzich Pfennig, drei Stück fuffzich."

Hieran könnt ihr auch gleich sehen, wie nützlich die Berliner Schnauze sein kann, und wie jemand mit ihr Geld verdient, wenn er für seinen Krawattenbinder soviel Betrieb machen kann, als ob er ein ganzes Warenhaus leitet.

So eine Sprache erneuert sich jeden Augenblick. Alle Ereignisse, große und kleine, lassen ihren Abdruck darin zurück. Krieg und Inflation ebensogut wie ein Zeppelinbesuch oder der Einzug von Amanullah oder der eiserne Justav. Es gibt sogar richtige berlinische Sprachmoden. Manche von euch erinnern sich vielleicht noch an das berühmte „Bei mir". Zum Beispiel: wenn einer angequatscht wird von einem, mit dem er nicht reden will, sagte er: „Bei mir Kaiser Wilhelm-Gedächtniskirche". Das heißt eben: Türme. Und „türme" heißt ja auf Deutsch bekanntlich: „Mach, daß du fortkommst!" Oder ein kleiner Junge, dem man eine Bestellung aufgibt; und man fragt ihn: „Wirst du's auch ordentlich besorgen?" Da sagt er: „Bei mir Schiefertafel". (Auf mir könn' Sie rechnen.)

An vielen von diesen Geschichten werdet ihr schon gemerkt haben, die große Schnauze ist nicht das einzig Merkwürdige an den Berlinern. Man kann zum Beispiel sehr unverschämt und dennoch sehr ungeschickt sein. Der Berliner, jedenfalls der beßre, verbindet aber seine Unverschämtheit immer mit sehr viel Schlagfertigkeit und Geist und Witz. Er läßt sich, wie man sagt, „nich for dumm verkaufen". Da gibt es zum Beispiel diese schöne Geschichte von dem Herrn, der große Eile hat, sitzt in der Pferdedroschke, es geht ihm zu langsam: „Mein Gott, Kutscher, können Sie denn wirklich nicht schneller vorwärts kommen?" „Det schon, aber ick kann doch det Ferd nich jut alleene lassen." Aber der richtige Berliner Witz geht gar nicht nur auf Kosten anderer Leute, sondern ebensogern auf Kosten des Witzbolds selbst. Das macht ihn so liebenswürdig und frei: Er macht auch vor dem eignen Dialekt nicht halt, es gibt viele hübsche Geschichten, welche das zeigen, z.B. kommt da ein Mann schon ein bißchen besoffen in die Kneipe und fragt: „Kricht man hier Rum?" „Ne", sagt der Budiker, „hier setzt man sich." Also nun die versprochenen Geschichten von Kindern. Drei Jungen kommen in eine Drogerie. Einer verlangt „forn Jroschen Lakritze". Der Verkäufer schleppt eine lange Leiter heran, steigt auf die oberste Stufe, füllt die Tüte und klettert wieder herunter. Als der Kleine bezahlt hat, sagt der zweite: „Ick mechte ooch forn Jroschen Lakritze!" Nun wird der Verkäufer schon ärgerlich und fragt schon, bevor er von neuem die Leiter raufklettert, den dritten: „Willste ooch forn Jroschen Lakritze?" „Nee", sagt der. Nun klettert der Verkäufer wieder rauf, kommt wieder mit der vollen Tüte runter. Und nun wendet er sich zum dritten: „Und wat willst du, Kleener?"

Da sagt der: „Ick möchte forn Sechser Lakritze." – Oder: der Herr, der einen Jungen auf der Straße trifft: „Was, du rauchst schon, na warte, das sag ich deinem Lehrer." „Wat denn, du oller Dussel, ick jeh ja noch jar nich zur Schule." – Oder: da ist ein Junge in der Quinta, der kann es sich nicht abgewöhnen, „Du" zum Lehrer zu sagen. Der Lehrer heißt Ackermann. Er hört sich das eine Weile mit an, schließlich wird er wütend und sagt: „Du schreibst mir zu morgen hundertmal in dein Heft: ›Ich soll zu meinem Lehrer nicht Du sagen.‹" Am andern Tag kommt der Junge, gibt dem Lehrer das Heft ab, wirklich, hundertmal hat er aufgeschrieben: „Ich soll zu meinem Lehrer nicht Du sagen", fast das halbe Heft voll. Der Lehrer zählt nach, es stimmt. „Wat", sagt der Kleine, der neben ihm steht, „wat, Ackermann, da staunste!"

Ein andermal, wenn ihr wollt, kommt noch mehr Berlinisch. Aber ihr habt gar nicht nötig, darauf zu warten. Wer von euch die Augen und Ohren aufmacht, wenn er durch Berlin geht, kann viel mehr schöne Geschichten zusammenbringen, als er heute im Radio gehört hat.

Straßenhandel und Markt in Alt- und in Neuberlin

Kennt ihr das Märchen vom Goldnen Topf, erinnert ihr euch an das seltsame Äpfelweib, dem der Student Anselmus da am Anfang begegnet? Oder kennt ihr Hauffs Märchen „Zwerg Nase", das mit einem Markt beginnt, auf dem die Hexe mit spinnedürren Fingern die Waren betastet, um das Beste für sich nach Hause zu nehmen? Ist es euch nicht selbst schon, wenn ihr mit der Mutter den Markt betratet, spannend und festlich vorgekommen? Denn noch im einfachsten Wochenmarkt steckt etwas vom Zauber der orientalischen Märkte, der Bazare von Samarkand. Oder habt ihr den neuen Film gesehn, wo einer den Markt am Wittenbergplatz aufgenommen hat, und es ist spannender geworden als mancher Detektivfilm? Eins aber geht in den Film natürlich nicht hinein, und auch

Bücher handeln davon nur selten: das Marktgespräch nämlich, das eigentliche Verhandeln und Handeln, all dies Hin und Her um Ware und Geld, das auf seine Weise ebenso saftvoll und üppig ist wie das Bild, das der Markt für die Augen bietet. Ganz besonders gilt das für den Berliner Markt. Vor mehreren Monaten sprach ich euch hier vom Dialekt von Berlin. Der Markt und der Straßenhandel überhaupt ist nun eine der Stellen, an denen sich das Berlinische am besten erlauschen, in seiner Entwicklung, Bewegung erfassen läßt. Vom alten und neuen Berliner Straßenhandel will ich euch heute erzählen.

Die Marktweiber waren schon im alten Berlin etwas ganz Besonderes. Sie hatten eben, als einzige unter allen Händlerinnen, Erlaubnis, ihre Ware auf dem Wochenmarkt auszubieten, und werden meist Bauernfrauen gewesen sein, die Erzeugnisse aus der eigenen Wirtschaft feilboten. Ganz anders die sogenannten Hökerfrauen. Sie durften keine besseren Waren führen und mußten obendrein als Entgelt für ihre Handelserlaubnis im Monat vier Pfund Wolle fürs Lagerhaus spinnen. Da ihnen auch das Einkaufen außerordentlich beschränkt war – sie durften nicht von den Bauern aufkaufen, sondern nur an Markttagen zu später Stunde die Reste an sich bringen – so machten die Hökerinnen elende Geschäfte und schlugen sich mit ihrer Familie notdürftig durch. Das war schon im 18. Jahrhundert so. Und wollte damals eine Frau aus niederem Stand zum Familienunterhalt beitragen, wie so viele Soldatenweiber, so blieb ihr manchmal gar nichts weiter übrig, als Hökerin zu werden. Für eine regelrechte Marktfrau gab es denn auch keine größere Beleidigung, als wenn man sie „Hökerin“ nannte. Glassbrenner hat in einer von seinen besten Szenen so eine Marktfrau und ihre weltberühmte Berliner Schnauze geschildert und was ihr alles einfällt, um einem Kunden, der sie grad eben „Hökerin“ geschimpft hat, heimzuleuchten. „Hökerin?“ wiederholt sie, steht auf und stemmt den Arm in die Seite: „Hörn Se mal, Sie olle Bulldogge, nu blaffen Se mal nen Ogenblick vor ne andre Tiere oder ick tret Ihnen uffn Fuß, det Se acht Tage lang winseln sollen.“ – Der Herr sagt: „Nein, das ist doch merkwürdig, was diese Hökerinnen schimpfen können.“ – Hökerin: „Schimpfen? – Son dämlicher Lulatsch wie er is, dem kann man ja gar nich schimpfen, der is ja schon allens doppelt und dreifach jewesen, wat man Niederträchtjes von ihm sagen kann. Son Schatten von Mannsperson will Leute zum besten haben. Er ausjehungerter Federfuchser, er will die Leute hier schikanieren? Die Leute will er hier schikanieren? Soll er sich doch lieber an nen Jaljen hängen, damit kein anständijer Mensch mehr an ihm ein Verbrechen bejeht. Soll er sich doch lieber zusammenknautschen und zum Lumpenmann jehn und sich forn viertel Pfund Lumpen verkoofen. Nehm er sich doch Kiessand und scheuer sich reene, damit nuscht mehr von ihm übrig bleibt. Häng er sich an nen Mond, damit die Lüderjahns früh zu Hause jehn! Und nehm er sich ja in acht, det er die Kurrendejungens nicht zu nah kommt, sonst singen die: Jott bewahre mir in Jnaden." – Es war ein richtiger Sport geworden, die Marktweiber zum Schimpfen zu reizen. Man sieht ja hier, daß es sich lohnte. Richtig von Herzen und mit Ausdauer schimpfen können, ist eben ein großes Talent. Das kann nicht jeder, der es gern möchte. Dazu gehört nicht nur viel Grobheit und eine gesunde Lunge, sondern ein großer Wortschatz und nicht zuletzt Geist. Daß man den Budenbesitzerinnen und Marktweibern von Berlin den gern zuspricht, davon zeugt manche hübsche Geschichte. Zum Beispiel diese, in der erzählt wird, wie eine Obstverkäuferin auf dem Totenbett liegt, und das Sterben wird ihr sehr schwer. Ihr Mann steht daneben, weiß nicht recht, was er sagen soll, und versucht, sie zu trösten: „Gräme dir nich darüber, det du sterben mußt; det find sich allens, det wird allens schon jehn! Seh mal, eenmal müssen wir ja alle in unserm Leben sterben!" – „Schafskopp", lispelt die arme Frau, „det is es ja eben! Wenn man zehnmal oder zwölfmal sterben müßte, denn würd ick mir aus det eine Mal jar nischt machen." Das große Berliner Schlagwort „Bange machen gilt nicht" ist auch für diesen Typus der Wahlspruch gewesen. Besonders läßt sich der Berliner bekanntlich von Bildung nicht imponieren. Oder wenn er es tut, dann läßt er sich's doch nicht merken. Wir haben ein schönes Berliner Bild aus der Mitte des vorigen Jahrhunderts. Damals gab es ja noch kaum Witzblätter. Dafür waren in den Buch- und Papierhandlungen einzelne Bilder mit Unterschriften zu kaufen, die oft von großen Künstlern, von Hosemann, Franz Krüger,

Dörbeck und andern gemacht waren, häufig in Tuschfarben. Also von einem dieser Bilder spreche ich hier. Da sieht man in der Nähe des Brandenburger Tores eine dicke Obstfrau vor ihren Körben sitzen, und neben ihr stehen ein besserer Herr nebst Begleitung, Fremde, wie man ihnen ansieht, die sich in Berlin nicht auskennen. „Liebste Frau", sagt der Herr und zeigt auf die Victoria auf dem Brandenburger Tor, „können Sie mir nicht sagen, was das da oben auf dem Tor für eine Puppe ist?" – Antwort: „Ja nu, wat wird det sind. Alte römische Geschichte, Kurfürsten von Brandenburj, siebenjährijer Kriej, det is et!" – „Ach so", sagt der Herr, „na ich danke auch sehr."

Ich möchte nicht behaupten, daß dieser Berliner Typ heute ausgestorben ist. Nur sind die Klassenunterschiede schärfer geworden, das Volk bleibt mehr unter sich, es ist heute nicht mehr so leicht, als Kunde im Rummel der Markttage diesen Leuten näher zu kommen. Darum ist auch für so klassisch schöne Schimpfereien, wie Glassbrenner sie uns überliefert hat, keine Zeit mehr. Die heutigen Marktfrauen sind mehr Geschäftsfrauen geworden, und die Fleischer, die auf den Markt kommen, haben ihre Vorratskammern in den großen Kühlhallen, wo sie vor Beginn des Marktes aufladen und nach dem Markt wieder abladen. Dafür haben wir ein andres Schauspiel, das es als Augenweide gewiß mit dem Ohrenschmaus des alten Berliner Wochenmarktes aufnehmen kann: die Markthallen. Für mich war es, wie ich klein war, ein großes Fest, in die Markthalle am Magdeburger Platz mitgenommen zu werden, wo es im Winter so warm und an heißen Tagen so kühl war. Alles ist da anders wie auf Wochenmärkten im Freien. Zunächst die riesigen Haufen von Ware der gleichen Art, die hier in den Ständen scharf aneinandergrenzen. Vor allem aber der Geruch, der sich im geschlossenen Raum aus Fischen, Käse, Blumen, rohem Fleisch und Früchten ganz anders als unter freiem Himmel mischt, und der in seinem Unentschiedenen und Schummrigen so gut zu dem Licht paßt, das durch die trüben, in Blei gefaßten Scheiben hereindringt. Nicht zu vergessen den Steinboden, der immer in Abwässern oder Spülicht gebadet daliegt, und über den man wie über schlüpfrigen, kalten Meerboden hinspaziert. Weil ich, seitdem ich klein war, kaum je in einer Markthalle wieder gewesen bin, darum hat ein Besuch in ihnen für mich den ganzen Reiz von früher behalten. Und wenn ich mir ein besonderes Fest machen will, dann gehe ich nachmittags zwischen vier und fünf manchmal in der Markthalle an der Lindenstraße spazieren. Vielleicht begegne ich da mal einem von euch. Aber wir werden uns nicht erkennen. Das ist die Schattenseite vom Rundfunk.

Manche Art Handel ist nun freilich ganz und gar aus den Straßen Berlins verschwunden. So die Sandwagen, die bis ungefähr 1900 vor jedem Hause und auf jedem Hof ihr: „Sand, weeßen Sand!“ ausriefen. Sie kamen aus den Rehbergen im Norden, vom Kreuzberg aus dem Süden und aus allen andern Richtungen mit dem weißen Sand, den die Hausfrauen einst zum Bestreuen der weißgescheuerten Dielen brauchten. Oder die Bücklingswagen. Oder die Kolporteure, Hunderte von ärmlichen Existenzen, die mit Schundromanen mit bunten Bildern oder am häufigsten vielleicht mit Noten und Liedertexten gehandelt haben. Vor der Entwicklung des Reklamewesens war ja der Buchhandel, wenn er seine Erzeugnisse bis ins Volk herunter vertreiben wollte, auf Kolporteure angewiesen. Man möchte sich gern den vollkommnen Bücherreisenden dieser Zeit und dieser Volksschichten vorstellen, den Mann, der es verstand, Geister- und Rittergeschichten in die Dienstbotenkammern der Städte und die Bauernstuben der Dörfer zu bringen. Er mußte selber ein wenig in die Geschichten hineinpassen, die er absetzte. Nicht als Held natürlich, nicht als junger, verstoßner Prinz oder fahrender Ritter, wohl aber als der zweideutige Greis, der Warner oder Verführer, der in so vielen dieser Geschichten auftritt. Die Blätter, die er damals für wenige Pfennige verkaufte, und besonders die sogenannten Neuruppiner Bilderbogen von Gustav Kühn sind heute sehr selten und gesuchte Kostbarkeiten geworden.

Kolporteure also gibt es wenigstens in Berlin heute so gut wie gar nicht mehr. Dafür gibt es aber die Bücherwagen. Der Bücherverkäufer von der Berliner Straße ist der einzige Buchhändler, den man heute noch bei der Lektüre seiner eigenen Bücher antreffen kann. Oft sitzt so ein Mann auf der schmalen Steinrampe eines Gartens oder auf einem Feldstühlchen, das er mitgebracht hat, und läßt sich durch die Leute, die seinen Wagen beschnuppern, nicht stören. Denn er weiß, daß unter zehnen vielleicht noch nicht einer ist, der da ernstliche Absichten hat. Überhaupt, wäre er auf die angewiesen, die mit ernsthaften Absichten kommen, dann wäre es hoffnungslos. Aber der Trick der Bücherwagen ist eben: hier kaufen Leute Bücher, die eigentlich morgens, als sie von Hause fortgingen, nicht im Traum dran gedacht haben. Gelegenheitsleser, Gelegenheitsliebhaber. Nur in der Inflation war es anders. Wer da noch einen Pfennig für Bücher ausgeben konnte, der fand auf den Bücherwagen Kostbarkeiten zum hundertsten oder tausendsten Teil ihres Werts. Denn zu der Geldentwertung kam die Ahnungslosigkeit dieser meist nicht sehr beschlagenen Verkäufer hinzu, und die Sammler haben davon Gebrauch gemacht.

Der Mann am Bücherwagen ist schweigsam. Aber er ist eine Ausnahme; denn im allgemeinen ist der Berliner Straßenhandel die hohe Schule der Berliner Schnauze, die eigentliche Berliner Rednerakademie. Ich werde euch jetzt zum Schluß so eine echte Berliner Meisterschaftsrede halten, wie man sie allerdings nicht grade täglich auf der Straße zu hören bekommt. Das werdet ihr selbst schon bemerkt haben, daß so ein Redner, um in Schwung zu kommen, sich gewissermaßen selbst aufzieht, daß er, schon ehe noch irgendwer achtgibt oder zuhört, vor seinem „Universellen Fleckenreiniger", seinem Selbstbinder, seinem Kristallpalastkitt sich aufstellt und mit Todesverachtung in die leere Luft hinein eine Ansprache hält, sie womöglich mit Gebärden begleitet, bis eben irgend jemand anbeißt. Anbeißt, das heißt hier aber nicht: kauft. Der Kauf ist im Straßenhandel nur das letzte Glied einer Kette. Das erste ist jedenfalls die Begeisterung des Redners, das zweite aber, daß Zuhörer und Zuschauer sich einfinden müssen, je mehr desto besser. Der Straßenhändler steht in der Mitte. Er hat seine Rede auswendig gelernt, wiederholt sie immer von neuem. Das wissen seine Hörer so gut wie er. Und für sie ist eben das Interessante, wie er sich trotzdem mit Abschweifungen, Variationen etc. aus der Affäre zieht, oder wie er dann wieder manche wichtigen Stellen jedesmal in genau der gleichen Betonung und mit der Präzision eines

Grammophons herausbringt. Ist dann endlich einer der Umstehenden mürbe und kauft etwas, so muß er vortreten und steht mit dem Verkäufer im Mittelpunkt eines Kreises, wie zwei Schauspieler in der Mitte einer Arena stehen. Und diese Attraktion, etwas aufzuführen, eine Rolle zu spielen, gesehn zu werden, ist ein Hauptanreiz zum Kaufen. Hier also unser Mann mit dem Wäscheschoner: „Meine Herrschaften! Glauben Sie nicht, daß ich Ihnen hier etwas aufschwatzen will, was noch nicht erprobt ist. Sämtliche Kapazitäten des Fachs haben diesen Wäscheschoner untersucht und begutachtet. Wenn Sie sie sehen wollen – wenn Se näher treten wollen! Dieser Wäscheschoner ist das denkbar Praktischste, was Sie sich auf diesem Gebiet leisten können. So einfach – und elegant! Zugleich aber auch sparsam! In dieser Zeit, wo wir alle, wie wir da stehn, das Geld zweimal herumdrehn, eh' wir's ausgeben, und wo doch jeder sauber aussehen muß, der Karriere machen will – in dieser Zeit ist dieser Wäscheschoner der Rettungsengel für die ganze Welt. – Ja meine Herrschaften – Se lachen. Eines Tages werden Se einsehn, det ick nich zuviel jesacht habe.“ Inzwischen hat sich schon ein dichter Kreis von 20 bis 30 Personen um den Händler angesammelt. Nun nimmt er seinen Wäscheschoner und erläutert ihn: „Sehn Sie, meine Herrschaften, Sie nehmen den weichen Stehumlegekragen, schlagen ihn auf, legen den steifen Wäscheschoner hinein – schlagen ihn zu – binden den Kragen um – und wie sitzt er nun? Straff und elegant! – Straff und elegant! Und auch die Krawatte sitzt nun besser. Und wenn sonst der Kragen schon nach wenigen Stunden unsauber aussah – jetzt können Sie ihn acht Tage tragen. Und immer ist er noch straff und elegant! Wer einen solchen Wäscheschoner trägt, wird stets alle Mitbewerber aus dem Felde schlagen, wenn er sich um eine Stelle bewirbt. Denn wie wird der Chef von ihm sagen: Ja, der Mann ist straff und elegant!“ –

Wenn man so einer Rede zuhört, braucht man dem alten Berlin nicht nachzutrauern. Es steckt noch im neuen und ist so unverwüstlich wie unserm Redner sein Wäscheschoner.

Berliner Puppentheater

Wenn ihr Berliner Kinder einmal ins Puppentheater gehen wollt, habt ihr es gar nicht leicht. In München gibt es zum Beispiel den berühmten Papa Schmidt, der in einem eigenen Theater, das die Stadt München für ihn gebaut hat, mindestens zweimal die Woche spielt. In Paris gibt es auch ein ständiges Kasperltheater, sogar mehrere, die stehen im Luxembourg, das ist dasselbe wie hier der Tiergarten. In Rom gibt es das berühmte „Teatro dei piccoli", d.h. „Das Theater der Kleinen": nicht etwa *für* die Kleinen, sondern *von* den Kleinen, nämlich den Puppen, und schon ebensosehr für die Großen. Es ist überhaupt dem Puppentheater so gegangen. Lange war es eine Sache für Kinder und für die einfachen Leute, dann ist es allmählich heruntergekommen, niemand hat sich mehr drum gekümmert, und als es wieder entdeckt wurde, war es auf einmal etwas sehr Vornehmes, nur für Erwachsene und sogar nur für die feinen Leute. Nur der Kasperle hat immer zu den Kindern gehalten. Im Sommer kann man sogar in Berlin noch einen ganz schönen Kasperle sehen. Im Lunapark, am Ende der großen Eingangsallee, spielt er den ganzen Nachmittag, nur etwas zu kurz und zu oft dasselbe.

Vor hundert Jahren war es gerade umgekehrt. Da kam der Kasperl im Winter. Und zwar genau um diese Zeit, kurz vor Weihnachten. Und mit ihm eine Menge von andern Puppen, meist unter seinem Oberbefehl. Denn das ist ja das Merkwürdige am Kasperl, daß er nicht nur in den Stücken vorkommt, die man für ihn geschrieben hat, sondern immer frech die Nase in allerhand große, richtige Theaterstücke für die Erwachsenen steckte. Er wußte eben, er kann es riskieren. In den schrecklichsten Trauerspielen passierte ihm nichts. Und wenn der Teufel den Faust holt, muß er den Kasperl doch leben lassen, der es gar nicht besser getrieben hat als sein Herr. Er ist eben ein kurioser Kerl. Oder, wie er selbst sagt: „Ich bin immer 'n kurioser Mensch gewesen. Schon als Junge sparte ich mir immer mein Taschengeld. Und wenn ich etwas zusammen hatte, wissense, wat ick denn damit machte, ich ließ mir 'n Zahn ausziehen." Also, wenn Weihnachten herankam, erschienen dann an den

Straßenecken Anschlagzettel, rote oder grüne, blaue oder gelbe, auf denen zum Beispiel zu lesen stand:

„Der geschundene Raubritter oder Liebe und Menschenfraß oder Gebratenes Menschenherz und Menschenhaut. Danach großes Metamorphosenkunstballett, worin mehrere, ganz nach dem Leben tanzende Figuren und Verwandlungen durch ihre niedlichen, kunstgerechten Bewegungen das Auge des Zuschauers angenehm überraschen werden. Zum Schluß wird der Wunderhund Pussel sich sehr auszeichnen. Um keine Störung zu befürchten, so werden ungesittete Knaben nicht hereingelassen; so ist der Eintrittspreis gestellt: 2 Silbergroschen, 6 Pfennig, für Kinder wie erwachsene Personen."

Solche Aufführungen waren immer mit den sogenannten „Humoristischen Weihnachtsausstellungen" verbunden, die alljährlich in ein paar berühmten Konditoreien stattfanden. Auf diesen Ausstellungen war eigentlich nichts ausgestellt als ein paar große, farbige Figuren aus Zucker. Da hieß es zum Beispiel:

„Bei dem Konditor Zimmermann in der Königstraße sind feine Zuckerbilder von allen Sorten, nebst dem Brandenburger Tor aus Tragant ausgestellt." Die Hauptsache aber war dann natürlich das Puppentheater. Dabei ging es im Zuschauerraum nicht immer sehr zimperlich und manierlich zu. Besonders, als später die Vorstellungen in den Konditoreien abgelöst wurden von Julius Lindes mechanischem Marionettentheater oder Nattkes großem Badebassin-Theatersalon, Palisadenstraße 76, wo angezeigt stand: „Unterhaltung durch Laune und anständigen Witz sind von allbekannter Güte". Die anständige Unterhaltung hinderte aber nicht, daß, wie wir hören, oben im Rang Jungens von 10 bis 14 Jahren mit großen Pfeifen oder Zigarren dasaßen und aus hohen Gläsern Bier tranken.

Der berühmte Berliner Schriftsteller Glassbrenner, der solche Aufführungen beschrieben hat, hat dabei auch die Musik nicht vergessen: das Quartett, von welchem er sagt, daß fünf Mann dazu gehören, von denen einer immer nur mit Kümmel oder Branntwein begleitet.

Wollen wir einmal hören, was da gespielt wurde. Zum Beispiel: „Die Reise um die Erde in 80 Tagen“, „Der Mord im Weinkeller“, „Käthchen von Heilbronn“, „Der Lumpenball oder der verhängnisvolle Affe mit Feuerwerk“, „Der Freischütz“.

Wenn man jemanden fragen würde, woher er glaubt, daß das Puppentheater kam, würde er wahrscheinlich sagen: „Weil es eben viel billiger ist als ein richtiges Theater“. Das ist schon richtig. Aber das ist nur eine kleine, angenehme Nebenerscheinung an diesen Puppen, daß sie nichts essen und kein Gehalt verlangen. In den allerältesten Zeiten war das Puppentheater nicht nur eine spaßige, sondern manchmal auch eine heilige Sache, weil die Puppen Götter vorstellten. (Bei manchen Völkern auf den Südseeinseln ist es noch heute so. Sie machen Puppen aus Stroh bis zur Höhe von 30 Metern. Dann stecken sie einen Mann hinein, der sie bewegt und ein paar Schritt mit ihnen tanzt. Wenn der Mann dann erschöpft unter dem Gewicht zusammenbricht und die Puppe hinfällt, stürzen sich die Wilden darauf, zerreißen sie und bringen die Fetzen als schützende Zaubermittel nach Hause.) Wie aber das Puppentheater später in Deutschland aufkam, ist noch viel merkwürdiger. Das war nach dem dreißigjährigen Kriege. Die Söldnerhaufen zogen im Lande herum, hatten keine Beschäftigung und keinen Sold mehr und machten die Straßen unsicher. So unsicher, daß den Schauspielern, die von Berufs wegen viel unterwegs sein mußten und doch meist nur auf dem Theater fechten und schießen können, die Sache verleidet wurde. Da kam man auf den Gedanken, sie durch Marionetten zu ersetzen, und bei dieser Gelegenheit merkte man bald, was für ein wunderbares Theaterinstrument diese Puppen waren. Vor allem widersprechen sie nie. Sie haben zwar einen eigenen Kopf, noch dazu einen, der im Verhältnis zum Körper viel größer und schwerer ist als beim Schauspieler; und auch im Ausdruck ist er eigensinniger und starrer. Aber das ist nun das Sonderbare, und ihr werdet es ja im Puppentheater beobachtet haben. So ein hölzernes, scharfes Gesicht scheint doch im Mienenspiel alle kleinen und feinen Zuckungen dieses Körperchens zu begleiten, wenn ein richtiger Puppenspieler dahintersteht. Ein richtiger Puppenspieler ist ein

Despot, gegen den der Zar nur ein kleiner Gendarm ist. Stellt euch vor, er dichtet seine Stücke allein, malt die Dekorationen selber, schnitzt sich die Puppen so, wie er sie haben will, spricht fünf bis sechs, ja manchmal noch viel mehr Rollen mit seiner eigenen Stimme. Und nirgends trifft er auf Schikanen, Hemmungen, Hindernisse. Auf der anderen Seite aber muß er dann auch mit seinen Puppen mitgehen, die für ihn etwas Lebendiges werden. Alle großen Puppenspieler versichern, das Geheimnis der Sache sei eigentlich, der Puppe ihren eigenen Willen zu lassen, ihr nachzugeben. Der große Dichter Heinrich von Kleist (das sage ich für die paar Erwachsenen, die hier sich zwischen den Kindern versteckt haben und denken, ich sehe sie nicht) hat in seinem Aufsatz über das Marionettentheater sogar bewiesen, daß der Puppenspieler sich ganz und gar wie ein Tänzer verhalten muß, wenn er die Figuren richtig bewegen will. Dann kommt dieser schönste Anblick zustande, wie die Kleinen gleichsam mit ihren Zehenspitzen den Boden kitzeln, weil sie ja, wie die Engel, von oben herunter kommen und nicht, wie richtige Schauspieler, an die Schwerkraft gebunden sind. Aber ihre Überlegenheit hat ihnen auch schon viel Haß und Verfolgungen eingetragen. Erstens durch die Kirche und durch die Obrigkeit, weil die Puppen sich so leicht, ohne boshaft zu werden, über alles mokieren können. Sie brauchen ja die größten Männer nur nachzumachen, dann sieht es so aus: „Was *der* Mann kann, das kann ja jede Puppe." So haben sie zum Beispiel im alten Österreich die Tyrannen lächerlich gemacht. Dann aber sind sie bisweilen auch eine gefährliche Konkurrenz für die richtigen Theater gewesen. In Paris zum Beispiel haben die Schauspieler nicht geruht, bis sie sie aus der inneren Stadt in die äußersten Gegenden des Weichbildes verjagt hatten.

Daß die großen Puppenspieler große Originale gewesen sind, ist bekannt. Erstens leben sie nur für ihre Puppen, alles andere ist ihnen egal. Darum werden sie sehr alt. Der Papa Schmidt aus München ist 91 Jahre geworden. Und der berühmte Puppenspieler Winter, der die Kölner Puppenspiele eingeführt hat, in denen der Kaspar „Hänneschen" heißt, sogar 92. Zweitens: die Puppenspieler sind eine Art von Geheimverband. Bei ihnen erbt sich's vom Vater auf den Sohn. Einer lernt's vom andern auswendig. Und nachher trägt er die ganze Geschichte im Kopfe mit sich herum. Jeder von ihnen hat einen Schwur ablegen müssen, daß er niemals eine Zeile niederschreiben will, damit es nicht in unrechte Hände kommt, die ihnen das Brot wegnehmen. So ist es jedenfalls früher gewesen. Heute werden viele Puppenspiele gedruckt, aber die besten sind doch sicher die ungedruckten, die Kinder und Puppenspieler sich selbst machen. Natürlich mit Ausnahme der wundervollen Kasperlekomödien vom Grafen Pocci, die noch überall gespielt werden. Da war so ein ganz großer Puppenspieler, der hieß Schwiegerling. Ich habe selbst noch im Jahre 1918 das Schwiegerlingsche Marionettentheater in Bern gesehen, dann nie wieder etwas davon gehört oder gelesen. Es war schöner als alles, was man sich vorstellen kann. Schwiegerling hat die sogenannten Verwandlungspuppen oder Metamorphosen erfunden. Sein Marionettentheater war eigentlich mehr eine Zauberbude. Er gab nur ein Theaterstück jeden Abend. Vorher aber produzierten sich seine Kunstpuppen. An zwei Nummern kann ich mich noch erinnern. Kasperl kommt tanzend mit einer schönen Dame herein. Plötzlich, wie die Musik gerade am süßesten spielt, klappt die Dame ein, verwandelt sich in einen Luftballon, der Kasperl, weil er ihn aus Liebe festhält, in den Himmel entführt. Eine Minute bleibt die Bühne ganz leer, dann kommt Kasperl mit einem furchtbaren Krach heruntergefallen. Die andere Nummer war traurig. Auf einem Leierkasten spielt ein Mädchen, das aussieht, als wäre es eine verwunschene Prinzessin, eine traurige Melodie. Auf einmal klappt der Leierkasten ein. Zwölf zuckerwinzige Tauben fliegen heraus. Die Prinzessin aber versinkt mit hochgehobenen Armen stumm in der Erde. Und eben, wie ich dies erzähle, kommt mir noch eine andere Erinnerung von damals. Ein langer Clown steht auf der Bühne, verbeugt sich, beginnt zu tanzen. Während des Tanzens schüttelt er einen kleinen Zwergenclown aus dem Ärmel, der genauso rot-gelb geblümt gekleidet ist wie er; und so bei jedem zwölften Walzertakt einen neuen. Bis schließlich zwölf ganz gleiche Zwergen- oder Babyclowns um ihn im Kreise herumtanzen. Ich weiß schon, daß das unglaublich klingt, aber wahr ist es. Auf einer anderen Puppenbühne wieder war die Hauptattraktion ein Soldat, der rauchte und den Rauch von sich blies. Ein Hamburger

Konkurrent von Schwiegerling ließ die „Öffentliche Enthauptung des Fräulein Dorothea“ spielen; und setzte nach der Enthauptung Beifall ein, so bekam die Puppe ihren Kopf zurück und wurde nochmals geköpft. Dieser selbe Hamburger Puppenspieler gab seinem Kasperle immer eine Taube bei, so wie mit dem Wiener Wurstl ehemals ein Karnickel und mit dem französischen Guignol, so heißt dort das Kasperle, eine Katze auf das Theater kam.

Nun aber zurück nach Berlin. Ein andermal werde ich euch mehr von Puppen erzählen, inzwischen könnt ihr euch den „Pole Poppenspäler“ von Storm holen, wo so ein großes Puppenspieleroriginal beschrieben ist. Wir hören noch von einer anderen, nämlich stummen Puppenvorstellung, die in Berlin um Weihnachten aufgemacht wurde. Sie ist eigentlich ein berlinisches und weltliches Gegenstück zu den süddeutschen frommen Krippen und hieß „Theatrum mundi“, Welttheater. Man sah in verschiedenen, auf der Bühne parallel laufenden, durch Versatzstücke voneinander getrennten Reihen Vorgänge des täglichen Lebens in beständiger Bewegung auf unsichtbaren Rollen an sich vorüberziehen. Wild vom Jäger und Hunden verfolgt; Wagen, Reiter und Fußgänger; weidendes Vieh; Schiffe mit Dampf oder Segel; ein Eisenbahnzug; Jungen, die sich balgten – alles kam in bestimmten Abständen wieder. Es war eine Art mechanischer Vorläufer des jetzigen Kinos.

Und endlich lebende Bilder, aber von Puppen gestellt. Zum Beispiel: „Die drei Männer im Feuerofen“, oder „Das Erdbeben von Lissabon“, oder „Die Schlacht bei Zorndorf“, oder „Das Kasino in Baden-Baden“, oder „Die Entdeckung Amerikas“.

Und nun wollen wir ganz zum Schluß hören, wie der Mann, der davorsteht, natürlich ein echter Berliner, das den Berliner Kindern erklärt: „Hür präsentiert sich Ihnen eine sehr interessante Gruppe. Der Gesang der drei Männer im feurigen Ofen. Dieses macht sich außerordentlich hübsch und die Flammen sind sehr täuschend. – In der Mitte des Ofens stehen drei Männer und wundern sich, daß sie nich in Schweiß jeraten; außerhalb in der Ecke steht der grausame König Nebukadzneter und läßt eine Kiepe Torf nachschmeißen, indem er ausruft: „Euch will ick schon mürbe kriegen.“ Die drei Männer aber kehren sich nicht daran, sondern singen: „Üb immer Treu und Redlichkeit bis an dein *kühles* Jrab.“ Über diese Frechheit wird der König sehr eklig, und, um ihn noch mehr zu ärgern, steckt der eine seinen Kopp aus der Türe und ruft mit feuerlicher Stimme: „Haben Sie die Jüte und machen Sie die Klappe zu.“

Oder die Entdeckung Amerikas: „Zuerst präsentiert sich Ihnen Christof Columbus, wie er eben mit der Erfindung Amerikas beschäftigt ist. Der Himmel, wie Sie jefällichst sehen werden, is janz trübe, aber det Meer is ruhig und wart' die Sache ab. Columbussens Schiffsleute loofen teilweise aufs Verdeck rum und schreien: „Land“; teilweise umarmen se sich, teilweise stürzen se ihm zu Füßen. Er steht aber ruhig an det Mast jelehnt, streckt die Hand vor sich hin und sacht mit ernster Stimme: „Det is Amerika!“ – Janz hinten im Nebel bemerken se wohl den spitzen, jrünen Strich, wo sich die Wellen brechen, und ein nackender Mensch mit einem Feigenblatt darauf steht. – Dieses ist ein Vorposten, den Amerika gestellt hat. Sowie er det jroße Schiff jewahr wird, schreit er in seiner Muttersprache:“Wer da?“ Worauf ihm Columbus antwortet: „Jut Freund, ick nenne mir Columbus.“ – „Was wollen Sie hier“, frägt der neue Welter. „Bloß entdecken.“ – „Weiter nischt“, sagt der Eingeborene, salutiert, indem er zwee Finger an den Kopp legt und sagt: „Treten se näher, wir ham schon lange jewünscht, mal entdeckt zu werden.“ – Auf diese Weise ist Amerika entdeckt worden, welches eine Republik ist, die ich Ihnen aus vielen Gründen nicht empfehlen kann. Sobald diese Republik einen König nimmt, wird sie eine Monarchie und dieses ist begreiflich.“

Mit dieser schönen Rede schließen wir heute. Hoffentlich können wir nächstes Mal mit einer ebenso schönen eröffnen.

Das dämonische Berlin

Ich werde heute mit einem Erlebnis beginnen, das in mein vierzehntes Jahr fällt. Damals war ich Schüler auf einem Internat. Wie das in solchen Anstalten üblich ist, versammelten sich Kinder und Lehrer allwöchentlich abends mehrere Male, und es wurde musiziert, eine Rede gehalten oder aus einem Dichter vorgelesen. Eines Abends hielt der Musiklehrer die Kapelle, wie man diese Abendversammlung nannte. Das war ein kleiner putziger Mann von unvergeßlichem Ausdruck in den ernsten Augen, mit der spiegelndsten Glatze, die ich je sah und um die ein halboffener Kranz scharf geringelten, dunklen Lockenhaars stand. Sein Name ist unter den deutschen Musikliebhabern bekannt: er hieß August Halm. Dieser August Halm kam in die Kapelle, um uns Geschichten von E.T.A. Hoffmann vorzulesen, eben dem Dichter, von dem ich heute mit euch sprechen will. Ich weiß nicht mehr, was er las; es kommt auch nicht darauf an; desto genauer habe ich einen einzigen Satz aus der Ansprache im Sinne behalten, mit dem er seine Vorlesung einleitete. Er kennzeichnete Hoffmanns Dichtungen, seine Vorliebe für das Bizarre, Schrullige, Geisterhafte, Unerklärliche. Ich glaube, was er sagte, war sehr danach angetan, uns Jungen auf die nachfolgenden Geschichten zu spannen. Dann aber schloß er mit diesem Satze, den ich bis heute nicht vergessen habe: „Wozu einer solche Geschichten schreibt, das werde ich euch nächstens einmal erzählen.“ Auf dieses „nächstens“ warte ich immer noch, und da der Gute inzwischen gestorben ist, müßte diese Erklärung, wenn überhaupt, auf so unheimliche Weise mich erreichen, daß ich es vorziehe, ihr zuvorzukommen und heute versuchen werde, euch gegenüber ein Versprechen einzulösen, das mir vor 25 Jahren gegeben wurde.

Wenn ich ein bißchen mogeln wollte, könnte ich es mir mit der Sache leicht machen. Ich brauchte nur statt des Wortes „wozu“ zu setzen „warum“, und die Antwort wäre sehr einfach. Warum schreibt ein Dichter? Aus tausend Gründen. Weil es ihm Spaß macht, sich etwas auszudenken; oder weil solche Vorstellungen, Bilder, von ihm Besitz ergreifen, daß er sich erst beruhigen kann, wenn er sie niedergeschrieben hat; oder weil er sich mit Fragen und Zweifeln herumträgt, für die er eine Art Lösung in den Schicksalen von erdichteten Menschen findet, oder einfach weil er schreiben gelernt hat; oder, das ist leider ein sehr häufiger Fall, weil er überhaupt nichts gelernt hat. Warum Hoffmann geschrieben hat, ist nicht schwer zu sagen. Er gehörte zu den Dichtern, die von ihren Figuren besessen sind. Doppelgänger, Schauergestalten aller Art, wenn er sie schrieb, sah er sie wirklich um sich. Nicht nur wenn er schrieb, sondern mitten im unschuldigsten Gespräch am Abendtisch, beim Glase Wein oder Punsch, und mehr als einmal unterbrach er den oder jenen seiner Tischgenossen mit den Worten: „Entschuldigen Sie Teuerster, daß ich in die Rede falle. Aber bemerken Sie denn nicht dort in der Ecke rechter Hand den kleinen ganz verfluchten Knirps, wie er sich unter den Dielen hervorhaspelt; sehen Sie doch, was der Teufelskerl für Kapriolen macht! Sehen Sie, sehen Sie, jetzt ist er weg! Oh, genieren Sie sich doch nicht, liebenswürdigster Däumling, bleiben Sie gefälligst bei uns – hören Sie unseren überaus gemütlichen Gesprächen gütigst zu – Sie glauben gar nicht, was uns Ihre höchst angenehme Gesellschaft für Freude machen würde – ach, das sind Sie ja wieder – wäre es Ihnen nicht gefällig, etwas näher zu treten – wie – Sie belieben was weniges zu genießen – was belieben Sie doch zu sagen – wie – Sie gehen ab – gehorsamer Diener." Und so weiter. Und kaum daß er solch kauderwelsches Zeug mit stieren Augen nach der Ecke gerichtet, woher die Vision kam, gesprochen hatte, fuhr er auch wieder auf, wandte sich gegen die Tischgenossen und bat, ganz ruhig fortzufahren. So wird Hoffmann uns von seinen Freunden geschildert. Und wir selber werden von diesem Wesen uns angesteckt fühlen, wenn wir Geschichten lesen wie „Das öde Haus", „Das Majorat", die „Doppeltgänger" oder den „Goldnen Topf". Wenn nun gar günstige äußere Umstände hinzukommen, so kann sich die Wirkung dieser Geistergeschichten bis zum erstaunlichsten steigern. Mir selbst ist es so gegangen, und der günstige Umstand, welcher in diesem Falle hinzukam, war, daß meine Eltern mir die Lektüre verboten hatten. Ich konnte, wie ich klein war, Hoffmann nur heimlich lesen, abends, wenn die Eltern von zu Hause fort waren. Und ich erinnere mich an so einen Leseabend, an dem ich unter der Hängelampe am riesigen Eßzimmertisch allein saß – es war in der Carmerstraße – im ganzen Hause kein Laut, und während ich in den „Bergwerken zu Falun" las, alle Schrecken wie Fische mit stumpfen Mäulern sich allmählich in der umgebenden Dunkelheit um die Tischkanten sammelten, so daß meine Augen wie an eine rettende Insel sich auf die Buchseiten hefteten, aus denen doch all diese Schrecken kamen. Oder ein ander Mal, früher am Tage – ich weiß noch, daß ich da am spaltbreit geöffneten Bücherschrank stehend, bereit, beim ersten Geräusch den Band in den Schrank zu werfen, mit gesträubten Haaren und so gedoppeltem Entsetzen vor den Schrecknissen des Buches und der Gefahr, ertappt zu werden, im „Majorat“ las, daß ich kein Wort von der ganzen Geschichte begriffen habe.

„Der Teufel“, hat Heinrich Heine von Hoffmanns Schriften gesagt, „kann so teuflisches Zeug nicht schreiben.“ In der Tat: mit dem Gespenstischen, Geisterhaften, Unheimlichen dieser Schriften geht Hand in Hand etwas Satanisches. Und wenn wir diesem nachzugehen versuchen, so kommen wir schon von der Antwort auf das Warum von Hoffmanns Geschichten zur Antwort auf ihr geheimnisvolles Wozu. Der Teufel hat bekanntlich neben vielen andern Besonderheiten auch die der Findigkeit und des Wissens. Wer nun Hoffmanns Geschichten ein wenig kennt, der wird mich sofort verstehen, wenn ich sage, daß der Erzähler in diesen Geschichten immer ein sehr spürsamer, feinnerviger Kerl ist, der die Geister unter ihren raffiniertesten Verkleidungen aufspürt. Ja dieser Erzähler besteht mit einem gewissen Eigensinn darauf, daß all die ehrbaren Archivare, Medizinalräte, Studenten, Apfelweiber, Musikanten und höheren Töchter ebensowenig das sind, was sie den Anschein haben zu sein, wie er selbst, Hoffmann, etwa nur der pedantische exakte Kammergerichtsrat war, als der er seinem Broterwerb nachging. Mit anderen Worten aber heißt das: die gespenstischen, geisterhaften Figuren, die in Hoffmanns Geschichten auftreten, hat sich der Erzähler nicht einfach im stillen Kämmerlein bei sich selbst ausgedacht. Wie vielen großen Dichtern ist es ihm so ergangen, daß er das Außerordentliche nicht irgendwo frei im Räume schwebend, sondern an ganz bestimmten Menschen, Dingen, Häusern, Gegenständen, Straßen usw. gesehen hat. Wie ihr vielleicht gehört habt, nennt man Leute, die andern Menschen am Gesicht, oder am Gang, oder an den Händen, oder an der Kopfform ihren Charakter oder ihren Beruf oder sogar ihr Schicksal ansehen, Physiognomiker. So war Hoffmann weniger ein Seher als ein Anseher. Das ist nämlich die gute deutsche Übersetzung von Physiognomiker. Und ein Hauptgegenstand seines Ansehens war Berlin, die Stadt und die

Menschen, die in ihr wohnten. Mit einem gewissen bittren Humor spricht er in der Einleitung zum „Öden Haus“ – das ist in Wirklichkeit ein Haus Unter den Linden gewesen – von dem sechsten Sinn, der ihm verliehen worden, von der Gabe nämlich, an jeder Erscheinung, sei es Person, Tat oder Begebenheit, dasjenige Ausgefallene zu schauen, zu dem wir in unserem gewöhnlichen Leben in keiner Beziehung stehen. Seine Leidenschaft ist es, allein durch die Straßen zu wandeln, die begegnenden Gestalten zu betrachten, ja wohl manchem in Gedanken sein Horoskop zu stellen. Tagelang läuft er hinter ihm unbekannten Personen her, die irgend etwas Verwunderliches in Gang, Kleidung, Ton, Blick haben. Er fühlt sich in beständiger Berührung mit dem Übersinnlichen, und mehr noch als er die Geisterwelt, verfolgt die Geisterwelt ihn. Sie vertritt ihm in diesem vernünftigen Berlin am hellen Mittag den Weg, sie geht ihm durch den Lärm der Königstraße zu den wenigen noch übrigen Resten des Mittelalters in der Gegend des zerfallenden Rathauses nach, sie läßt ihn in der Grünstraße einen geheimnisvollen Rosen- und Nelkenduft verspüren und verhext ihm den eleganten Sammelplatz des feinen Publikums, die Linden. Man könnte Hoffmann den Vater des Berliner Romans nennen, dessen Spuren später, als man Berlin die „Hauptstadt“, den Tiergarten den „Park“, die Spree den „Fluß“ nannte, sich in Allgemeinheiten verloren, bis er in unseren Tagen – man denke nur an Döblins „Berlin Alexanderplatz“ – wieder aufgelebt ist. „Du hattest“, läßt er eine seiner Figuren zu einer anderen sagen, unter der er sich selbst denkt, „bestimmten Anlaß, die Szene nach Berlin zu verlegen und Straßen und Plätze zu nennen. Im allgemeinen ist es aber auch meines Bedünkens gar nicht übel, den Schauplatz genau zu bezeichnen. Außerdem daß das Ganze dadurch einen Schein von historischer Wahrheit erhält, der einer trägen Phantasie aufhilft, so gewinnt es auch, zumal für den, der mit dem Schauplatz bekannt ist, ungemein an Lebendigkeit und Frische.“

Gewiß könnte ich euch jetzt die vielen Geschichten aufzählen, in denen Hoffmann sich so als Physiognomiker von Berlin bewährt, könnte die Häuser bezeichnen, die bei ihm vorkommen, angefangen von seiner eigenen Wohnung, Charlotten- Ecke Taubenstraße, bis zum Goldnen

Adler am Dönhoffplatz, zu Lutter und Wegner in der Charlottenstraße etc. Ich glaube aber, wir haben mehr davon, dem noch deutlicher nachzugehen, wie Hoffmann Berlin studierte und welcher Abdruck davon in seinen Erzählungen hinterblieben ist. Von der Einsamkeit, der freien Natur war der Dichter nie ein besonderer Freund. Der Mensch, Mitteilung mit ihm, Beobachtungen über, das bloße Sehen von Menschen galt ihm mehr als alles. Ging er im Sommer spazieren, was bei schönem Wetter täglich gegen Abend geschah, so war es immer nur, um zu öffentlichen Orten zu gelangen, wo er Menschen antraf. Auch unterwegs fand sich nicht leicht eine Weinstube, eine Konditorei, wo er nicht eingetreten wäre, um zu sehen, ob und welche Menschen da seien. Es war aber nicht nur, daß Hoffmann an solchen Orten sich nach neuen Gesichtern umsah, die ihm seltsame Einfälle eingaben: die Weinstube war vielmehr für ihn eine Art Dichterlaboratorium, eine Experimentierstube, in der er die Verwicklungen und Effekte seiner Geschichten an den Freunden allabendlich ausprobierte. Hoffmann ist ja kein Romanschreiber sondern ein Erzähler gewesen, und selbst im Buche haben viele seiner Geschichten, wenn nicht die meisten, einen, dem sie in den Mund gelegt werden. Im Grunde ist natürlich immer Hoffmann selbst dieser Erzähler, der mit Freunden um einen Tisch sitzt, an dem jeder der Reihe nach etwas zum besten gibt. Einer von Hoffmanns Freunden sagt uns denn auch ausdrücklich, daß er niemals im Weinhause müßig war, wie man so viele sitzen sieht, die nichts tun als nippen und gähnen. Er schaute vielmehr mit seinen Falkenaugen überall umher; was er an Lächerlichkeiten, Auffallendem, selbst an rührenden Eigenheiten bei den Weingästen bemerkte, wurde ihm zur Studie für seine Werke, oder er brachte es – denn Hoffmann konnte sehr gewandt zeichnen – mit kräftiger Feder auf das Papier. Wehe aber, wenn die Gesellschaft, die sich da im Weinhaus zusammenfand, ihm nicht genehm war, wenn beschränkte, spießige Köpfe an der Tafelrunde ihn störten, dann muß er vollständig unerträglich gewesen sein, einen ganz fürchterlichen Gebrauch von seiner Kunst, Fratzen zu schneiden, Leute in Verlegenheit zu bringen, zu erschrecken, gemacht haben. Den Höhepunkt seines Entsetzens aber bildeten die sogenannten ästhetischen Teegesellschaften, die damals in

Berlin Mode waren; Versammlungen schöngeistiger, aber unwissender und unverständiger Personen, die sich auf ihr Interesse für Kunst und Dichtung vieles zugute taten. So eine Gesellschaft hat er sehr possierlich in seinen „Phantasiestücken“ beschrieben.

Wenn wir nun jetzt zum Schluß kommen, so soll niemand uns vorwerfen können, wir hätten unsere Frage nach dem Wozu vergessen. Wir haben sie so wenig vergessen, daß wir sie unbemerkt sogar schon beantwortet haben. Wozu hat Hoffmann diese Geschichten geschrieben? Gewiß, er hat sich keine bewußten Zwecke damit gesetzt. Wohl aber können wir sie lesen, als ob er dergleichen Zwecke sich dabei gesetzt hätte. Und diese Zwecke können dann keine anderen sein als eben physiognomische. Als eben: zu zeigen, dieses platte, nüchterne, aufgeklärte, verständige Berlin steckt nicht nur in seinen mittelalterlichen Winkeln, abgelegenen Straßen, öden Häusern, sondern auch in seinen berufstätigen Bewohnern aller Stände und Stadtviertel voll von Dingen, die einen Erzähler reizen und denen man nur auf die Spur kommen, die man ihnen ansehen muß. Und als hätte Hoffmann wirklich mit seinen Werken den Leser dies lehren wollen, ist eine der allerletzten Geschichten, die er auf seinem Totenbette diktiert hat, eigentlich nichts anderes als ein solcher Lehrgang des physiognomischen Sehens. Diese Geschichte heißt “Des Vetters Eckfenster“. Der Vetter ist Hoffmann, das Fenster ist das Eckfenster seiner Wohnung, das auf den Gendarmenmarkt hinausging. Diese Geschichte ist eigentlich ein Zwiegespräch. Der gelähmte Hoffmann sitzt in einem Lehnstuhl, blickt hinunter auf den Wochenmarkt und weist seinen Vetter, der bei ihm zu Besuch ist, an, wie man aus Kleidung, Tempo, Gebärde der Marktweiber und ihrer Kundinnen vieles aufspüren, noch mehr aber ausspinnen und aussinnen könne. Und nachdem wir soviel zu Hoffmanns Ehre gesagt haben, wollen wir zum Schluß feststellen, wovon die Berliner meistens nichts ahnen: daß er der einzige Dichter ist, der Berlin im Auslande berühmt gemacht hat und daß die Franzosen ihn geliebt und gelesen haben zu einer Zeit, als in Deutschland und auch in Berlin kein Hund ein Stück Brot von ihm nehmen wollte. Jetzt hat sich das geändert, es gibt eine große Menge sehr erschwinglicher Ausgaben und auch mehr Eltern als zu meiner Zeit, die ihren Kindern Hoffmann zu lesen erlauben.

Ein Berliner Straßenjunge

Ich glaube, wenn ihr nachdenkt, werdet ihr euch erinnern, schon manchmal Schränke gesehen zu haben, die auf ihren Türen bunte Darstellungen, Landschaften oder Porträtköpfe, Blumen, Früchte oder ähnliches in eingelegter Holzarbeit trugen. Intarsien nennt man solche Arbeiten. Solche eingelegten Bilder und Szenen will ich euch nun heute einmal nicht an einem Schrank, sondern in der Rede vorführen. Ich werde euch von der Jugend eines Berliners erzählen, der ungefähr vor 120 Jahren klein gewesen ist, wie der Berlin gesehen hat, was damals für Kinderspiele und für Lausbubenstreiche an der Tagesordnung gewesen sind. Aber mitten darein werde ich Einlagen machen und von einigen Dingen sprechen, die gar nichts mit unserer Sache zu tun haben, vielmehr so scharf und hoffentlich auch so bunt von der Jugendgeschichte von Ludwig Rellstab sich abheben wie Intarsien von getäfeltem Holze.

Ihr braucht euch nicht zu genieren, daß ihr diesen Namen, den Ludwig Rellstab, noch nie gehört habt. Fragt auch um Gottes willen nicht eure Eltern, die haben ihn auch noch nie gehört und wissen dann nicht, was sie antworten sollen. Dieser Rellstab war nämlich gar kein berühmter Mann. Oder vielmehr, um genau zu sein, zu seiner Zeit war er schon einer von den bekanntesten Leuten Berlins, aber kurz und gut: es ist wenig von ihm übriggeblieben, und heute kennt man von ihm sogar das Beste nicht, was er gemacht hat: nämlich seine Lebensbeschreibung. Aus der lese ich euch nachher ein paar Stellen vor.

Daß nun diese Lebensbeschreibung so schön ist, aber weiter von dem Mann, der sie schrieb, nicht gerade viel zu berichten, das ist gar nicht so wunderbar. Es sind nämlich bei weitem nicht immer die berühmtesten und begabtesten Leute, die die tiefste Liebe und die tiefste Erinnerung an ihre Kindheit behalten. Übrigens ist das bei einem Großstädter noch etwas viel Seltneres als bei einem Menschen, der auf dem Lande herangewachsen ist. Es ist nicht gerade häufig, daß ein Kind so harmonisch und glücklich mit einer Großstadt zusammenwächst, daß es dann später für den reifen Mann eine Freude ist, dieses Kinderleben sich in die Erinnerung zurückzurufen. Für Rellstab war das aber eine Freude. Man merkt das seinem Buch überall an, auch wenn er da nicht ausdrücklich gesagt hätte, daß seine Kindheit so besonders glücklich gewesen ist.

Und nun mitten hinein in diese Kindergeschichte. Was sagt ihr dazu, daß da steht, sein Vater habe „jeden Sommer mit der ganzen Familie eine Landwohnung bezogen“? Wo glaubt ihr wohl, daß die lag? Einfach im Tiergarten. Wie der zu einer Zeit aussah, wo man Sommerwohnung in ihm beziehen konnte, das werde ich euch jetzt vorlesen, wie er selber es aufschreibt: „So weit hinauf irgend meine Erinnerung reicht, sehe ich mich im Sommer in dem Grün des Tiergartens, der damals einen viel ländlicheren Charakter trug als jetzt. Er bleibt der schönste Schauplatz meiner frühesten und auch noch viel späterer Erinnerungen. Im übrigen war er damals zum Spielen noch viel geeigneter als jetzt. Der Wald bot große Strecken dar, wo alles dem freien Wuchs überlassen war. Außer der Straße nach Charlottenburg gab es noch gar keinen chaussierten Weg, nur tiefe Sandwege durchkreuzten die Gegend. Daher sah man selbst in den größeren Alleen verhältnismäßig wenig Wagen, und die bewegten sich langsam und schwerfällig daher. Wenn ich den Tiergarten jetzt betrachte, so grenzt es ans Unglaubliche für mich, daß er förmliche Wildnisse gehabt habe, wo die Himbeersträucher zwischen den gekappten Elsbüschen auf dem feuchten Wiesengrund wuchsen und ihre zahlreichen Früchte ruhig für uns Bewohner reifen konnten. Auch die Erdbeeren lieferten eine ergiebige Ausbeute. Uns dünkte das alles so fern von den Menschen und so einsam wie Urwälder. Wir nahmen sie förmlich in Besitz. Jeder von uns spielenden Jugendgenossen erwählte sich sein Plätzchen als Eigentum. Wir legten uns Rasenplätze an, richteten uns irgendein dichtes Elsgebüsch zur ländlichen Wohnung ein, klemmten Brettchen zu Sitzen zwischen die Zweige, umgrenzten auch wohl ein Fleckchen mit eingesteckten kleinen Holzstäben wie mit einem

Gartenzaun, genug, schalteten und walteten dort ganz wie mit unserem Eigentum. Wochen konnten vergehen, ohne daß wir diese kleine Kolonie in der Wildnis besuchten, dennoch fanden wir stets unsere Anlagen unzerstört wieder; so einsam war damals der jetzt so geräuschvolle, von Menschen durchzogene Wald, vielmehr Garten, in den er sich ganz und gar verwandelt hat."

So hat ein alter Berliner den Tiergarten von 1815 beschrieben. Ich finde diese Beschreibung sehr schön. Aber nun habe ich Lust zu einer Einlage. Nun möchte ich euch nämlich gern zeigen, wie ein Freund von mir, einer, der 80 Jahre später wie Rellstab geboren wurde, seinen Kinder-Tiergarten beschreibt. Und trotzdem dieser Tiergarten doch ganz anders war, zeigt diese Beschreibung, daß der echte Berliner nicht aufgehört hat, ihn zu lieben. Dieser neue echte Berliner ist also mein Freund Franz Hessel, und der schreibt in „Spazieren in Berlin": „Immerhin ist es jetzt im veraltenden Halbdunkel noch so buschig und irrselig wie vor 30, 40 Jahren, ehe der letzte Kaiser den Naturpark in etwas Übersichtlicheres, Ansehnlicheres umschaffen ließ. Daß auf seinen Befehl das Unterholz gelichtet, viele Wege verbreitert und die Rasenflächen verbessert wurden, ist verdienstlich, aber darüber sind dem Tiergarten manche Schönheiten verlorengegangen, eine holde Unordnung, Zweigeknacken und das Rascheln vieler nicht gleich weggeräumter Blätter auf engen Pfaden. Doch ließ er noch kleine Wildnis genug, die bis in unsere Kindertage blieb. An diese Zeit erinnern mich am meisten die winzigen hochgeschwungenen Brückenstege über den Bächen, die manchmal bewacht sind von munteren Bronzelöwen, denen von Maul zu Maul Geländerketten hängen." Und dann beschreibt Hessel den ganzen Tiergarten bis zu seiner Grenze an der Corneliusbrücke. Wenn wir Zeit hätten, wieviel ließe sich nicht zu alldem noch sagen, z.B. der Brücke, die auch heute noch das private, fast ländliche Aussehen bewahrt hat, während sie aus einer der unbegangensten, abgelegensten nun diejenige wurde, über die sich der ganze Autoverkehr von der City in den Westen ergießt. Es ist, wenn man darüber nachdenkt, ein Brückenschicksal so merkwürdig wie manches Schicksal von Menschen.

Nun aber wieder zu Rellstab. In seiner ganzen Jugendgeschichte gibt es eine Sache, über die er sich wieder und wieder beklagt und die er nie scheint ganz überwunden zu haben. Das sind die Musikstunden, zu denen sein Vater ihn zwang. Diese Stunden standen als schlimmster Teil des Tages, wenn er aus der Schule kam, vor ihm, und er erzählt, wie unglücklich er war, wenn sie ihn zwangen, den Spielen und Streichen fern zu bleiben, mit denen seine Schulkameraden ihren Heimweg in die Länge zu ziehen pflegten. Merkwürdig genug waren manche von diesen Spielen, und wir hören, daß sie im Unterricht schon fleißig vorbereitet wurden. „Denn", sagt Rellstab, „wir hatten eine Zeitlang die Gewohnheit angenommen, schon in der Schule, in der letzten Stunde, Schiffchen von Papier oder auch Borke anzufertigen und diese, was besonders nach starkem Regen sehr spannend war, auf dem Rinnstein schwimmen zu lassen, bis sie an der Mohren- und Markgrafenstraßen-Ecke, wo die Gosse in einen unterirdischen Kanal einmündete, verschwanden. Es gab nichts Interessanteres, als den Lauf eines solchen Schiffchens zu verfolgen; atemlos sahen wir es unter einer langen Rinnsteinbrücke verschwinden, und mit Jubel wurde es begrüßt, wenn es an der anderen Seite hervorkam. Ich vermochte mich nicht davon loszureißen und allein den traurigen Weg zur Klavierstunde nach Hause zu wandern." Ihr könnt euch vorstellen, daß es ihm nicht leichter fiel aufzuhören, wenn gerade Zillrad gespielt wurde. Aber was ist das, dies unaussprechlich zauberische Spiel, wie er es nennt. Gott sei Dank hat er es selbst erklärt, sonst könnte man wohl lange umsonst danach fragen. Die Sache bestand darin, daß eine Anzahl Knaben, je mehr je besser, einen leeren Leiterwagen, wie sie damals wohl vor den Haustüren zu stehen pflegten, bestieg; einer aber, der durch Abzählen bestimmt wurde, lief immer um den Wagen herum und versuchte, mit der Hand einen Schlag auf einen der Füße da oben anzubringen. Wer getroffen war, mußte dann herunter und seinerseits dasselbe versuchen.

Der Vater von diesem Rellstab muß ein ganz putziger Mann gewesen sein. Er war Redakteur an der Vossischen Zeitung. Da sollte er nun eines Abends die Vorstellung eines Zauberkünstlers besuchen, um für die

Zeitung einen Bericht darüber zu schreiben. Er hatte aber keine Lust oder keine Zeit, jedenfalls schickte er seinen Sohn, der damals erst zwölf Jahre war, hin, ließ ihn dann zu Hause seine Eindrücke aufschreiben, verbesserte den Aufsatz ein bißchen und schickte ihn an die Vossische Zeitung. Das war Rellstabs erste gedruckte Arbeit. Dieser Besuch aber hatte eine merkwürdige Folge. Nach Schluß der Vorstellung nämlich hatte der Zauberkünstler einigen, die geblieben waren, ein paar seiner Tricks erklärt. Diese Erklärungen hatte der kleine Rellstab gehört und nun hatte er wochenlang nichts anderes im Kopf als Zaubern. Er machte auch einen Laden in Berlin ausfindig, wo Zaubersachen, Apparate mit einer geheimen Mechanik, Büchsen mit doppeltem Boden, Spielkarten mit verborgenen Kennzeichen zu haben waren. Dazu suchte er Bücher aller Art aufzutreiben, um die Zauberei richtig als Wissenschaft zu studieren.

Sehr weit ist er damit nicht gekommen, das sagt er selbst. Wer weiß aber, ob er nicht ein berühmter Zauberer geworden wäre, wenn es damals schon das famose Buch gegeben hätte, von dem ich euch jetzt als zweite Einlage etwas erzählen will. Denn ich glaube, viele Kinder interessieren sich noch immer trotz Technik, Auto, Dynamomaschine, Radio etc. für Zaubern. Natürlich ist die Blütezeit der Zauberei, die Zeit, wo in allen großen Badeorten jeden Sommer sich weltberühmte Zauberer, die Bellachini, Houdini usw. vor überfüllten Sälen sehen ließen, vorbei. Aber eben darum konnte erst jetzt ein Buch erscheinen, in dem die ganze Zauberei mit ihren Hunderten von verschiedenen Künsten genau dargestellt und alle Sachen bis zu den unbegreiflichsten und erstaunlichsten deutlich erklärt sind. Es heißt „Das Wunderbuch der Zauberkunst“ und ist von Ottokar Fischer geschrieben, der sich „gewesenen ausübenden Künstler und Leiter des Kratky-Baschki Zaubertheaters in Wien“ nennt. Man braucht nur einen Blick in das Inhaltsverzeichnis zu tun, da gehen einem die Augen über von dem, was es alles für Zaubereien gibt. Und ihr braucht keine Angst zu haben, daß euch Zaubervorstellungen keinen Spaß mehr machen, wenn ihr zu allem die Erklärungen wißt. Im Gegenteil: erst wenn man wirklich scharf zu beobachten weiß, sich nicht mehr von den fixen Reden des

Zauberkünstlers einfangen läßt, sondern immer das im Auge behält, worauf es ankommt – erst dann kann man ja ihre unglaubliche Gewandtheit dabei verfolgen und erkennen, daß ihre Geschwindigkeit, in der so viel Übung und Fleiß steckt, manchmal doch eine Hexerei ist. Ich glaube, wir werden hier einmal ausführlich vom Zaubern sprechen, deshalb sage ich heute nichts mehr als ein paar Überschriften aus unserem Buch. Die unerschöpfliche Punschbowle – des Teufels Zielscheibe – die Königin der Luft – Schillers Glocke – die unzerstörbare Schnur – die Uhr des Sehers Swami – verbrannte, durchlochte und zersägte Damen – Ben Ali Beys Schaustücke – das Verschwinden von zwölf Personen aus dem Publikum – usw.

Nun ist es schon spät, und der Rellstab meldet sich wieder, weil er noch ein paar Lausbubenstreiche erzählen will.

„Wie ich mit meinen Tiergartengenossen noch manchen anderen Unfug ausübte: wie wir manchen verwegenen Raubzug gegen Obstbäume und Obstkammern gemacht, – eine Obstverkäuferin schwer geneckt, dadurch, daß wir in die Gartenklingel nach bekannter Weise einen Knochen mit etwas Fleisch banden, der unbemerkbar hinterm Zaun hing, und so jeden Hund zum Anklingeln verleitete, – wie wir abends neben einem Wirtshaus, aus dem die Gäste nicht selten ein wenig taumelnd heraustraten, Bindfaden quer über den Weg gezogen, bis eine Gruppe darüber hin in den nassen Rasen fiel und dann arglos, da wir sofort die Fäden losließen, der Ursache des Stolperns nachspürten, – das alles will ich nicht lange aufführen, sondern nur kurz erwähnen, um zu zeigen, daß ich auch nach dieser Richtung nicht besser war als andere, sondern eher schlimmer."

Man sieht also, wie der, der das erzählt, sich als ein richtiger Berliner Straßenjunge von frühauf in der Stadt getummelt hat. Wie uns aber oft im späteren Leben die Dinge am besten gelingen, die wir am frühesten geliebt und geplant haben, so ist es auch bei Rellstab gewesen. Seine besten Sachen sind nicht die Musikkritiken, von denen er später gelebt hat, sondern die Dinge, die mit Berlin am engsten zusammenhängen. Und da ist neben diesen Jugenderinnerungen ein Buch, das heißt einfach

„Berlin“. Eine Beschreibung der Stadt und ihrer nächsten Umgebung mit vielen schönen Stahlstichen. Auf dem Titelblatt ist ein Stahlstich, der stellt das Denkmal Friedrich Wilhelms III. im Tiergarten dar. Von allen Gegenden des Tiergartens ist mir die Stelle, wo dies Denkmal versteckt ist, die liebste. Als ganz kleines Kind habe ich da gespielt, und bis heute habe ich nicht vergessen, wie aufregend es damals für mich gewesen ist, auf den verschlungenen Wegen zum Denkmal der Königin Luise mich durchzuschlagen, die noch versteckter durch einen schmalen Wasserlauf von dem König getrennt in den Büschen steht. Die Gegend um diese beiden Denkmäler war das erste Labyrinth, das ich kennenlernte, lange bevor ich in der Schulstunde Labyrinthe auf meine Löschblätter oder auf die Bank zeichnete. Da hat sich, glaube ich, nichts geändert: und eure Löschblätter werden nicht anders aussehen als meine damals. Für die jedenfalls, die Labyrinthe gern haben, gibt es nun hier zum Schluß noch eine besondere Einlage. Ich will ihnen nämlich verraten, wo gerade jetzt die schönsten Labyrinthe, die mir je vorgekommen sind, zu sehen sind. Das ist bei dem Buchhändler Paul Graupe, der in seinem großen schönen Haus einen ganzen Saal für die schnurrigen Stadt-, Wald-, Berg-, Tal-, Burgen- und Brücken-Labyrinthe eingeräumt hat, die der Münchner Maler Hirth unglaublich sauber mit der Feder vor sich hin gekritzelt hat und in denen ihr lange mit den Augen spazieren könnt. Putzt euch aber die Stiefel schön ab, denn bei Paul Graupe ist es sehr vornehm. Wenn ihr dann zwischen den Stadtbildern, Landkarten und Plänen, die ihr dort findet, einen Blick zum Fenster herauswerft, so habt ihr gerade wieder den Tiergarten vor euch, und damit sind wir selber heute ganz labyrinthisch herumspaziert und kommen, ehe wir's uns versehen, da an, wo wir vor 25 Minuten begonnen haben.

Berliner Spielzeugwanderung I

Wer von euch kennt Godins Märchenbuch? Vielleicht unter allen Kindern, die zuhören, nicht ein einziges. In den letzten 30 Jahren des vorigen Jahrhunderts konnte man es aber in vielen Kinderstuben sehen. Unter anderem auch in der Kinderstube dessen, der jetzt mit euch spricht.

Es kam beim Verlag immer wieder von neuem heraus, jedesmal sah es anders aus, weil die bunten Bilder je nach der Mode wechselten. Von den schwarzen allerdings blieben eine ganze Menge von Anfang bis Ende in allen Auflagen. Mit einem Märchen, das in diesem Buch steht, fangen wir an: „Schwester Tinchen". Gleich auf der zweiten Seite von diesem Märchen ist so ein schwarzes Bild, das in allen Auflagen drinblieb. Da sieht man fünf Kinder jämmerlich aneinandergekuschelt neben einer zerstrubbelten Hütte. Es geht ihnen wirklich traurig. Am Morgen war ihre Mutter gestorben, und einen Vater hatten sie sowieso lange nicht mehr. Es sind aber vier Jungens und ein Mädchen. Das Mädchen heißt eben Tinchen. Das ist aber alles nur der Vordergrund. Im Hintergrund gibt es eine zarte, ganz puppenhafte Fee mit einem Lilienstengel, die heißt Concordia. Auf deutsch: Eintracht. Sie sagt den Kindern, sie will sie beschützen, wenn sie sich immer miteinander vertragen. Kaum hat der böse Zauberer, der ihr Feind ist, das gehört, kommt er mit einer Menge von Geschenken; die wirft er unter die Kinder, damit sie sich streiten. Die Jungen, nicht faul, fangen auch gleich an zu balgen. Und nur das kleine Mädchen macht nicht mit. Darum können die Teufel sie auch nicht in ihren Sack stecken, wie sie es alsbald mit den Jungens tun. Bis hierher ist das nun, werdet ihr sagen, eine ziemlich alberne Geschichte. Das finde ich auch. Also wird wohl noch etwas kommen. Und das tut es auch. Nun nämlich muß das kleine Mädchen die Brüder natürlich aus dieser niederträchtigen Zauberwirtschaft, wo die Teufel sie hingebracht haben, befreien. Und da ist der guten Frau, die sich dies Märchen ausgedacht hat und die sonst keine besondere Dichterin war, etwas sehr Schönes eingefallen. Ihr kennt ja die Aufgaben, die die Befreier in den Märchen erfüllen müssen. Da müssen sie durch eine Tür, vor der zwei wilde Männer mit Keulen stehen wie früher auf dem Titelblatt der Vossischen Zeitung. Und dann kommen sie in einen sauber gebohnerten Saal, wo zwei frisch gewichste Drachen sich anfauchen, durch die müssen sie dann hindurch. Und schließlich liegt dann im letzten Zimmer eine Kröte oder ein ähnliches Scheusal, die müssen sie küssen, damit sie sich in eine Prinzessin verwandelt. Bei Schwester Tinchen, die ja eben auch nur ein kleines Mädchen ist und der man keine blutrünstigen Heldentaten zumuten kann, geht alles viel manierlicher zu. Nämlich sie muß gar nichts machen, sie darf nur, wenn sie ihre Brüder erlösen will, keinen Augenblick auf ihrem Wege durchs Land des bösen Zauberers – bis sie in seine Höhle kommt – stehenbleiben. Und der Zauberer, der will ihr das natürlich unmöglich machen, indem er sie mit seinen Gaukelbildern aufzuhalten sucht. Würde sie nur ein einziges Mal sagen: Hier will ich bleiben, so hätte er sie in seiner Gewalt. Jetzt lese ich vor, welche Fallstricke er ihr legt: „Tinchen schritt getrost über die Grenze ins Zauberland, sie dachte nur an ihre Brüder. Anfangs sah sie nichts Besonderes. Bald aber führte der Weg sie durch ein weites Zimmer, welches ganz mit Spielsachen angefüllt war. Hier standen kleine Buden mit allem Möglichen ausgestattet, Karussells mit Pferdchen und Wagen, Schaukeln und Wiegepferde, vor allem aber die herrlichsten Puppenstübchen. An einem kleinen gedeckten Tisch saßen große Puppen auf Lehnstühlen, und die größte und schönste unter ihnen stand bei Tinchens Anblick auf, machte ihr eine zierliche Verbeugung und redete sie mit einem wunderfeinen Stimmchen an: Wir haben schon lange auf dich gewartet, liebes Tinchen, komm und speise mit uns zu Mittag. Während sie noch sprach, erhoben sich auch alle anderen Puppen, selbst die Wickelpüppchen in den Betten richteten ihre Köpfchen in die Höhe, und Tinchen setzte sich ganz entzückt in den kleinen Lehnstuhl, der am Puppentisch für sie bereitstand. Es waren gute Sachen aufgetragen, Tinchen ließ sich's schmecken, und als nach Tisch alle die Püppchen anfingen zu tanzen und sich unter dem übrigen Spielzeug umherzubewegen, kam Tinchen vor Freude so außer sich, daß sie in die Hände klatschte und jubelte: O, wie schön ist's hier. Hier möchte –." Was will sie wohl sagen? Natürlich will sie sagen: Hier möchte ich bleiben. Aber das darf sie ja nicht sagen, wenn sie ihre Brüder erlösen will. Darum kommt nun gleich ein blaues Vögelchen, setzt sich auf ihre Schulter und erinnert sie mit dem Verschen:

„Tinchen, lieb Tinchen mein,
Denk an die Brüder dein!"

So kommt sie also durch die verschiedensten Reiche, immer taucht zur rechten Zeit das Vögelchen auf, und wir könnten ihr überall nachgehen, wenn das nicht eben die Berlinstunde des Rundfunks wäre und ich nicht auf geheimnisvollem unterirdischen Wege, während Tinchen im Zauberland ist, nach Berlin müßte. Da kommt Tinchen nämlich auch hin, und wie sie so vor einem von den Kuchenhäuschen steht, da öffnet sich die Tür und zwei kleine braune Leute treten heraus, welche sich Tinchen mit zierlichen Knicksen nähern und sprechen: „Willkommen in unserem Land." „Wer seid Ihr denn und wie heißt Euer Land", fragt sie neugierig. „Ei, kennst Du das Schlaraffenland nicht?" sagen beide Leutchen zugleich. „Wir sind Pfefferkuchenmännchen und -frauchen. Hier will ich Dir mein schönes großes Herz schenken", sagt das Männchen freundlich, indem es ein Herz von der Brust abnahm, das ringsum mit Mandeln daran festgesteckt war. „Und ich gebe Dir meine schöne weiße Blume", sagte das Frauchen und reichte ihr die Tulpe, welche sie in der Hand hielt. Dann kommt noch eine Menge von solchem Kuchen- und Schokoladengelichter, und alle reden ihr zu, zu bleiben. „Oh, wie gerne möchte ich." Da ist aber wieder der Vogel bei Tinchen und sorgt dafür, daß sie sich nicht vergißt.

An dieses Märchen werdet ihr euch vielleicht erinnern, wenn ihr später in der obersten Klasse etwas von Goethes größtem Theaterstück, nämlich dem Faust, hört. Faust hat bekanntlich einen Vertrag mit dem Teufel gemacht. Der Teufel muß alles für ihn tun, bekommt aber seine Seele. Es ist nur die Frage, wann er sie holen darf. Und das darf er nicht eher, als bis Faust einmal ganz zufrieden und glücklich ist und will, daß alles so bleibt, wie es ist. Da gibt es zu seinem Unglück auch kein blaues Vögelchen, und wie er eines Tages, freilich bereits als ururalter Mann ausruft:

> „Zum Augenblicke möcht' ich sagen:
> Verweile doch, du bist so schön" –

da fällt er tot um. – Der Mann wird ja nie in Berlin ankommen, denkt ihr. Es ist aber wie mit dem Wettlauf zwischen dem Hasen und dem

Swinegel. Der sitzt bekanntlich in einer Ackerfurche, und wenn der Hase ganz außer Atem ankommt, dann ruft er: Ick bün schon da. Ich bin nämlich schon längst in Berlin, wo ihr eben erst hinwollt. Denn so wie ich die Zaubergalerie beschrieben habe, durch die das kleine Mädchen mutig hindurchgehen muß, ohne sich aufzuhalten, so könnte ich manche Galerie in Berlin beschreiben, durch die ihr alle auch schon mutig, ohne euch aufzuhalten, gewandert seid. Oder, wenn die Mutter viel Zeit beim Besorgen hatte, vielleicht auch mit Aufenthalt. Und jetzt ahnt ihr am Ende schon, worauf ich hinauswill und wo es diese langen Spielzeuggalerien ohne Feen und Zauberer in Wirklichkeit mitten in Berlin gibt. In den Kaufhäusern.

Ich habe mir gesagt, die Erwachsenen haben im Rundfunk allerhand Fachvorträge, die sie sehr interessieren, trotzdem oder eben weil sie von der Sache, über die gesprochen wird, mindestens soviel verstehen wie der Mann, der spricht. Warum soll man solche Fachvorträge nicht auch für Kinder machen. Zum Beispiel über Spielzeug, trotzdem oder eben weil sie von Spielzeug mindestens ebensoviel verstehen wie der Mann, der hier spricht. Darum bin ich einmal mittags, wenn die Warenhäuser am leersten sind, ganz langsam, wie ich es als Junge nie gekonnt und gedurft hätte, von Tisch zu Tisch spaziert; habe mir alles ganz genau angesehen, was es für neue Spielsachen gibt, was sich an den alten, die es gab, wie ich klein war, verändert hat, welche am Ende ganz und gar verschwunden sind. Und gerade mit diesen verschwundenen will ich nun anfangen. Ja, über den Anfang werden wir heute gar nicht hinauskommen, und die Fortsetzung meiner Wanderung werdet ihr, wenn es euch Spaß macht, in einer Woche euch anhören. Da habe ich zum Beispiel überall nach einem alten Gesellschaftsspiele gefragt, das hieß „Der Glücksangler“. Das scheint es wirklich nicht mehr zu geben. Ich bekam es eines Tages zum Geburtstag; es ist so schön, daß ich es beschreiben will. Zuerst liegen im Kasten vier zusammengeleimte Pappwände. Man nimmt sie heraus und stellt sie auf einen Tisch. Die Wände sind mit glänzendem bedruckten Papier bespannt; sie stellen Wasserpflanzen, Fische, Muscheln, Tang dar, wie sie im Wasser herumschwimmen oder auf dem Meerboden liegen. In einem anderen Fach des Kastens liegen ungefähr 20 bis 30 verschiedene Fische, die haben einen Ring durch die Nase gezogen. Warum wohl einen Ring? Was doch eigentlich das Vorrecht von den Kamelen ist. Damit hat es diese Bewandtnis. Der Ring ist aus Eisen. Und nun kommen die Angeln, fünf oder sechs zierliche Stöckchen mit einer roten Schnur dran, an deren Ende statt des Regenwurms ein zierlicher kleiner Magnet hängt. Wer zum Schluß am meisten Fische gefangen hat, hat gewonnen. Und, da das Angeln natürlich nach Regeln geht und die Fische in diesem Wasser alle verschieden numeriert sind, so gibt es am Schluß dieses Angelns statt Fischessen Kopfrechnen. Also das ist zum Beispiel verschwunden. Es scheint aber noch etwas viel Schöneres verschwunden zu sein. Nämlich eine besondere Abart von Spieluhren. Viele von euch kennen vielleicht überhaupt keine. Kästen sind das, die haben innen eine Musik, an der Seite eine Kurbel und oben irgendeine Landschaft oder eine Stadt, in der, wenn man die Kurbel dreht, zur Musik sich etwas bewegt. Nun habe ich schon auf diesem Rundgang allerhand Spieluhren zu sehen bekommen, wo zum Beispiel Kühe gemolken wurden, ein Hund in die Höhe springt, ein Sennhirt aus der Hütte tritt und wieder zurückspaziert. Das ist schön, aber lange nicht so merkwürdig und so spannend wie diese Spieldose, an die ich mich besinne, trotzdem ich sie nie besessen habe, sondern sie nur, wie ich klein war, eines Tages in einem Geschäft sah. Wenn man da drehte, dann klang eine feine Schlachtmusik aus dem Kasten; es öffneten sich die schweren Papptore einer finsteren Festung, in die man von oben nicht hineinsehen konnte, eine Kompanie Soldaten marschierte heraus, zog bei klingendem Spiel im Bogen durchs grüne Gras, kam dann von hinten durch ein Tor, das sich inzwischen geöffnet hatte, in die Festung wieder hinein und blieb nun eine kleine Weile, immer mit Musik, da drinnen im Dunkeln. Weiß der Teufel, wie es ihnen erging, bis sie alle säuberlich wieder herauskamen. Nach so etwas habe ich vergebens gesucht. Auch die kleinen Bücher kann ich nicht mehr finden, die man in der Schulbuchhandlung bekam und mit deren Erwerb man sich den Einkauf von Rechenheften versüßte – ein Einkauf, der mir womöglich noch widerwärtiger war als jede einzelne Rechenstunde, weil das Heft in seinen leeren Karos all diese Stunden zu einer einzigen Schreckenssumme addiert enthielt – Schnellbücher oder wie sie mögen geheißen haben, Folgen von winzigen Photos, die einen Ringkampf oder eine Fußballschlacht in allen Phasen enthielten und an denen man schnell mit dem Daumen entlang fahren mußte, damit die Bilder, eines dicht nach dem anderen, vorbeischossen. Mit so einem Buch in der hohlen Hand konnte man bequem eine Rechenstunde in eine Kinovorstellung verwandeln. Dafür gibt es allerdings immer noch das umfangreiche Spielzeug mit dem schönen Namen Lebensrad. Es beruht genau auf demselben Trick. Nur sind die Bilder nicht in ein Buch geheftet sondern stehend, mit der Bildfläche nach innen, auf eine Scheibe montiert. Um das Ganze ist eine Wand gezogen. In dieser Wand sind Ritzen. Und wenn man die Scheibe schnell dreht – die Wand bewegt sich aber nicht mit – dann sieht man durch solchen Ritz ebenfalls Menschen wie bewegt und lebendig. Darum heißt das Ganze ein Lebensrad. Das sah ich in der Abteilung „Spiele". Ehe ich aber näher davon erzähle, will ich einmal die Galerie im ganzen beschreiben. Zufällig fing ich mit dem Puppenreich an, von dem ich aber erst nächstes Mal etwas erzähle. Daran schließt sich die Tierpromenade, die sich von keinem Zauberer lumpen läßt. Es ist nicht zu beschreiben, was ich da für Tierarten antraf. Blaue und rosafarbene Hunde, Rosse, die von weitem aussahen wie Gebilde aus Apfelsinenschalen, so gelb waren sie, Affen und Hasen so künstlich gefärbt wie die Tulpen, die die Blumenfrauen am Potsdamer Platz verkaufen. Ganz zu schweigen von Felix dem Kater, der in ungeheuren Mengen zu haben war, und von den Bibabotieren, die man wie einen Handschuh über die Finger ziehen kann und mit denen eine nette Verkäuferin mir die unbeschreiblichsten Kunststücke vormachte, bis sie begriffen hatte, daß ich sowieso nicht und unter gar keinen Umständen kaufen werde. So dachte ich wenigstens noch in der Tiergalerie. Später habe ich dann doch nicht widerstehen können und etwas gekauft. Das ist ein sehr komisches Spiel, ich glaube ganz neu, jedenfalls habe ich noch niemals davon gehört. Nichts weiter als eine kleine Schachtel mit 15 oder 20 verschiedenen Gummistempeln. Auf diesen Stempeln gibt es Stücke von Landschaften, Häuser, kleine Figuren, Luftschiffe, Autos, Boote, Brücken etc. etc. Dabei liegt ein Stempelkissen. Nun nimmt man sich einen großen Bogen Papier her und kann stundenlang verschiedene Landschaften, Gegenden, Ereignisse und Geschichten zusammenstempeln. Das war aber schon in der Abteilung „Gesellschaftsspiele", die auf die Galerie mit den Tieren folgt. Ich hätte fast vergessen zu sagen, wie viele Osterhasen es jetzt schon in der Tiergalerie gab. Die Warenhäuser sind eben wichtige Punkte und werden von den Osterhasen, wenn sie einen Angriff vorhaben, zuerst besetzt. Jetzt mal alle einen Augenblick weghören. Was ich jetzt sage, ist nämlich nichts für Kinder. Ich will doch nächstes Mal diese Wanderung zu Ende erzählen. Da habe ich aber die größte Angst, es wird inzwischen Briefe regnen, wo ungefähr drinsteht: „Ja, sind Sie denn ganz verrückt? Denken Sie denn, die Kinder quengeln nicht sowieso schon von früh bis spät, den ganzen Tag. Und nun setzen Sie ihnen noch solche Sachen in den Kopf und erzählen ihnen von tausend Spielsachen, von denen sie bis jetzt Gott sei Dank noch nichts wußten, die sie nun alle werden haben wollen, und womöglich noch von Sachen, die es überhaupt nicht mehr gibt." Was soll ich dann darauf antworten? Ich könnte es mir ja leicht machen und euch bitten, verratet nichts von der ganzen Geschichte, laßt euch nichts anmerken, dann können wir in einer Woche schön weitermachen. Aber das wäre eine Gemeinheit. Also bleibt mir nichts übrig, als ganz ruhig zu sagen, was ich mir in Wirklichkeit denke: Je mehr ein Mensch von einer Sache versteht und je mehr er weiß, wieviel Schönes von einer bestimmten Art es gibt – ob das nun Blumen, Bücher, Kleider oder Spielsachen sind –, desto mehr kann er an allem, was er davon weiß und sieht, seine Freude haben, desto weniger ist er darauf versessen, es gleich zu besitzen, sich zu kaufen oder schenken zu lassen. Die von euch, die nun zum Schluß doch zugehört haben, trotzdem sie nicht sollten, die müssen das jetzt ihren Eltern erklären.

Berliner Spielzeugwanderung II

Manche wollen vielleicht wissen, wo dieser ganze Spielzeugladen, diese Galerien von Puppen, Tieren, Eisenbahnen, Gesellschaftsspielen aufgebaut sind, durch die ich euch das letzte Mal geführt habe und jetzt noch weiter führen werde. Es wäre nichts einfacher, als es zu sagen. Aber man darf im Rundfunk keine Reklame machen, extra steht: auch keine versteckte, darum kann ich euch den Namen nicht sagen. Was machen wir da? Manche Kinder wollen doch vielleicht kontrollieren, ob das, was ich gesagt habe, stimmt. Und da es wirklich stimmt, kann ich mir ja auch gar nichts Besseres wünschen. Da muß ich also zu einer List greifen und werde euch folgendes verraten: Daß ich in einem großen Warenhaus war, das werdet ihr ja schon herausgekriegt haben. Nun kuckt euch ein bißchen um und paßt auf, wo ihr auf einem Tische ein riesiges Metallmodell von dem neuen Lloyddampfer „Bremen" findet. Es ist so groß, daß man es von weitem schon sieht. Das Ganze ist mit dem mechanischen Baukasten Stabil gebaut. Ob es viele von euch nachbauen werden, weiß ich nicht. Man braucht nämlich dazu die Größe 9 dieses Baukastens. Das ist die größte und kostet 155 Mark. Habt ihr schon etwas von der Pariser Weltausstellung gehört, von der im Jahre 1900 ganz Europa gesprochen hat? Auf allen Ansichtskarten, die damals von der Ausstellung gemacht wurden, sah man im Hintergrund der Stadt Paris ein großes Schwungrad mit vielleicht 16 Kabinen in beweglichen Scharnieren. Dies Rad drehte sich langsam, in den Kabinen saßen die Leute und kuckten auf die Stadt, die Seine und die Ausstellung herunter, bis ihnen von der doppelten Bewegung, dem Schwanken der Kabinen in ihren Scharnieren und der Umdrehung des großen Rads schlecht wurde. Auch dieses Rad findet ihr mit einem mechanischen Baukasten nachgebildet. Es ist beweglich, und die kleinen Kabinen schwanken wie vor 30 Jahren die richtigen, in denen vielleicht eure Großeltern saßen. Das also gibt es in der Abteilung „Gesellschaftsspiele". Von den Spielen aber, die ich mir da angesehen habe, will ich euch nicht viel erzählen. Ihr kennt ja alle die Quartette mit ihren unzähligen Abarten, dieses schöne Spiel, bei welchem man lernt, listig, boshaft und höflich zugleich zu sein, und die Würfelspiele auf großen Brettern, „Das Gänsespiel", „Die Reisen um die Welt", „Der Jahrmarkt zu Schröppstedt", wie sie früher hießen, und „Im Zeppelin", „Die Nordlandreise", „Der gute Schupo", wie sie heut' heißen, kennt ihr auch. Eher lohnt es sich schon, von dem elektrischen Frage- und Antwortspiel zu berichten. Da habt ihr eine kleine Batterie, eine Birne, zwei Stöpsel; den einen steckt ihr auf eins der Brettchen, die mit den Fragen bedeckt sind. Neben jeder Frage ein kleines Metallstäbchen. Dann sucht ihr auf einer der anderen Karten die Antwort. Wenn ihr z.B. den einen Stecker auf die Frage, an welchem Fluß liegt Rom, gesteckt habt, sucht ihr mit dem anderen Stecker die Antwort, und wenn ihr an die richtige Stelle kommt, fängt die elektrische Birne zu leuchten an. Das ist natürlich schon eine Art von hinterhältigem Spielzeug, ein Spielzeug, wo sich der Lehrer listig in eine elektrische Birne verwandelt hat. Solche raffinierten Schulverstecke im Spielzeug gibt es noch andere. Am besten hat mir ein ganz neues gefallen, das für die Sechsjährigen bestimmt ist, die eben mit Rechnen anfangen. Es ist ein wunderschöner polierter Holzapfel, der duftet auch, nicht wie ein Borsdorfer oder eine Reinette, sondern eben wie Holz duftet. Sieht man näher zu, so ist er kunstvoll ineinandergefügt und läßt sich in sechs verschiedene Teile zerlegen, an denen man den Nonanern viel Rechnerei klarmachen kann. Wenn auch noch Kerne drin wären, könnte man ihn vielleicht sogar für die oberen Klassen benutzen. – Aber ist das noch Spielzeug? Sind die sogenannten Beschäftigungsspiele, die Perlen, die man auf Fäden reiht, die Flechtvorlagen für den Kindergarten, die hier in der Nähe zu finden sind, noch richtiges Spielzeug? Die Abziehbilder? Vor allem die Oblaten? Ich weiß es nicht. Von den Oblaten aber möchte ich euch erzählen. Nicht nur, weil ich sie als Junge sehr gern hatte, sondern weil ich schon von meiner Mutter her eine sehr schöne Oblatensammlung zusammengebracht habe, in der es Sachen gibt, die ihr heute in keinem Papiergeschäft mehr zu kaufen bekommt. Nämlich ganze Märchen: Däumling, Schneewittchen in bunten Oblatenfolgen, Aladin und die Wunderlampe, Robinson usw. Ich weiß nicht, woran es liegt, aber ich habe die winzigen Bilderchen, in denen der schreckliche Geist mit fletschenden Zähnen vor einem vor Schrecken taumelnden Aladin auftaucht, oder Robinson, wie er seinen Sonnenschirm vor Schreck beinah fallen läßt, wie er die ersten abgeknabberten Menschenknochen auf der Insel entdeckt – ich habe diese Augenblicke, die doch in vielen Kinderbüchern abgebildet sind, nur immer so vor mir gesehen, wie ich sie heut noch in meinen Oblatenalben aufschlage. Das ist ein gutes Gegenstück zu den vielen schnäbelnden

Täubchen, Rosenjungen, Blumenwagen, aufgeplusterten Engeln, die man geduldig mit der Schere von ihren Papierstangen schneiden muß, den Stangen, wo mit kleinen roten Buchstaben der Name des Fabrikanten oder UX 798 oder sonstiges rätselhaftes Geschäftskauderwelsch gedruckt steht. – Für mich geht überhaupt nichts über Papierspielzeug. Angefangen vom kleinen Faltboot oder Papierhelm, mit denen wir beinah zuerst Bekanntschaft gemacht haben, bis zu den Einsteckbüchern, von denen ich euch jetzt noch etwas erzählen will. Stellt euch ein Bilderbuch mit wenigen Seiten vor. Auf der ersten vielleicht eine Stube, auf der zweiten eine Landschaft mit Bergen, Äckern und Wald, auf der dritten eine Stadt mit ihren Straßen, Toren, Plätzen und Häusern. Nun seht näher zu. Ihr entdeckt dann auf jedem dieser Bilder eine Fülle von kleinen Ritzen; Spalten zwischen Fenster und Fensterbrett, zwischen Schwelle und Tür, zwischen Brunnen und Pflaster, zwischen Stuhlsitz und Lehne, zwischen Ufer und Fluß usw. Und solchen Büchern sind dann hinten in einer kleinen Tasche allerhand Menschen, Möbel, Fuhrwerk, Schiffe, Speisen, Pflanzen beigegeben, die man an kleinen Zäpfchen in die Ritzen auf den Bildern hineinschiebt. So kann man die Stube auf hundert verschiedene Arten möblieren, die Landschaft mit hundert verschiedenen Blumen und Tieren ausputzen, die Stadt bald an einem Markttage, bald an einem Sonntag zeigen, und, wenn es einem Spaß macht, sogar Hirsche und Eichhörnchen auf ihrem Pflaster spazierengehen lassen. Schön, solche Bücher gibt es nicht mehr. Es wird aber nicht lange dauern, so wird es sie wieder geben, und ebenso schöne könnt ihr jetzt schon bekommen. Laßt euch z.B. das Zauberboot schenken, das Tom Seidmann-Freud gemacht hat und in dem es fast ebenso zugeht wie in dem, wovon ich erzählte.

Ja, werdet ihr nun vielleicht sagen, aber was hat denn das mit Berlin zu tun? Dann müßte ich euch aber bitten, scharf nachzudenken, und würde meinerseits nun euch fragen: Wo glaubt ihr denn, kann man in Deutschland eine solche Wanderung durch das ganze Reich der Spielsachen hindurch unternehmen, außer in einem Berliner Warenhaus? Ich will ja nicht sagen, daß es nicht Spielzeuggeschäfte gäbe, in denen ebenso viele Sachen zu haben sind. Der große Unterschied ist nur der, daß die Warenhäuser viel Platz haben, alles auf ihren riesigen Tischen aufbauen, so daß nichts versteckt bleibt und jeder, der Augen hat, all das zu sehen bekommt, was sonst zum großen Teil in Schränken und Kästen verwahrt liegt. Es ist allerdings ein langer Weg gewesen, bis es zu solchen Galerien, wie wir sie hier durchwandern, gekommen ist. Vor allem müßt ihr nicht denken, das Spielzeug sei von allem Anfang an Erfindung von Spielwarenfabrikanten gewesen. Es ist vielmehr ganz allmählich aus den Werkstätten der Holzschnitzer, der Zinngießer usw. ans Licht getreten. Kinderspielzeug wurde nämlich anfänglich nur von den Handwerkern als Nebenarbeit hergestellt, weil alle Dinge des täglichen Lebens im kleinen nachgebildet werden mußten. Der Tischler fertigte nach Bestellung Möbelchen für die Puppenstube, der Zinn- und Kupfergießer Gefäße und Geschirr für die Puppenküchen, der Töpfer kleine Tonwaren, kurz: jedes Handwerk bekam für die Herstellung derartigen Kleinzeugs sein Teil zugewiesen. Eine eigentliche Spielwarenfabrikation aber konnte es wegen der strengen Zunftschranken, die im Mittelalter bekanntlich jedes Handwerk beengten, nicht geben. Jeder Meister durfte nur fabrizieren, was in seinen Betrieb fiel. Dem Tischler war es verboten, seine Holzpüppchen selbst zu bemalen, er mußte sie dem sogenannten Wismuth-Maler überlassen, der Lichtzieher wiederum mußte sich an den Tischler wenden, wenn er seinen wächsernen Puppen oder Engeln irgendein hölzernes Gerät, z.B. Kerzenhalter, in die Hand geben wollte. Man kann sich vorstellen, wie unglaublich umständlich in diesen Zeiten, und die dauerten bis ins 19. Jahrhundert hinein, z.B. die Herstellung eines Puppenhauses gewesen sein muß, wenn so viele verschiedene Gewerbe sich daran beteiligen mußten. Daher denn auch ihre große Kostbarkeit. In den ersten Zeiten waren sie nur für Fürsten erschwinglich und kamen als Prunkstücke in die Kinderstuben der Schlösser, wenn sie nicht etwa gegen Eintritt öffentlich auf dem Jahrmarkt gezeigt wurden. Von so einer Schaustellung wissen wir. Es ist jetzt 300 Jahre her, da kam ein gutes, altes Fräulein in Nürnberg auf den Gedanken, Geld zu verdienen, indem sie den Kindern die Grundsätze einer richtigen Haushaltsführung an einem Puppenhause erläutern wollte, in dem alles naturgetreu nachgemacht war. Die Eltern von diesen Kindern sind vielleicht auf solche

Anpreisungen hereingefallen und haben die kleinen Mädchen zu ihr in die Bude geschickt. Die Kinder selber aber werden wohl mehr Vergnügen als Nutzen davon gehabt haben. Im übrigen war auch die innere Einrichtung dieser Häuser in Wirklichkeit gar nicht naturgetreu, sondern man reihte Zimmer aneinander, wie es sich gerade traf, nur zu Schauzwecken. In den meisten Puppenhäusern gibt es nicht einmal eine Treppe, die die verschiedenen Stockwerke verbindet.

Ihr kennt doch sicher, und sei es nur von eurer Arche Noah, die sogenannten Nürnberger Spielsachen, die winzigen lackierten Tierchen und Männchen. Ich war auf meinem Rundgang ganz erstaunt zu sehen, wie diese biblische oder ländliche Spielzeugwelt sich um viele neue städtische Gegenstände vermehrt hat. Jetzt gibt es neben der Arche Noah Mietskasernen, Schienenbahnhöfe, Badeanstalten, ja sogar Berolina-Rundfahrtautos, ganz mit auswärtigen Puppen besetzt. Warum dieses kleine Spielzeug Nürnberger heißt, davon später. In Wirklichkeit kommt es heut meistens aus dem Erzgebirge oder aus Thüringen. Dort wird es schon mehrere hundert Jahre lang hergestellt, und wie es zu seiner Fabrikation kam, das zeigt wieder, wie sehr am Anfang Herstellen und Verkauf des Spielzeugs ganz von dem heutigen verschieden waren. Nicht umsonst liegen die Dörfer, aus denen dies Spielzeug kommt, tief in den thüringischen oder den böhmischen Wäldern. Dort zwangen die langen Wintertage, in denen aller Verkehr auf den verschneiten Straßen und vereisten Pässen stockte, die Bauern und Handwerker, die in der guten Jahreszeit von diesem Verkehr lebten, zu anderer Beschäftigung. Da Holz reichlich vorhanden war, fanden sie bald Gefallen am Schnitzen. Anfangs waren es nur Löffel aus Holz, Küchengerät, einfache Nadelbüchsen und dergleichen. Aber die Begabten befriedigte das nicht lange, und bald wagten sie sich daran, nebenher kleine Puppen, Wägelchen oder Tiere zu schnitzen, wie sie aus ihrer Umgebung sie kannten. Im Sommer nahmen ihnen dann die durchreisenden Kaufleute gerne diese kleinen, lustigen und billigen Kunstwerke ab, um sie ihren Kindern als Geschenk heimzubringen. Der leichte Verdienst reizte die Schnitzer; sie suchten sich andere Verkaufsmöglichkeiten als nur die gelegentlichen, packten ihre Ware in Kiepen und verhandelten sie, im Lande umherziehend. Sodann aber begannen Unternehmer, dies Spielzeug aufzukaufen und ihrerseits in der ganzen Welt abzusetzen. So kamen diese Püppchen bis Astrachan und Archangelsk, bis Petersburg und Cadiz, ja, bis nach Afrika und Westindien. Denn die Matrosen nahmen sie gerne mit, um im Tausch gegen die bunten Männchen von den Negern wertvolle Steine, Perlen, Bronzen und ähnliches einzuhandeln.

Das ist schon eine sonderbare Spielzeugwanderung, werdet ihr denken; da sind wir bald zu Ende, und er hat noch kein Wort weder von Puppen noch von Soldaten gesagt. Da habt ihr auch recht. Aber heut ist er nun schon einmal bei den merkwürdigen und schrulligen Sachen, und dabei wird er bis zum Schluß fein bleiben. Er wird euch verraten, was ihn auf dieser Wanderung am allermeisten überrascht hat, nicht weil es ihm neu war, sondern nur weil er etwas wiederfand, woran er schrecklich lange nicht gedacht hatte: auf einem weichen Wattegrund diese schuppigen Badetiere, Enten, Goldfische und in der Mitte ein Schiff, ebenso schuppig, mit bunten Metallsegeln, und dabei der kleine Magnetstab, mit dem das Kind die Schiffe zu lenken sucht, während ihm die Mutter den Kopf wäscht. Es war aber über dem Ganzen ein Überzug von Zelluloid, und Fische, Schiffe und Enten sahen aus wie in Eis vergraben. Das hat mich an die kleinste und aufregendste Spielzeugwelt erinnert, die man nicht anfassen kann, weil sie in Glas steckt. An die Schiffe, Kreuzigungen, Bergwerke in der versiegelten Flasche. Habt ihr je solche Flaschen gesehen? Euch je den Kopf zerbrochen, wie die Dinge da hineinkommen? Ich ja, jahrelang. Jahrelang hat es gedauert, bis ich erfuhr, wie es zugeht, wie die Schiffer, die das von ihren langen Reisen heimbringen, es anstellen. Es ist keine Hexerei dabei, nur Geduld. Aber soviel, wie nur ein Schiffer in der Einöde des Wassers haben kann, der nichts zu versäumen hat. Alle Teile so eines Schiffes, so einer Kreuzigung sind mit Fäden verbunden, beweglich und so schmal aneinandergelegt, daß sie durch den Flaschenhals eingehen. Sind sie dann einmal im Innern der Flasche, so werden alle Glieder und Gelenke mit langen Spitzen und Pinzetten ausgezogen, bis das Schiff, das Kreuz oder was es sonst ist seine natürliche

Form hat. Sodann wird bunter Siegellack hineingetropft, der die Wellen oder die Felsen macht und auf dem bunte Häuschen oder Figuren festgeklebt werden. In diesen Flaschen sieht es aus wie in dem Wunderländchen Vadutz, von dem der Dichter Clemens Brentano sagt: „Alle Wundergebirge der Geschichte, Fabel- und Märchenwelt, Himmalaya, Meru, Albordi, Kaf, Ida, Olymp und der gläserne Berg lagen mir im Ländchen Vadutz.“ Dieser Brentano hat sich nämlich alle Spielsachen, die er liebte, in einem Lande zusammen gedacht, das er Vadutz nannte. Davon erzählt er in der Einleitung zu seinem schönsten Märchen: „Gockel, Hinkel und Gackeleia“. Ihr könnt euch zum Schluß unserer Spielzeugwanderung etwas zum nächsten Geburtstag wünschen. Ich aber wünsche mir von euch, daß ihr euch an unsere Wanderung erinnert, wenn ihr später einmal das Märchen vom Gockel, Hinkel und Gackeleia lest.

Borsig

Wir haben nun schon eine ganze Menge von Berlin erlebt; wir haben uns um Marktwesen und um Straßenhandel, um den Verkehr, um die alten Berliner Schulen, um das unheimliche Berlin vor hundert Jahren, um den Berliner Dialekt, sogar ein wenig um die Baugeschichte Berlins gekümmert, von unserer großen Spielzeugwanderung gar nicht zu reden, und dabei sind wir doch eigentlich um eine Hauptsache nur immer behutsam herumgestrichen: um das nämlich, wodurch Berlin schließlich so wichtig geworden ist, wodurch es mit der Zeit seine drei Millionen Einwohner sich zugelegt hat, unter denen auch wir sind, kurz und gut über das, dem wir's vielleicht selber verdanken, daß wir hier als Berliner miteinander Bekanntschaft machen. Das sind Großindustrie und Großhandel. Vom Handel werden wir heut noch nicht sprechen, aber eine Industrie oder vielmehr nur eine einzige Firma werde ich euch zeigen, in der ihr sogleich auf den tausendsten Teil von den drei Millionen Bewohnern Berlins trefft. Ja auf mehr: 3900 Mann ist die Belegschaft des Borsig-Werkes groß, von dem ich hier sprechen will, und 1000 Beamte dazu, da kommt ihr auf einen Betrieb, der in seinen guten Zeiten 5000 Mann beschäftigt.

Was ist Borsig? Viele von euch haben schon den Namen gehört. Unter denen werden die meisten auch wissen, daß Borsig eine Maschinenfabrik ist. Und wo die steht, das werden nun wieder viele von ihren Sonntagsausflügen wissen. Wenn man nämlich Berlin auf der Straße nach Oranienburg und Velten verläßt, kommt man über Tegel, wo es schon allerhand zu sehen gibt. Erstens mal, wenn ihr etwa mit der Schule mal einen Ausflug nach Tegel gemacht habt, hat euch der Lehrer bestimmt die Villa von der Familie Humboldt gezeigt. Ich meine die beiden Brüder Wilhelm und Alexander von Humboldt, die auf den Pfeilern vor der Universität sitzen, als wenn sie noch immer nicht ausstudiert hätten oder am Ende Kolleg schwänzen. Der eine von diesen beiden Humboldts wird uns nachher, genau nach 17 Minuten, noch einmal vorkommen. Dann gibt es in Tegel das Zuchthaus, von dem man von außen mehr sieht als sonst von Zuchthäusern. Sehr viele Zellenfenster gehen nämlich nach der Straße. Ich denke aber, sie werden so hoch sein, daß die armen Eingesperrten nicht werden heraussehen können. Dann geht ihr noch ein paar Minuten auf der Straße nach Oranienburg, und ihr seid bei Borsig. Am Außentor empfängt eine Halle euch. Sie ist, wie alle übrigen Borsiggebäude, aus roten Ziegeln errichtet, und gleich in dieser Halle gibt es etwas, wovor ihr stutzt. Da habt ihr eine Reihe Ständer oder Stative, die sind über und über mit Nummern besät, neben jeder Nummer ein Name, unter jedem Namen ein kleiner Schlitz. In manchen stecken Karten. Diese Karten, die da hervorkucken, sagen, der und der, Nr. 698 oder Nr. 82 oder Nr. 1014 von der Belegschaft sind augenblicklich nicht im Betrieb. Denn jeder, der kommt, muß hier seine Karte aus seinem Fach nehmen, um sie an einer automatischen Stempeluhr in der Werkstatt beim Eintritt und dann, meist nach acht Stunden, wieder beim Fortgehen stempeln zu lassen. Nach der Stundenzahl, die auf dieser Kontrollkarte steht, wird er bezahlt.

Wenn ihr nun aber durch das Tor getreten seid, dann ist das erste, was euch auffällt, wahrscheinlich, wie schwer es ist, sich hier zurechtzufinden, wie fremd man sich hier fühlt, wie man gleich merkt, daß hier eigentlich jemand, der nicht zum Werk gehört, gar nichts zu suchen hat. Was soll man sich auch bei diesen mehr als zwanzig Hallen und Werkstätten, Schuppen und Schornsteinen denken, die unregelmäßig über ein großes Terrain verteilt, weniger durch Straßen als durch Schienen miteinander verbunden sind? Denn die Eisenbahn fährt hier gleich in das Werk hinein. An Ort und Stelle werden die Kessel, die Schiffsmaschinen, die Dampfturbinen, die Rohre, die chemischen Apparate und all die unzähligen andern Fabrikate verladen. Verladen werden sie aber nicht nur per Eisenbahn. Dieses große Gelände stößt an der anderen Seite, gegenüber vom Eingang, an den Tegeler See. Hier laufen die Kähne an, die dann langsam über Havel und Elbe die Maschinen verfrachten, die von überseeischen Kunden bei Borsig bestellt sind und in Hamburg verladen werden. Das zweite aber, was euch auffällt, ist ein Turmhaus. Zwölf Stock hoch, aus schönen, glasierten Ziegeln errichtet und damals, 1923, mit seinen 65 Metern das höchste Berlins. Übrigens ist es noch nicht ganz fertig, weil immer irgendetwas im Betrieb zu tun ist, wofür das Geld nötiger ist.

Vielleicht fragt man euch nun, wo ihr eintreten wollt. Ob vielleicht in eine Halle, wo grade Mammut-Pumpen, oder Härte-Apparate mit Rührwerk, oder Gruppenrohrkessel, oder Niederdruckläufe mit Überdruckverschaufelung gebaut werden. Da steht ihr natürlich mit offenem Mund da und seht, was das heißt: Deutsch können. Ihr könnt ruhig überzeugt sein, daß ihr mindestens drei Viertel der wichtigsten Worte, die hier jahraus, jahrein, von früh bis spät gebraucht werden, nie im Leben gehört habt, und daß ihr euch nicht das mindeste drunter vorstellen könnt, selbst wenn ihr von den einfachen ein paar kennen solltet und z.B. Bescheid wißt, was eine Drehbank ist oder eine Fräsmaschine. Andere Jungens allerdings, vielleicht selbst jüngere als ihr, wissen genau Bescheid. Mindestens die aus der Lehrlingsabteilung von Borsig. Da gibt es nämlich oben, im vierten Stock von einem dieser Fabrikhäuser – ich bin in einem Fahrstuhl hinaufgefahren, dem komisch zumute gewesen sein muß, weil er sonst nur Ketten, Maschinenteile und ähnliches zu befördern hat – eine Lehrlingsabteilung, wo fast 300 Lehrlinge, zum großen Teil Kinder von Männern, die in dem Werk schon länger beschäftigt sind, zu Arbeitern herausgebildet werden. Sie haben da 100 Werkzeugmaschinen für sich, an denen sie lernen. Die Firma ist auf diese Abteilung stolz, weil sie als eine der ersten begann, Lehrlinge nicht nur von Fall zu Fall einzustellen, wie der Betrieb es gerade verlangte, sondern sie von vornherein planmäßig auszubilden. Dazu hat sie neben der Lehrlingswerkstatt auch eine Werkschule mit Klassen, Lehrern, Kino und richtigem theoretischen Unterricht, den die Jungens vier Jahre mitmachen müssen.

Nun wollen wir uns aber nicht länger aufhalten lassen, weder durch die sonderbaren Maschinennamen noch durch manches, was ich gerne erzählen würde, sondern entschlossen in eine von diesen Hallen eintreten. Nehmen wir an, wir haben Glück, so werden bei Borsig grade Lokomotiven gebaut. Denen können wir dann in den verschiedensten Abteilungen begegnen. Wir wollen uns aber nur um die erste und letzte kümmern. Und wirklich haben wir Glück. Grade jetzt baut Borsig 70 Lokomotiven für Serbien auf Reparationskonto. Die erste Station ist die Kesselschmiede. Da treten wir also ein. Hier werden im Jahre ungefähr 600 Lokomotivkessel zusammengeschmiedet. Ein Lärm empfängt uns, als würden jetzt grade die 600 auf einmal zusammengeschmiedet. 40 bis 50 Menschen, nicht mehr, mögen in dieser Riesenhalle an der Arbeit sein. Und da sie über 100 Meter lang ist, verlieren sich natürlich die Einzelnen. Das ist gerade das Merkwürdige: der Lärm ist betäubend, aber Menschen sieht man nicht viele. Zuerst, solang es einem ungewohnt ist, kommt man nicht vorwärts, so vorsichtig bewegt man sich schrittweise. Denn nicht nur unter uns sind überall Schienen, sondern erst recht über uns, auf denen auf Rädern die großen Krane laufen, die die Lasten, Eisenwaren, Kesselstücke, Radhälften denn die großen Räder werden immer in Hälften fabriziert und danach zusammengeschweißt – von einem Ende der Halle zum anderen schleppen. Man weiß nie, ob nicht grade so ein zierliches Schmuckstück über einem hin- und herbaumelt. Genietet werden die Kessel mit sogenannten hydraulischen Nietmaschinen, das sind eine Art von Pumpen, deren Kolben unter riesigem Druck stehen. So eine Nietmaschine, die die Stücke unter einem Druck von 2000 Zentnern zusammennietet, wird von einem einzigen Menschen bedient. Dabei müßt ihr nicht denken, daß der Herstellungsprozeß bei Borsig damit anfängt. Nein, schon die einzelnen Stücke, aus denen diese Kessel zusammengeschmiedet werden, werden im eigenen Betrieb hergestellt. Das ist in einer anderen Halle, der sogenannten Hammerschmiede, wo zwölf Schmiedeöfen und 18 Dampfhämmer, sieben hydraulische Pressen und was noch sonst für Maschinen das Roheisen zu den gewünschten Formen verarbeiten. Die Eisenerze freilich, aus denen dieses Roheisen gewonnen wird, besitzt Borsig nicht selbst. Die kauft er in Deutschland oder aus Skandinavien. Von da ab aber bleibt nun alles bis zur fertigen Lokomotive im eigenen Betrieb. Dabei wird die Gewinnung des Roheisens aus den Erzen nicht hier, sondern in den Werken betrieben, die Borsig in Oberschlesien an der polnischen Grenze hat. Eine solche Anlage, wo alles vom Rohprodukt bis zur fertigen Ware von einer einzigen Firma hergestellt wird, nennt man vertikale Konzentration; auf deutsch eigentlich: senkrechte Zusammenfassung. Man stellt sich vor, das Eisen ist gewissermaßen am tiefsten, unter der Erde, und dann steigt der Erzeugungsvorgang immer höher, verfeinert sich immer mehr, bis er bei der fertigen Ware anlangt, hier also bei der Lokomotive. Ihr ahnt ja gar nicht, was für verschiedene Arten Lokomotiven es gibt, die alle dort fabriziert werden. Elektrische Lokomotiven, Lokomotiven für Kohlen-, aber auch für Holzfeuerung; für Brasilien zum Beispiel, wo der Brennstoff sehr teuer ist, so daß sie besonders sparsam arbeiten müssen, feuerlose Lokomotiven, die durch Heißdampf betrieben werden und die man für feuergefährliche Betriebe braucht oder für Schlachthöfe, wo es nicht rußen darf. All diese Dinge entstehen bei Borsig. Jeder Staat verlangt etwas anderes, jeder Auftraggeber hat seine besonderen Wünsche, denen manchmal mit unheimlicher Geschwindigkeit entsprochen werden muß. Als für die Untergrundbahn-Strecke Spittelmarkt-Alexanderplatz die Spree untertunnelt werden mußte, senkte sich der Kopf des fertigen Tunnelteiles. Es drang Wasser in den Tunnel, und der ganze Bau wurde schwer gefährdet. Morgens um zehn Uhr hatte die Bauleitung eine

Besprechung mit Borsig. Borsig schlug vor, fünf Riesenpumpen aufzustellen, die pro Minute alle zusammen 125 Kubikmeter Wasser heben sollten. Nachmittags um drei Uhr ging die Bestellung auf Lieferung der vorgeschlagenen Pumpen in Tegel ein. Trotzdem alle Zeichnungen neu gemacht werden mußten, rollten abends um elf Uhr alle fünf Riesenpumpen fertig zum Tor hinaus. Am nächsten Morgen wurden sie in Betrieb gesetzt, und in zwei Stunden war die Baustrecke der U-Bahn gerettet.

Nun aber zurück zu unserer Lokomotive. Viele Stationen überspringen wir, um sie zuletzt in der Montagehalle wiederzufinden, wo sie aus ihren einzelnen Teilen zusammengesetzt und schließlich lackiert wird. Das Lackieren allein dauert gegen acht Tage. Als ich die Halle betrat, war grade Mittagspause. Es war also still. Die Arbeiter saßen auf dem Boden und packten ihr Frühstück aus. Es roch nach Lack. Vorn war die große Klappe, sozusagen das Bruststück der Lokomotive, geöffnet, und man konnte ins Innere hineinsehen. Zwischen den Geleisen, in denen sie stand, war ein tiefer Schacht, so daß man an ihrem Untergestell arbeiten konnte. Diese Lokomotivstände sind so gebaut wie die Schiffsdocks, an denen es ja auch das Wichtige ist, daß man von unten an die Schiffe heran kann. Solcher Lokomotivdocks gibt es 39 bei Borsig. Wenn nun diese Lokomotiven fertig geworden sind, dann werden sie von Borsigschen Leuten selber nach Serbien heruntergefahren. Aber das ist so nicht nur mit Lokomotiven, sondern mit den meisten großen Maschinen, seien es nun Dampfturbinen, Pumpen, Anlagen für die Veredelung von Öl oder ähnlichem, die bestellt werden. Solche Waren kann man den Auftraggebern nicht einfach zuschicken wie einen Kleiderschrank; die müssen an Ort und Stelle genau richtig eingepaßt und in Betrieb gesetzt werden. Für diese Aufgabe hat man eigene Arbeiter. Das sind die sogenannten Richtmeister, die durch ihren Beruf oft weit in der Welt herumkommen. Es kommt vor, daß solche Leute lange fortbleiben, wie zum Beispiel einer der Borsigschen Richtmeister 1925 nach Lahore in Indien abfuhr und zwei Jahre dort blieb, um eine bei seiner Firma hergestellte Rohrleitung in ein Kraftwerk einzubauen. Woher ich das weiß? Nun, es hat natürlich kein Mensch in so einem Werk Zeit, sich mit einem stundenlang hinzustellen und alles zu erzählen, wofür man sich interessiert. Da muß man sich schon selber ein bißchen umtun. Und da ich wußte, daß es bei Borsig, wie bei manchen anderen sehr großen Werken, eine Zeitung für die Werksangehörigen gibt, so habe ich darin ein bißchen geschnuppert. Da steht nicht nur die ganze Geschichte von Lahore drinnen, da findet man vor allem die neuesten technischen Erfindungen auf dem Gebiet des Maschinenbaus. Man findet auch Beiträge von Arbeitern drin, Ratschläge, manchmal sogar Beschwerden. Und vor allem in jeder Nummer ein Verzeichnis der Leute, die Verbesserungsvorschläge für irgendwelche Einzelheiten des Betriebes, die sie gerade besonders gut kennen, gemacht haben. Diese Verbesserungsvorschläge werden im Büro geprüft und manchmal prämiiert.

Wenn ihr nun mit mir mitgekommen wärt, dann hättet ihr gleich am Anfang etwas gesehen, wovon ich euch nun erst zum Schluß erzähle. Im Vorhof nämlich stehen ganz zierlich im grünen Gras, auf einem kleinen Sockel von roten Ziegeln, beinah wie Denkmäler, zwei Borsigfabrikate, mit denen es eine besondere Bewandtnis hat. Das eine ist eine Maschine mit einem riesigen Schwungrad und das andere ein kleiner Dampfkessel. Sie gehören zu den ältesten Erzeugnissen der Fabrik. Der Kessel ist an die 50 Jahre in einem Betrieb gewesen. Dann hat Borsig für schweres Geld ihn zurückgekauft, um ihn hier, gewissermaßen als Andenken, aufzustellen. Man hält hier viel auf solche Zeugnisse aus vergangenen Zeiten, und wenn man bedenkt, daß Borsig in sieben Jahren sein 100. Jubiläum feiern wird, dann kann man das auch verstehen. Ein so hohes Alter ist bei einer Fabrik genausowenig Zufallssache wie bei einem Menschen. So wie ein Mensch, um alt zu werden, auf lange Sicht leben muß, nicht wegen jeder Kleinigkeit sich aufregen darf und nicht alles naschen, worauf er gerad' Lust hat, so muß auch ein großes Unternehmen, wenn es alt werden will, sehr besonnen, vorsichtig, gründlich arbeiten. Ich könnte euch nun genausoviel, wie ich euch von dem jetzigen Borsig erzählt habe, vom früheren erzählen. Wie nämlich aus der kleinen Lokomotivenfabrik, die

1841 die ersten deutschen Lokomotiven gebaut hat, dieses riesige Werk wurde. Vielleicht ein andermal, wenn ich von den Berliner Stadtteilen erzähle. Borsig, das war nämlich früher Moabit, nicht Tegel, wie denn die ganze Geschichte der Industrialisierung Berlins mit Moabit eng zusammenhängt. Heute ist aber Schluß, und nun schulde ich euch nur noch den Alexander von Humboldt, den ich euch vor 17 Minuten versprochen habe. Wie soll ich das nun noch schnell erzählen? Kurz und gut, der Mann, der Borsig gegründet hat, hat wahrscheinlich als Ausgleich gegen das schwere stumpfe Maschinenwesen, um das er sich früh bis spät kümmern mußte, Treibhäuser angelegt, die damals die berühmtesten von Berlin waren und in denen viele fremde, exotische Pflanzen zu sehen waren. Die hat der große Naturforscher, Alexander von Humboldt, dort studiert und bewundert. Er hat es auch noch erlebt, wie 1847 mit großer Feierlichkeit die Vollendung der hundertsten Lokomotive bei Borsig gefeiert wurde. Und weil das Borsig-Werk, so wie andere Menschen nach Jahren, nach fertigen Lokomotiven rechnet, so wollen auch wir mit einer Lokomotive schließen. Nämlich mit der zwölftausendsten. Die ist vor fünf Jahren als Einheitslokomotive und Vorbild für alle Lokomotiven der deutschen Reichsbahn bei Borsig gebaut worden.

Die Mietskaserne

Wie das mit Berlin zusammenhängt, wovon ich heute erzähle, das brauche ich euch nicht zu erklären. Und die Mietskaserne, die, fürchte ich, brauche ich euch auch nicht zu beschreiben. Die kennt ihr ja alle. Und die meisten kennen sie auch von innen. Von innen, damit meine ich nicht einfach die Wohnungen und Stuben, sondern ich meine die Höfe, die drei, vier, fünf, ja sechs Hinterhöfe, die die Berliner Mietskasernen haben. Berlin ist die größte Mietskasernenstadt der Erde. Und wie es das langsam zu unserm Unglück in Jahrhunderten geworden ist – das werde ich euch heute zu erklären versuchen. Macht die Ohren auf, ihr könnt jetzt hören, was ihr so leicht nicht im deutschen Unterricht und nicht in der Erdkunde und nicht in der Staatsbürgerkunde zu hören bekommt und das für euch doch einmal wichtig sein kann. Denn ihr sollt alle verstehen, worum es sich bei dem großen Kampf gegen die Mietskaserne handelt, den Groß-Berlin seit dem Jahre 1925 zu führen begonnen hat.

Man sagt immer, die Berliner wären so kritisch. Das stimmt schon. Sie sind schlagfertig, sie lassen sich nicht leicht etwas vormachen, sie sind helle. Aber was die Häuser und was die Wohnungen angeht, in denen sie leben, da muß man schon sagen, daß sie jahrhundertelang auf jeden Leim gekrochen sind. Und wenn sie anfangs sich auf die Obrigkeit, auf den absoluten König herausreden konnten, der befahl, so und so muß gebaut werden, so ist es später, als sie die Selbstverwaltung ihrer Stadt hatten, kein bißchen besser sondern schlimmer geworden. Und vielleicht haben sie manchmal nur darum so viel Spielraum für ihren kritischen Witz und Verstand gehabt, weil sie allzuselten daran gedacht haben, in der Praxis ihn anzuwenden. Und was das Schlimmste ist, während man sonst die Berliner im Reich doch ziemlich kritisch betrachtet und längst nicht alles für mustergültig hält, was es da gibt – ihre Mietskasernen, die haben sie den Berlinern in ganz Deutschland nachgebaut.

Mietskaserne – das klingt so militärisch. Und das Wort ist nicht etwa nur aus dem Militärwesen übertragen, sondern die Entstehung der Mietskaserne hängt wirklich mit dem Militärwesen eng zusammen. Berlin ist seit den Hohenzollern immer eine Militärstadt gewesen, und es hat Zeiten gegeben, in denen das Militär, d.h. die Soldaten mit ihren Familien, bis zu einem Drittel der ganzen Stadtbevölkerung ausmachten. Solange das preußische Heer noch nicht so groß war, brachte man die Soldaten mit ihren Familien bei den Bürgern unter. Als ich euch vor 14 Tagen etwas aus der Baugeschichte Berlins unter Friedrich Wilhelm I. erzählt habe, da habt ihr ja gehört, wie jeder Bürger verpflichtet war, so und soviel Soldaten je nach der Größe seines Hauses oder seiner Wohnung sich in Quartier legen zu lassen. Das ging unter Friedrich Wilhelm I. noch an. Es war zwar für die Bürger sehr drückend, aber das Heer war noch klein, und es wurde soviel gebaut, daß von einer Wohnungsnot keine Rede sein konnte. Als Friedrich Wilhelm I. starb, hatte Berlin eine Besatzung von ungefähr 19 000 Mann. Als aber Friedrich der Große 1786 starb, da gab es in Berlin schon 36 000 Mann Besatzung. Diese Truppenmasse war auf die alte Art und Weise nicht mehr unterzubringen, und deshalb baute Friedrich der Große eine ganze Anzahl Kasernen, allein acht Stück in den letzten vier Jahren seiner Regierungszeit. In diesen Kasernen wohnten aber nicht etwa nur die Soldaten, sondern auch deren Familien. Uns kommt das sehr komisch vor, daß Soldaten mit Frauen und Kindern in Kasernen untergebracht werden sollen. Die Gründe dafür sind aber gar nicht komisch gewesen. Sie bestanden ganz einfach in der furchtbaren Grausamkeit der preußischen Heereszucht, die machte, daß viele bei der ersten besten Gelegenheit desertierten. Wenn man sie nun alle Abende oder auch nur ein paar mal die Woche zu ihren Familien hätte nach Hause gehen lassen, so hätte dann möglicherweise am andern Morgen die Hälfte gefehlt. Darum hielt man sie mit ihren Familien in den Kasernen, die sie nur selten mit einem Erlaubnisschein verlassen durften. Diese Abhilfe der Wohnungsnot durch Kasernierung führte Friedrich der Große dann auch für die Berliner Zivilbevölkerung ein. Statt nämlich, wie sein Vater, die Hauptstadt in waagerechter Richtung zu vergrößern, erweiterte er sie senkrecht nach oben in die Luft statt in die Ebene. Er nahm sich dabei Paris zum Vorbild. Das war aber unberechtigt. Paris war eine Festung, die Stadt konnte sich über die Zone der Forts und Bastionen nicht ausdehnen, und da sie als größte Europas damals schon 150 000 Einwohner hatte, konnten sich die Pariser nicht anders helfen als durch den Bau vielstöckiger Gebäude. Berlin war aber unter Friedrich dem Großen ebensowenig eine Festung wie jetzt. Man hätte also ruhig weiter die Stadt in der Ebene sich ausdehnen lassen können. Als damals dem Kaiser von China zum ersten Mal Bilder mit Häusern in so ungewöhnlicher Höhe gezeigt wurden, sagte er ganz verächtlich: „Europa muß ein sehr kleines Land sein, daß die Menschen dort nicht genug Platz haben, auf der Erde zu wohnen, sondern in der Luft wohnen müssen." Für die Gesundheit der Berliner wäre es natürlich viel besser gewesen, bei der alten Bauweise zu bleiben, anstatt, wie es damals geschah, möglichst viel Menschen in möglichst hohe Häuser zu pferchen. Noch viel folgenschwerer als der gesundheitliche Schaden war aber bei dieser Bauart der wirtschaftliche. Man kümmerte sich seit Friedrich dem Großen nicht mehr darum, an den damaligen Stadtgrenzen neues billiges Bauland zu erschließen, sondern begann wieder, auf dem alten bebauten Terrain hohe Häuser, Mietskasernen, statt der früheren ein- oder zweistöckigen Einfamilienhäuser zu bauen. Weil nun diese Mietskasernen durch die vielen Parteien, die darin wohnten, dem Besitzer viel mehr einbrachten als die früheren kleinen Häuser, wurde der Grund und Boden, auf dem sie standen, immer teurer. Das beeinflußte sehr bald natürlich auch die Preise für unbebaute Terrains, die es ja noch massenhaft in der Stadt gab. Wenn so ein Bauplatz verkauft wurde, so verlangten die Besitzer Preise dafür, die der Käufer nur dann zahlen konnte, wenn er nach dem Muster der Mietskasernen viele übereinandergeschichtete Wohnungen baute, damit durch die Mieten die hohen Bodenpreise verzinst würden. In einer Beschreibung Berlins aus dem Todesjahr Friedrichs des Großen sieht man, wie böse es damals schon aussah. Aber natürlich durchschaute man in diesen Zeiten die Folgen und die Schädlichkeit dieser Bauweise nur in den seltensten Fällen, so daß der Mann, von dem diese Beschreibung stammt, der Schriftsteller Nicolai, ein geborener Berliner, ganz stolz darauf ist, daß fast die Hälfte der Häuser ansehnliche Seiten- und Hinterhäuser haben, welche in manchen Gegenden der Stadt beinah stärker bewohnt sind als die Vorderhäuser. Es gibt Häuser, in denen gegen 16 Familien wohnen. Sehr wenige Städte werden in noch nicht 6500 Häusern 145 000 Einwohner haben. Das macht einen Durchschnitt von 22 Bewohnern pro Haus. Wie harmlos kommt uns das heute vor, wo wir in Berlin Häuser haben, in denen weit über 500 Menschen wohnen. Hundertzwanzig Jahre nach Nicolais Bericht gab es ein Haus, in der Ackerstraße, in dem über 1000 Menschen gezählt wurden. Es ist die Nr. 132. Ihr könnt es euch ansehen. Wenn man von außen in die Flucht der Höfe hineinschaut, ist es als wenn man in einen Tunnel sähe. Als Nicolai seine Beschreibung von Berlin machte, war die Industrialisierung der Stadt ja erst in den allerbescheidensten Anfängen. Das wirkliche Unglück ist viel später eingetreten, als alle Versuche des Freiherrn vom Stein, den Berlinern durch die preußische Städteordnung zu helfen, fehlgeschlagen waren und im Jahre 1858 der schreckliche Bebauungsplan von Berlin gemacht wurde, mit dem die Mietskaserne zur Herrschaft kam. Diesen Bebauungsplan müssen wir uns ansehen, um das heutige Berlin zu verstehen. Nach ihm hatte die durchschnittliche Mietskaserne drei Höfe. Jeder dieser Höfe brauchte – es klingt ganz unvorstellbar, aber so ist es nur etwas über 5 qm groß zu sein. So ging die Mietskaserne mit einer Straßenfront von 20 Metern 56 Meter in die Tiefe. Wenn ein solches Haus seine üblichen sieben Stockwerke, das Beigeschoß nämlich eingerechnet, besaß, dann konnten darinnen bis zu 650 Menschen hineingestopft werden. Jeder Mensch muß sich wundern, wie so schlechte und schädliche Verordnungen möglich waren. Und wirklich, die Gründe dafür sind ebenso verschachtelt und ungesund wie die Häuser, zu denen sie geführt haben. Der Ausgangspunkt war ganz harmlos. Es sollte endlich mit einem großen Bebauungsplan für ganz Berlin auf viele Jahrzehnte hinaus ernst gemacht werden. Der Plan wurde im Polizeipräsidium ausgearbeitet. Dabei ergab sich nun, daß viele von den geplanten Straßen über Gelände gingen, die in der Hand privater Besitzer waren. Diese privaten Besitzer hätte der Staat, von dem der Bebauungsplan ausging, entschädigen müssen. Das hätte eine Menge Geld gekostet, um so mehr als es damals noch kein Gesetz gab, nach dem Grundstücke im öffentlichen Interesse gegen eine Entschädigung enteignet werden konnten. Wollte der Staat also seine Straßen bauen und doch kein Geld ausgeben, so mußte er versuchen, die Grundstücksbesitzer freundlich zu stimmen. Da haben nun in ihrer Bauernschlauheit ein paar Beamte sich gesagt: wir wollen den Leuten erlauben, ihre Grundstücke so zu bebauen, daß sie daraus an Mieten viel mehr Geld herauskriegen können, als wenn sie ihre Bodenstückchen, die wir für unseren Straßenbau nötig haben, noch so teuer an uns verkaufen könnten. Dieser schlaue Gedanke hätte allein schon das größte Unglück gestiftet. Aber damit war es noch nicht genug. Der Plan nämlich war so, wie er später durchgeführt wurde, gar nicht gedacht. Er enthielt eigentlich nur die Hauptverkehrsstraßen und sollte durch eine große Anzahl von Nebenstraßen, die Luft und Licht gegeben hätten, ergänzt werden. Später aber überlegte man es sich anders, gedachte das Geld für die neuen Straßen zu sparen und bepackte nun diese massiven, nur ganz spärlich von Straßen durchschnittenen Baugründe mit den riesigen Mietskasernen. Am schlimmsten wurde es nach zwanzig Jahren, als 1871 mit dem Sieg über Frankreich die sogenannte Gründerzeit begann, in der man überall in Deutschland den Kopf verlor und ins Blaue hinein spekulierte. Damals ergriff der Größenwahn die Berliner Behörden. Man machte einen ungeheuren Bebauungsplan, der für Jahrhunderte gelten sollte, und bezog in ihn im Laufe der Jahre ein Terrain ein, auf dem nicht weniger als 21 Millionen Menschen hätten Platz finden können. Das wilde Spekulationsfieber, das Berlin in den Gründerjahren erschütterte und dann bekanntlich mit dem berühmten großen Krach von 1873 endete, war zum guten Teil eine Folge dieser aufgeblasenen Erweiterungspläne. Plötzlich sah man Äcker, die noch mit Getreide oder Kartoffeln bestellt waren, als Bauterrains vor sich liegen, und in wenigen Monaten hatte sich der märkische Sandboden für seine Besitzer in kalifornische Goldfelder verwandelt. Bauern, die zum Teil noch in der Leibeigenschaft geboren waren, wurden zu Anfang der siebziger Jahre über Nacht ohne die leiseste Anstrengung und ohne alles Verdienst zu reichen Leuten, manchmal zu Millionären. Daher entstand in den Gründerjahren der Ausdruck Millionenbauer. Überall wurden Gesellschaften gegründet, Terrains gekauft, verschoben, aber fast nie bebaut. Nichts war den Leuten damals teuer und gut genug. Wo etwa gebaut wurde, kümmerte man sich überhaupt nur um zweierlei: erstens, daß möglichst viel Wohnungen unter ein Dach zusammengestapelt würden, und zweitens, daß die Sache von außen recht prächtig aussehe. Vor allen Dingen in den Vororten baute man von einem Ende der Gemeinde zum andern sogenannte Prachtstraßen, die dann ganz einfach im Sande oder in einer Nebenstraße verliefen. Auch die Villen, die dort errichtet wurden, waren dann meistens nur maskierte Mietskasernen mit Kellerwohnungen, mit engen Schlafkammern und verkrüppelten Wirtschaftsräumen. Dafür wurden dann die Wohnzimmer breit und pompös nach der Straße zu angelegt, ganz gleich, ob diese Straße auch etwa nach Norden ging und auf die Art niemals ein Sonnenstrahl in die Zimmer kam.

Bis zum Weltkrieg ist der Egoismus, die Kurzsichtigkeit und die Anmaßung, aus der die Mietskaserne, wie ihr nun gesehen habt, entstanden ist, fast überall in Berlin an der Tagesordnung gewesen. Daß sich aber seitdem die Dinge sehr verändert haben, das wißt ihr alle, wenn ihr euch an den Grenzen im Weichbild Berlins ein wenig umgetan habt. Und zwar nicht etwa nur in den vornehmen Villenvororten des Westens, in Dahlem oder in Lichterfelde, sondern genauso in Frohnau an der Stettiner Bahn oder in Rüdersdorf oder näher an Berlin in Britz oder Tempelhof. Besonders Tempelhof ist lehrreich für das, was seit der Revolution in Berlin sich gebessert hat. Ihr braucht nur die Häuser, die von 1912 bis 1914 dort auf dem alten Exerzierplatz errichtet sind, mit denen zu vergleichen, die heute in der Gartenstadt auf dem Tempelhofer Felde jedes in seinem kleinen Stück Grün liegen. Deutlicher als für den, der davorsteht, aber wird das vielleicht für einen, der auf Photos, die aus der Vogelperspektive aufgenommen sind, auf das Gelände gleichsam herunterschaut. Der sieht dann erst, wie verbissen, hart, finster und kriegerisch die Mietskaserne im Vergleich zu den friedlichen, freundschaftlich zueinander gesellten Häusern des Gartenfelds aussieht. Und er versteht, warum Adolf Behne, der sehr viel für dieses neue Berlin getan hat, die Mietskaserne die letzte Ritterburg nannte. Denn, sagt er, sie ist entstanden aus dem egoistischen, brutalen Kampf einzelner Bodenbesitzer um den Boden, der bei diesem Kampfe zerstückelt und zerfetzt wurde. Und darum hat sie auch die Form der wehrhaften und kriegerischen Burg in ihren rings ummauerten Höfen. Feindlich schließt sich Besitzer gegen Besitzer ab. Und so abgeschlossen wie diese Besitzer leben denn auch gewöhnlich die Bewohner in den Hunderten von Etagenwohnungen dieser Baublöcke. – Laßt euch einmal das Aprilheft des „Uhu“ geben. Da seht ihr eine ganz neue Form von amerikanischen Wolkenkratzern abgebildet. Lange Wohnblöcke sozusagen, die man entweder auf der Schmalseite aufstellt, dann ragen sie in die Höhe, oder aber man legt sie auf die Breitseite, dann sind sie eine einzige lange Hausreihe. Ich denke mir so im stillen, daß das ein Aprilscherz des „Uhu“ ist. Aber aus diesem Scherz könnt ihr deutlich sehen, auf welche Weise heute die Mietskaserne unterbunden wird. Nämlich durch Abschaffung des feierlichen, monumentalen steinernen Baus, der für Jahrhunderte unverrückbar und unveränderlich in sich am Platz steht. Anstelle des Steins tritt ein schmales Gerüst von Beton oder von Stahl, anstelle der kompakten, undurchdringlichen Wände treten riesige Glasplatten, anstelle der gleichförmigen vier Wände treten tief eingeschnittene, freiliegende Treppen, Plattformen, Dachgärten. Die immer zahlreicheren Menschen, die in solchen Häusern wohnen werden, werden allmählich durch sie verändert werden. Sie werden freier, weniger ängstlich, aber auch weniger kriegerisch sein. Sie werden sich für das zukünftige Bild einer Stadt mindestens so begeistern können, wie sich heute schon die Menschen für Luftschiffe, Autos oder Ozeandampfer begeistern. Und sie werden dann den Leuten dankbar sein, die den Befreiungskampf gegen die alte festungsartige, finstere Kasernenstadt geführt haben. Von denen ist für Berlin einer von den wichtigsten Werner Hegemann, der zugunsten dieses neuen Berlin die Geschichte des bisherigen geschrieben hat, welche „Das steinerne Berlin" heißt und aus der ihr und ich das gelernt haben, was wir nun von der Mietskaserne uns merken werden.

Theodor Hosemann

Kommt euch der Name bekannt vor? Wahrscheinlich nicht. In euren eigenen Bilderbüchern könnt ihr ihn nicht mehr finden. Aber wenn ihr eines Tages die ausgekramt habt, die euer Vater oder eure Mutter gehabt haben, da könnt ihr vielleicht diesen Namen auf dem Titelblatt noch entdecken. Wenn nämlich gerade dasteht, daß er die Bilder im Buche gezeichnet hat. Da er aber ein sehr bescheidener Mann war, so hat er das längst nicht bei allen Büchern dazugeschrieben, und so kann es sein, daß ihr Bilder von Hosemann kennt, ohne je seinen Namen gehört zu haben.

Hosemann war also ein Maler. Warum wollen wir nun in der Berlinstunde von ihm reden? Erstens ist er gar kein richtiger Berliner, sondern vor 123 Jahren in Brandenburg an der Havel geboren. Zweitens, ist es nicht überhaupt eine Kateridee, im Rundfunk von einem Maler zu reden? – Das kommt natürlich gar nicht in Frage, daß ich mich hier hinstelle und euch die Bilder von dem Hosemann beschreibe. Aber wenn ich auch keine Bilder beschreibe und nur erzähle, wie der Mann dazu kam zu malen, zu zeichnen, Illustrationen zu machen, und was die Leute von seinen Bildern gehalten haben, wie sie gewirkt haben, dann werdet ihr erstens doch dahinterkommen, was an diesem Mann war, und zweitens werdet ihr schnell heraushaben, warum ich in der Berlinstunde von ihm rede, trotzdem er in Brandenburg auf die Welt kam.

Hosemann ist zu seinen Lebzeiten nicht verwöhnt worden, besonders nicht von den Berlinern, unter denen er lebte und für die er arbeitete. Warum das so war, werden wir noch erfahren. Er wird darum gar nicht schlecht erstaunt gewesen sein, als er eines Tages von einem Professor aus seiner Geburtsstadt einen Brief bekam, in dem er sich nach seiner Jugend erkundigte, weil er über Hosemann schreiben wollte. Da lesen wir nun in der Antwort – sie ist fünf Jahre vor seinem Tode geschrieben –: „Im Jahre 1816, von wo ab meine Erinnerung ganz klar ist", damals war er also neun Jahre, „landeten wir in einem elenden, mit Leinewand überspannten Obstnachen auf dem Rhein in Düsseldorf. Jetzt wurde Schmalhans Küchenmeister, das Vermögen der Eltern war durch den Krieg gegen Napoleon und die vielen Hin- und Herzüge vollständig zu Ende, die 16 oder 17 Taler monatliches Gehalt meines Vaters langten bei der damaligen Teuerung kaum zu den notwendigsten Lebensmitteln. Unsere erste Wohnung in Düsseldorf war eine kleine geweißte Stube unter dem Dach, in einer Schifferherberge. Ich war dank meiner Jugend heiter und guter Dinge und konnte nicht begreifen, weshalb meine Mutter und Schwester täglich weinten. Ich tröstete mich mit meiner Farbschachtel und war glücklich, wenn ich irgendwo ein Stückchen Papier erwischen konnte. Jetzt aber wurde unser Leben ernster, ich sehe noch die arme, kranke Mutter mit der Schwester vom frühen Morgen bis in die sinkende Nacht, und im Winter bei einer kleinen Blechlampe, Gardinenfransen häkeln. Aber ich mußte auch etwas verdienen helfen, und so kam ich denn in die Kolorieranstalt von Arnz & Winckelmann, wo ich nun den ganzen Tag, meine Neigung befriedigend, nach Herzenslust mit Pinsel und Farbe mir die Zeit vertrieb und das heiterste Kind von der Welt war, wenn ich am Ende der Woche noch obendrein meiner zärtlichen, heißgeliebten Mutter einige Groschen Geld mit nach Hause brachte." – Wie oft hat dann später Hosemann in Bildern so eine ärmliche, friedliche Familie, wie sie tagaus, tagein mit fleißigen Händen ihr bißchen Geld verdient, hingezeichnet. Und oft war da auch wohl ein krankes Mütterchen oder ein fieberndes Kind im Bettchen zu sehen, denn die damaligen Jugendschriften, die Hosemann illustrierte, liebten sehr, mit etwas rührseligen Geschichten auf die Kinder zu wirken, und versprachen sich davon große Erfolge für deren Artigkeit. Wahrscheinlich war das verkehrt. Kinder wollen natürlich alles kennenlernen. Wenn man ihnen die Welt nur immer von der braven und artigen Seite zeigt, dann machen sie sich eben auf die Beine, um die andere Seite selber kennenzulernen. Dagegen hat man noch nicht gehört, daß von Max und Moritz zum Beispiel die Kinder ungezogener geworden wären und probiert hätten, ihrem Lehrer die Pfeife mit Pulver zu stopfen. – Nun wollen wir aber auf Hosemann zurückkommen. Als er diesen Brief schrieb, da war er schon Professor und Mitglied der Akademie der Künste. Aber was für ein mühseliger Weg war das bis dahin gewesen. Kaum zwölfjährig also mußte der Junge mit verdienen anfangen; und daß das nicht zum Spaß war, wieviel er lernte und wie tüchtig er sich ausbildete, kann man daran erkennen, daß er mit knapp 15 Jahren als jüngster Zeichner bei seiner Firma mit einem Gehalt von 200 Talern jährlich angestellt wurde.

Von dieser Firma Winckelmann, die ein paar Jahre später von Düsseldorf nach Berlin übersiedelte, müssen wir näher sprechen, weil sie Hosemanns ganzes Leben bestimmt hat. Übrigens hat sie ihn fast genau 50 Jahre überlebt und ist erst vor ganz kurzem verschwunden. Sie ist, wie Hosemann selber, mit der Lithographie groß geworden. Lithographie heißt Steindruck und ist die Kunst, eine Zeichnung mit chemischer Kreide oder mit der Feder so auf einer Steinplatte zu entwerfen, daß sie, nachdem man sie mit Farbstoff bedeckt hat, abgedruckt werden kann. Diese Technik ist Ende des 18. Jahrhunderts erfunden worden, hat aber ungefähr 20 Jahre gebraucht, ehe sie in größerem Maßstab praktisch verwandt werden konnte. Sie hat vor allen Dingen in Frankreich und Deutschland die Illustration auf eine ganz neue Grundlage gestellt. Und als nun im Jahre 1816 das erste Kinderbuch mit schönen Bildern in Lithographie herauskam – Heys „Hundert Fabeln“ mit den Bildern von Otto Speckter –

, da kam der Winckelmann auf den Gedanken, solche lithographischen Kinderbücher zu seinem Hauptgeschäftszweig zu machen. Um seine Firma zu vergrößern, ging er nach Berlin. Einen besseren Mitarbeiter als Hosemann hätte er gar nicht finden können. Und Hosemann wiederum wurde nun durch die Arbeit, die ihn mit seinem Verleger verband, fest in Berlin ansässig und kam durch scharfe Beobachtung und aufmerksames Studium dem Berliner Leben so nahe wie kein anderer zu seiner Zeit. Von den Kunst- und Bildungsreisen nach Paris oder nach Italien, die damals unter den Malern üblich waren, hat er nichts wissen wollen. Seine weitesten Reisen haben ihn nach Antwerpen und nach Tirol geführt. Seine gewöhnlichen Ziele aber waren Charlottenburg oder Schöneberg, und im Sommer ging er etwa mit der Familie in das märkische Bad Freienwalde, das ihm sehr elegant vorkam und über dessen hohe Preise er sich manchmal bitter beklagte.

Seine Kunst kam ganz und gar aus dem Handwerk. Es gibt bei ihm weder große Ideen noch eine richtige Kunstentwicklung, außer der, daß er immer geschickter wurde. Aber die Nüchternheit seiner Beobachtung, die Genauigkeit seiner Zeichnung, sein Sinn fürs Possierliche, selbst eine gewisse Rührseligkeit ließen ihn mit seinem nächsten Gegenstande, Berlin, sich so innig verbinden, daß in den 50 Jahren, die er dort lebte, Bilder und Zeichnungen entstanden, aus denen wir das Leben Berlins von den verschiedensten Seiten kennenlernen. Ebensogut das Sonntagsvergnügen der Spießbürger, die Landpartie oder den Skat im Wirtshaus wie die Arbeit der Handwerker, der Schornsteinfeger, der Maurer oder der Schuster, das Treiben der Lumpensammler, der Militärs und der Dienstboten, der Stutzer, der Sonntagsreiter oder der Musikanten. Man sollte nun glauben, die Berliner hätten sich vor Stolz über einen solchen Maler, der ihrer Stadt in allen kleinsten Zügen mit solcher Liebe nachging, gar nicht lassen können. Aber das war ganz und gar nicht so. Hier spielte ihnen nämlich wieder einmal ihr Sinn fürs sogenannte Höhere einen Streich. Ihnen kam diese ganze Kunst von Hosemann ein bißchen gewöhnlich, nicht vornehm und gebildet genug vor. Sie zerstritten sich damals gerade die Köpfe über solche Kunstfragen wie: ob es feiner sei, Geschichtsbilder, große Schlachten, Reichstags- und Krönungsszenen zu malen oder sogenannte Genrebilder, darunter verstanden sie künstliche, ausgefallene, gezierte Szenen aus dem täglichen Leben, in denen keine Kaiser und Militärs, aber desto mehr Mönche, Salontiroler, Federfuchser und Stutzer vorkommen. Man malte zum Beispiel den dicken Mönch, der sein Weinglas hochhebt und die Sonne durch den Wein scheinen läßt und dazu schmunzelt. Oder ein Fräulein, das gerade einen Liebesbrief liest, und hinten kuckt der Bräutigam, der ihn geschrieben hat, durch einen Türspalt herein und überrascht es dabei. Für solchen Kram haben sich die Berliner damals begeistert, die wenigstens, die was auf sich hielten.

Aber Gott sei Dank gab es auch andere. Das Volk und die Kinder. Für die hat Hosemann eben gearbeitet. In seiner Liebe zum Volk aber und gerade zu Berlinern traf er sich nun mit dem eigentlichen Entdecker des Berliner Volks und des berlinischen Dialekts in der Literatur, nämlich mit dem berühmten Adolf Glassbrenner. 1834 kam die erste Sache heraus, an der sie gemeinsam gearbeitet hatten: ein Heft aus der Sammlung „Berlin, wie es ist und trinkt". Sie wurde das Vorbild für eine Menge ähnlicher Schriftenreihen, die damals in den Papierläden verkauft wurden wie heute die illustrierten Zeitungen. Nur waren diese Heftchen, ob sie nun „Buntes Berlin" oder "Lustige Soldatenbilder" hießen oder „Berliner Stadtklatsch" oder „Komische Gerichtsszenen", viel kleiner. Man konnte sie bequem in die Tasche stecken, ohne das hübsche bunte Titelbild, das auf allen zu sehen war, zu knicken. Es hatte aber mit diesen Schriften eine besondere Bewandtnis. Ihr wißt vielleicht, was man unter dem sogenannten Vormärz versteht. Das war die Zeit vor dem Ausbruch der März-Revolution von 1848. Bekanntlich hatte der König von Preußen, als die Befreiungskriege begannen, das allgemeine Wahlrecht versprochen und dies Versprechen später nicht gehalten. Anstatt dessen kam die sogenannte Reaktion, es wurde allen Leuten, die schrieben, höllisch auf die Finger gesehen, damit nicht irgendwas geschrieben würde, was der Regierung nicht paßte. So oft es nun in der Geschichte solche Zeiten gegeben hat, in denen alles Gedruckte streng beaufsichtigt und, wenn es nicht brav war, verboten wurde, so oft haben sich die Leute, die nicht klein beigeben wollten, nach Möglichkeiten umgesehen, das, was sie dachten, auf solche Weise zu sagen, daß jeder sie verstand und doch die Polizei ihnen nichts nachweisen kann. So stand es nun auch mit Glassbrenner. „Von dem größten Teil des Volkes", sagt er, „sind wir durch alles getrennt. Durch verschrobene Sitte und Bildung, durch das Geld, durch Sprache und Kleidung. Ohne uns aber mit dem Volk zu vereinigen, ohne uns mit ihm auszugleichen, ist keine Freiheit möglich." Um nun zu zeigen, welche Kraft im Volk und in seiner Sprache steckt, wieviel man von ihm lernen kann und vor allem, wie wenig es auf die Dauer unterdrückt werden kann, hat Glassbrenner seine berühmten Typen geschaffen. Den Eckensteher Nante, der das Berliner Proletariat vertritt, und den Rentier Buffay, der Typus des Berliner Bürgers, der aber in allem, wo es drauf ankommt, auf seine Weise nicht anders denkt wie der Nante. So ist ja später auch ein großer Teil des Berliner Bürgertums mit den Berliner Arbeitern 1848 vors Schloß gezogen.

So dachte dieser Glassbrenner, mit dem Hosemann zusammen gearbeitet hat. Der freilich war eher eine vorsichtige, ein klein wenig verspießerte Natur. Als er zum Beispiel im November 1848 einem Freunde von den Unruhen in Berlin berichtete, da heißt es in seinem Brief: „Ich schreibe Ihnen, mein lieber Schulz, hier die Begebenheiten, wie ich sie selbst erlebte, erlaube mir jedoch kein ferneres Urteil darüber. Und bitte auch Sie, sich doch aller Urteile und sonstiger Bemerkungen, die außerhalb der Tatsachen liegen, zu enthalten. Das andere werden wir uns schon selbst zudenken. Verstanden?" So duckmäuserisch sah es damals in Berlin und ein wenig auch in unserem Hosemann aus. Aber er hatte ja nur die Bilder zu machen. Und im Grunde war er ganz gewiß mit seinem Freund Glassbrenner einig, wenn der am Beispiel seines Eckenstehers Nante zeigte, wie der Berliner sich nicht imponieren läßt und sogar gegen eine amtliche Respektsperson sich durchzusetzen versteht. Und nun will ich zum Schluß, anstatt euch ein Bild von Hosemann zu beschreiben, lieber ein Stück aus der Gerichtsverhandlung vorlesen, die vom Aktuarius gegen den Eckensteher Nante geführt wurde. „Nähertreten“, sagt der Aktuarius.

„Schön“, sagt Nante, tritt näher, streicht sich die Haare aus dem Gesicht und nimmt eine imposante Stellung ein. „Jetzt können Sie mir jenießen, Herr Justiz.“

A. „Wie nennt er sich?“

N. „Du.“

A. „Was soll das?“

N. „Na ja, Du nenn ick mir, ick wer doch nich Sie zu mir sagen.“

A. „Wie er heißt, will ich wissen. Ist er nicht der Eckensteher Nante?“

N. „Ja, dieser schmeichle ick mir zu sind. Tun Sie man nich so, als kennen Sie mir nich. Wer soll ick denn sind, wenn ick nich Nante wäre. Nante bleibt Nante, allemal derjenichte welcher.“

A. „Geboren?“

N. „Ja, geboren bin ick. Je suis. Entschuld'jen Se, wenn ich manchmal een bißken französisch unter meine Reden jieße.“

A. „Ich frage, *wo* er geboren ist.“

N. „Ach so, *wo*! In de Roßstraße, aber als Mensch. Eh ick jeboren wurde, wohnt' ick bei meine Mutter. Nachher zog ich aus und schrie, weil ick man zwee Beene hatte. Nachher kricht ich Zähne.“

A. „Zehn Beine?“

N. „Zähne hab ick jekricht. Hier sind sie ja noch. Det is eben det Pech, det man Zähne kricht und nichts zu beißen hat.“

A. „Religion?“

N. „Religion?“

A. „Welcher Religion Sie sind?“

N. „Ach so, ich dachte, ick sollte Ihnen nachsprechen. Evanjelisch!“ A. „Sind Sie schon einmal in Untersuchung gewesen?“

N. „Nee, Jott bewahre! Zweemal! Eenmal, wie ick keene Arbeit hatte, untersuchte ick mir, ob ick nich von Wind leben könnte, und kurz druff war ick hier in Untersuchung, weil ick mir bei ein Bäcker zwee Semmeln geborgt hatte, ohne ihm wat zu sagen. Ach ja, und't dritte Mal war ick hier ooch in Untersuchung, weil ick'n Hufeisen jefunden hatte."

A. „Darauf in Untersuchung? Sie sind wohl übergeschnappt?"

N. „Überjeschnappt? Jott bewahre, nich so überjeschnappt wie Sie – vielleicht jloben. Ick fand een Hufeisen auf de Straße und wie ick mir't zu Hause bekucke, war n Ferd dran. Des war Pech natürlich."

A. „Genug, genug."

N. „Schön." (Dreht sich um und will gehen.)

A. „Halt, Sie sind noch lange nicht fertig!"

N. „Ach so, ick dachte, Sie hätten jenuch an meene Unterhaltung. Na is et nich, ooch jut! Denn wer ick Ihn' noch 'n paar Jeschichten erzählen. Lieben Se de jraulijen, dann will ick Ihnen eene vortragen, die mir selbst mit meene Frau un drei Kinder passiert is. Wie wir aus't Haus jeschmissen wurden, weil wir nich jleich drei Taler Miete bezahln konnten."

A. „Sehr traurig, aber ich habe keine Zeit, Ihre Geschichten anzuhören. Sie dürfen mich hier nicht länger aufhalten."

N. „So, nich länger uffhalten? Nee, ick kann mir ooch nich länger uffhalten, als ick bin. Ick halte mir überall solang uff, wie mir die Natur erschaffen hat. Vorjesetzt wird mir ja doch nischt. Also, denn wer ick man zu Hause Mittagbrot essen. Hier sind Sie ja der einzige Vorjesetzte. Na, denn leb'n Se wohl, Herr Vorjesetzter."

Hier habe ich euch also den sprechenden Nante anstatt des gezeichneten vorgestellt. Und es tut nichts, daß sich Hosemann heute am Ende hinter Glassbrenner ein bißchen verkrochen hat. Denn eines Tages werden wir mehr von Glassbrenner hören, und dann wird Hosemann schon wieder hinter ihm auftauchen.

Besuch im Messingwerk

Ich könnte mir denken, daß jemand, wenn er so etwas hört: „Besuch im Messingwerk" im Rundfunk – daß er dann denkt: Na ja, das ist wieder mal so eine törichte Sache. So was muß man sehen, man kann es doch gar nicht beschreiben. Wenn er aber nicht schon vor ein paar Sekunden seinen Apparat abgestellt hat, dann bitte ich ihn doch freundlichst, nun noch einige Augenblicke draufzugeben, denn gerade mit ihm will ich mich unterhalten.

Eins werde ich ihm sofort zugeben: beschreiben kann einer wirklich nur das wenigste von dem, was er da sieht. So ein Schriftsteller oder Dichter ist noch gar nicht geboren, der ein Triowalzwerk oder eine Rollschere oder eine Strangpresse oder ein Hochleistungs-Kaltwalzwerk so beschreiben könnte, daß irgendwer sich darunter was vorstellen kann. Kaum ein Ingenieur könnte es. Der zeichnet es eben auf. – Aber wie ist es denn nun mit dem Betrachter? Ich meine z.B. mit einem von euch, der in das Messingwerk Hirsch-Kupfer bei Eberswalde käme und nun von einer dieser Maschinen mit dem zum Teil beinahe unaussprechlichen Namen zur anderen ginge? Was würde denn der sehen? Sehr einfach: ungefähr ebensoviel, wie ich hier mit Worten beschreiben kann. Also so gut wie nichts. Denn was würde dabei schon herauskommen, so eine Maschine nach ihrem bloßen Aussehen schildern zu wollen. Sie ist nicht dafür gemacht, angesehen zu werden, es sei denn vielleicht von einem, der erst einmal ihren Bau, ihre Arbeitsleistung, ihre Bestimmung genau begriffen hat und erst darum auch weiß, worauf er bei ihrer Betrachtung am meisten zu achten hat. Richtig kann man von außen nur begreifen, was man von innen kennt, das gilt für Maschinen so gut wie für lebende Wesen.

Nun werdet ihr aber eine Maschine von innen nicht kennenlernen, und wenn ihr noch so nah davor steht. Angenommen, ihr ständet da in einer von den riesigen Hallen: es wäre schon sehr interessant zu sehen, wie die Mischung, die zu Messing geschmolzen wird, in die Öfen hineingeschüttet wird, wie die Messingplatte aus den Öfen herauskommt, wie die dicken kurzen Bleche in das Walzwerk hinein- und am anderen

Ende ganz dünn und lang wieder herauskommen, wie die runden, kurzen zylindrischen Bolzen automatisch in das Preßwerk geschoben werden und als lange zierliche schmale Röhren wieder zum Vorschein kommen. Das alles würdet ihr sehen. Wie es aber zustande kommt, würdet ihr nicht sehen, und bei dem ungeheuren Lärm der arbeitenden Maschinen, der rollenden Krane, der fallenden Lasten würde es euch auch niemand erklären können.

Darum kann man sagen: je näher man den Vorgängen in so einem gewaltigen Werke kommen will, je eher man Aussicht haben will, wenn man eines Tages so einen Betrieb zu sehen bekommt, ein klein wenig davon zu verstehen, desto weiter muß man sich erst einmal vom Augenschein entfernt haben. Und wir wollen unsere paar Minuten im Rundfunk hier wie die Gondel von einem Fesselballon ansehen, aus der wir auf das ganze Getriebe da unten im Messingwerke Hirsch-Kupfer heruntersehen, und uns die Punkte herausgreifen, die man mit dem Verstande zuerst besetzen muß, um von ihnen aus das Ganze in die Gewalt zu bekommen. Selbst so haben wir es immer noch schwer genug. Denn wie viele solche entscheidenden Punkte gibt es nicht? Da haben wir erstens die ganze Wissenschaft, alles was Physik und Chemie uns vom Messing zu sagen haben. Was ist Messing? Welchen Schmelzpunkt hat es? Welchen Härtegrad? Welche Ausdehnung bei der Erwärmung? Welches spezifische Gewicht usw.? Es gibt nicht eine einzige von diesen Fragen, die für den technischen Betrieb in einem Messingwerk nicht wichtig wäre. Oder wir können von einer ganz anderen Seite herangehen: Was muß so ein Werk herstellen, um seine Erzeugnisse gut zu verkaufen? Was wird da fabriziert? Z.B. werden wir nachher hören: nichts von alldem, was uns so gewöhnlich an Messinggeräten unter die Hand kommt. Nichts von alledem, was man vor 200 Jahren, als das Messingwerk vom Großen Kurfürst gegründet wurde, dort machte. Weder Kessel noch Beschläge, weder Beleuchtungskörper noch Eßbestecke. Das machen alles Spezialfabriken, und eben diesen Spezialfabriken liefert das Messingwerk von Hirsch-Kupfer ihr Material. Das heißt: man macht hier die Halbfabrikate: Bleche, Bänder, Rohre, Stangen, Drähte in den allerverschiedensten Längen, Beschaffenheiten, Formaten, die dann von anderen Metallwarenfabriken oder elektrotechnischen Unternehmungen weiterverarbeitet werden. – Oder wieder ein Punkt: Wie entsteht so ein ungeheueres Unternehmen, das ungefähr 2000 Arbeiter, ungefähr 400 Beamte in seinem Betrieb hat? Natürlich nicht von einem Tag auf den anderen. Und dieses Messingwerk Hirsch-Kupfer, das größte, das es in Europa gibt, ist zugleich eines der ältesten Unternehmen. Es geht bis aufs Jahr 1697 zurück. Es wäre eine Sache für sich zu erzählen, wie es entstand. Jetzt kommt es mir aber nur darauf an, daß euch beim Überblick über die unzähligen Verzweigungen, Bedingungen, Schwierigkeiten eines solchen Riesenwerkes genauso der Atem ausgeht, als trätet ihr unversehens in eine seiner tosenden Hallen. Also immer mehr solche Punkte, die man ins Auge fassen muß, um das Ganze auch nur halbwegs verstehen zu können. Z.B. die Kraftwirtschaft. Woher kommen die Riesenkräfte, die hier Tag und Nacht im Metallwerke eingespannt sind? Sie kommen aus dem Märkischen Elektrizitätswerk, das nur einen Kilometer vom Messingwerke entfernt liegt. Der Strom allein kostet das Messingwerk ungefähr 100 000 Mark monatlich. Natürlich zahlen solche Riesenabnehmer dem Elektrizitätswerk nach einem besonderen Tarif. Und auch da an allen Ecken und Enden das schärfste Nachdenken, die genaueste Berechnung. Denn so ein Werk muß sich darauf einrichten, tagaus, tagein, ja zu jeder Stunde einen möglichst gleichbleibenden Elektrizitätsverbrauch zu haben, weil das Kraftwerk um so mehr Bezahlung verlangen muß, je unregelmäßiger die Stromentnahme bei ihm ist. So könnte ich noch eine ganze Weile einen Punkt nach dem anderen nennen, und es wären nur die allerwichtigsten und notwendigsten. Wir haben ja noch kein Wort von den Arbeitern gesagt, von ihrer Ausbildung, von der komplizierten Berechnung der Löhne. Wir haben auch noch kein Wort von der Kalkulation gesprochen, von den Aufgaben der Leitung, die ja nicht nur den Arbeitsprozeß zu organisieren, sondern gleichzeitig den Weltmarkt zu beobachten hat, die zusehen muß, daß sie nicht zu teuer einkauft und daß sie immer Aufträge genug heranschafft, um das Werk möglichst voll zu beschäftigen, die darauf achten muß, daß das Lager nie zu groß ist, weil das Zinsen kostet, und nie zu klein, damit auch die dringendsten Aufträge schnell ausgeführt werden können.

Wenn ihr nun wißt, wie unendlich viel zu alledem zu sagen, zu fragen wäre, und wenn ihr euch erinnert, daß wir doch nur 20 Minuten für unsere Unterhaltung haben, dann werdet ihr finden, daß es keinen Zweck hat, mit Siebenmeilenstiefeln vorwärts zu rennen, und daß wir uns lieber für ein paar einzelne Stationen Zeit nehmen wollen. Ich schlage zuerst die Gußhalle vor. – Was ist Messing? Messing ist eine Legierung von Kupfer und Zink. Den Unterschied zwischen einer Verbindung und einer Legierung werden manche von euch sicher kennen. Chemisch verbinden können sich zwei Elemente stets nur auf eine Weise nach ihren Atomgewichten. Das lernt ihr in der Schule als Daltonsches Gesetz. Legieren kann man sie auf physikalischem Wege durch Schmelzung in sehr verschiedenen Verhältnissen. Das Durchschnittsverhältnis von Kupfer und Zink im Messing ist für Bleche 63:37 und für Stangen 58 Cu 42 Zn. Es gibt also verschiedne Arten von Messing, und in den einzelnen Öfen – im ganzen 23 – werden sehr verschiedene gegossen. Welche, das richtet sich nach den Aufträgen, die gerade vorliegen. Es ist nun aber nicht so, daß einfach Kupfer und Zink in bestimmten Verhältnissen abgewogen und in die Öfen geschüttet werden. Ginge man so vor, so käme ein sehr schlechtes, ungleichförmiges Messing heraus. Zink schmilzt nämlich bei ungefähr 600°, Kupfer erst bei ungefähr 1100°. Die festen Kupferteile würden lange Zeit im flüssigen Zink herumschwimmen und sich, wenn sie selber schließlich zum Schmelzen kämen, nur unregelmäßig in ihm auflösen. Daher tut man eine sozusagen vermittelnde, ausgleichende Masse dazu, nämlich Abfälle von altem Messing. Die schmelzen bei ungefähr 900° und machen auf diese Weise den Schmelzprozeß stetig. Es ist noch nicht lange her, daß ein solcher Guß nicht schwerer als 30 Kilo sein konnte. In den neuen Öfen aber, die 1920 im Messingwerk in Betrieb genommen wurden, lassen sich Blöcke bis zu 600 Kilogramm herstellen. Ist der Guß vollendet, so öffnen sich die Behälter – man nennt sie Kokillen –, in denen die Blöcke enthalten sind, wie ein Buch, und man sieht das Messing darinnen stehen. Es ist aber nicht gelb und leuchtend, sondern unansehnlich, darüber liegt die schwarze narbige Gußhaut, die erst abgeschabt werden muß. Dann bekommt jeder Block sein besonderes Zeichen, aus dem hervorgeht, welche Zusammensetzung das Messing hat und aus welchem Ofen er stammt. Ehe er dann weiter verarbeitet werden darf, wird der Guß im Laboratorium geprüft und zwar nicht nur auf seine Reinheit, sondern auch auf Festigkeit, Dehnbarkeit, Härte, Elastizität usw. Für all diese Untersuchungen gibt es besondere Vorrichtungen, unter ihnen eine sogenannte Zerreißmaschine, die mit einem Gewicht von 40 000 Kilo an die Platten oder Rohre herangeht. Erst dort im Laboratorium sieht man, wie verschieden es im Inneren der einzelnen Sorten von Messing aussieht, denn jede bietet unter dem Mikroskop ein besonderes Bild, je nachdem ob sie gegossen, hart gewalzt oder nach dem Walzen geglüht ist. Das Messing ist nun da. Aber der gewaltige Arbeitsprozeß steht erst am Anfang. Nun handelt es sich darum, aus den massiven Blöcken, den schweren Zylindern, die aus der Gießerei hervorgingen, die millimeterdünnen Bleche, die haarfeinen Drähte, die schmalen breiten Bänder zu entwickeln. Diese langgestreckten Fabrikate fordern natürlich für ihre Verarbeitung sehr viel größere Räume als die Erzeugnisse der normalen mechanischen Werkstätten. Früher half man sich, indem man je nach Bedarf eine Hütte an die andere anbaute. Als aber im Laufe des Krieges das Messingwerk an eine Erweiterung und Umformung seines ganzen Betriebes ging, da stand von vornherein fest, der ganze Walzvorgang müsse in einer einzigen großen Halle untergebracht werden. Und im Jahre 1920 wurde die 215 Meter lange Walzenhalle in Betrieb genommen. Die Baugeschichte war eine einzige Kette von Schwierigkeiten. Wo auch immer man den Boden auf seine Eignung prüfte, ein so großes Gebäude und so enorme Belastungen, wie die Maschinen sie bilden, zu tragen, stieß man auf Grundwasser, und es blieb schließlich nichts weiter übrig, als alle Eisenpfeiler und alle Maschinensockel in tiefen, besonders fest abgedichteten Betonwannen zu verankern. So mußte jede einzelne Presse, jedes einzelne Walzwerk schon vor dem Bau der Halle seinen ganz genauen, unverrückbaren Platz auf den Plänen haben. Da man zudem der Betriebsgefahr wegen keine oberirdischen elektrischen Leitungen duldete, mußte auch ein

Kabelverteilungsplan von Anfang an ausgearbeitet werden. Ein Kabelverteilungsplan auf demselben Gelände und für dasselbe Messingwerk, wo vor 150 Jahren der Betrieb mit Holzkohlen aufrechterhalten wurde, die von den Köhlern in den Meilern um Eberswalde herum gebrannt wurden.

Betreten wir nun die Walzenhalle, so nehmen wir von den schönen hellen Flammen der Schmelzöfen und von den goldenen Bergen des Messingabfalls Abschied. Es geht grauer und eintöniger zu. Desto sonderbarer und lebendiger aber, was wir in Maschinen verschwinden und verwandelt aus Maschinen wieder hervorgleiten sehen. Da sind die hydraulischen Pressen, welche mit einem Druck von mehr als 1000 Tonnen sich eines kurzen massiven Messingzylinders bemächtigen, um am anderen Ende ein Bündel glühender Röhren, weich wie das Geschlinge von einem Tier, aus sich zu entlassen. Draußen vor der Mündung stehen schon Arbeiter, die mit Zangen auf sie gewartet haben und sie über die ganze Länge eines 10 oder 15 Meter langen Ziehbetts wie durch einen Kanal ziehen. Danach kommen sie in ein Beizbad, in dem sie gereinigt werden, und hier an diesen Beizmaschinen kann man wie an einigen anderen Stellen den alten Handbetrieb noch neben dem neuen automatischen sehen und Vergleiche anstellen. Manche von euch haben von der Rationalisierung sprechen hören. Das ist die technische Steigerung des Arbeitsprozesses, die ihn durch Ersparnis an Kräften und Dauer verbilligt. Je größer und moderner ein Betrieb, desto besser läßt sich an ihm ermessen, was Rationalisierung bedeutet. Im Messingwerk stehen jetzt zum Wiedererwärmen des in den Walzen abgekühlten Metalls 30 Öfen, Muffeln, wie man sie nennt, und für die Bedienung dieser 30 Öfen braucht man jetzt zwei Arbeiter, während im alten Werk für fünfzehn Öfen nicht weniger als 28 tätig sein mußten. Diese Muffeln sind nötig, weil die Röhren und Bleche im Walzprozeß sehr hart werden und, damit sie wieder weich werden, immer wieder neu erwärmt werden müssen, um weiter verformt werden zu können. Von den Walzen, die sich hier in drei Reihen hintereinander staffeln, gibt es vielleicht einen Begriff, wenn ich euch sage, daß eine einzige unter ihnen 500 000 Mark gekostet und ihre Aufstellung acht Wochen gebraucht hat. Habt ihr einmal später Gelegenheit, dieses Messingwerk oder ein ähnliches Riesenunternehmen zu sehen, dann müßt ihr vorher gut ausgeschlafen sein, helle Augen haben und vor allem keine Angst. Das ist notwendig, sonst stolpert man über die Gleise und Werkstücke, die den Boden der Halle bedecken, sonst hat man keinen Blick für die Arbeit, sondern guckt nur immer nach oben, ob einem nicht einer von den Tonnenblöcken, die da auf Kranen durch die Luft bewegt werden, an den Kopf fliegt, sonst sieht man nur ein undurchdringliches Gestänge, ein Netzwerk, von dem einem flimmrig wird, und nicht die klare scharfe Gliederung der Halle, wo jeder Arbeiter seinen bestimmten Platz, jede Maschine gewissermaßen ihr kleines Büro hat, von dem aus der Leiter, den Blick auf die automatischen Strom-, Druck-, Temperaturmesser gewendet, sie dirigiert. Wenn ihr aber dann, den Kopf wirblig von soviel Lärm, soviel großen Eindrücken, verstandnen und nicht verstandnen, hinaustretet und denkt, da ist nun die freie Natur und das hat alles nichts mit der Arbeit und dem Getöse da drinnen zu tun, dann wird euch der Werkführer, der euch hoffentlich ebenso deutlich und ausführlich alles erklären wird, wie er's mit mir tat, sagen, daß in dieser Landschaft ein großer Teil vom Schicksal des Werks liegt. Denn dieses Schicksal ist eng gebunden an die Verkehrsmittel. Das Messingwerk hätte das, was es ist, nicht ohne den jetzt veralteten Finowkanal und ohne den neuen modernen Hohenzollernkanal werden können, auf dem in Frachtkähnen seine Rohmaterialien, Chilekupfer und Kupfer aus Afrika und Messingabfälle aus deutschen Fabriken, anlangen und auf dem seine Frachten nach Indien, China, Australien etc. via Hamburg verschifft werden. Jetzt ist das Land zwischen Messingwerk und Hohenzollernkanal noch frei. Weil aber heute die Industrien in zehn Jahren sich so sehr ausdehnen wie früher in hundert, so ist es möglich, daß später einer von euch, wenn er als Betrachter, Arbeiter oder Ingenieur ins Messingwerk eintritt, neue Hallen und Hütten betritt, die sich im Wasser des Hohenzollernkanales spiegeln.

Fontanes „Wanderungen durch die Mark Brandenburg“

Manche von euch werden es wissen, aber viele wird es doch sehr erstaunen, wenn ich euch sage: die Schönheiten der Mark Brandenburg hat die Berliner Jugend entdeckt. Nämlich ihr Vortrupp, die Wandervögel. Die Wandervogelbewegung ist jetzt ungefähr 25 Jahre alt, und genauso lange ist es her, daß die Berliner aufhörten, sich der „Streusandbüchse des lieben Gottes“ – so hat man die Mark ja genannt – zu schämen. Und dann ging immer noch eine Zeit drüber hin, bis sie anfingen, sie wirklich zu lieben. Denn um sie lieb zu haben, muß man sie immerhin kennen. Das war aber im vorigen Jahrhundert etwas ziemlich Seltenes. Wanderungen machten früher nur Handwerksburschen und allenfalls die besseren Leute in den Alpen. Aber wenigen fiel es ein, in Deutschland oder gar in der Mark zu wandern. Bis eben um 1900 unter den Schülern Berlins diese große, wichtige Bewegung, der Wandervogel, begann. Man hatte genug, nicht nur von der Stadt, sondern auch von den feierlichen Sonntagsspaziergängen mit den Eltern, man wollte auch nicht immer dieselben abgegrasten Gegenden aufsuchen, sondern neue und wollte im Freien frei, unter sich sein. Geld hatte man nicht, man mußte schon in der näheren Umgebung bleiben, hatte ja auch nur den Sonntag dafür; wenn man aber diese kurze Zeit wirklich ausnutzen und genießen wollte, galt es, die Stellen zu finden, wo man vor den Berliner Spießbürgern sicher war. Gegenden also ohne Eisenbahn, ohne Hotels. Ihr wißt, wieviel solcher versteckten Orte es auch heute noch in der Mark gibt, trotzdem die Kleinbahnen immer enger das Land durchziehen. Aber *vor* den Eisenbahnen und *vor* den Schülern haben immer schon einzelne Dichter und Maler die Mark geliebt. Berühmte Maler der Mark waren im vorigen Jahrhundert Caspar David Friedrich und Blechen. Unter den Dichtern aber hat keiner mehr für diese Landschaft übrig gehabt als der Berliner Theodor Fontane, der gegen 1870 seine „Wanderungen durch die Mark Brandenburg“ herausgab. Das sind nicht etwa nur Landschaftsschilderungen oder öde Schloßbeschreibungen, das sind Bücher voll von Geschichten, Anekdoten, alten Schriftstücken und Porträts merkwürdiger Personen. Wie Fontane diese Wanderungen gemeint hat und wie er's anfing, die Mark so gut kennenzulernen, das hört ihr jetzt von ihm selber.

„›Erst die Fremde lehrt uns, was wir an der Heimat besitzen.‹ Das hab ich an mir selber erfahren, und die ersten Anregungen zu diesen ›Wanderungen durch die Mark Brandenburg‹ sind mir auf Streifereien in der Fremde gekommen. Die Anregungen wurden Wunsch, der Wunsch wurde Entschluß. Es war in der schottischen Grafschaft Kinroß, deren schönster Punkt der Leven-See ist. Mitten im See liegt eine Insel, und mitten auf der Insel, hinter Eschen und Schwarztannen halb versteckt, erhebt sich ein altes Douglas-Schloß, das in Lied und Sage vielgenannte Lochleven-Castle. Auf der Rückfahrt im Boot griffen die Ruder rasch ein, die Insel wurd ein Streifen, endlich schwand sie ganz, und nur als ein Gebilde der Einbildungskraft stand eine Zeitlang noch der Rundturm vor uns auf dem Wasser, bis plötzlich unsre Phantasie weiter in ihre Erinnerungen zurückgriff und ältere Bilder vor die Bilder dieser Stunde schob. Es waren Erinnerungen aus der Heimat, ein unvergessener Tag. Es war das Bild des Rheinsberger Schlosses, das, wie eine Fata Morgana, über den Leven-See hinzog, und ehe noch unser Boot auf den Sand des Ufers lief, trat die Frage an mich heran: So schön dies Bild war, das der Leven-See mit seiner Insel und seinem Douglas-Schloß vor dir entrollte, war jener Tag minder schön, als du im Flachboot über den Rheinsberger See fuhrst, die Schöpfungen und die Erinnerungen einer großen Zeit um dich her? Und ich antwortete: *nein*. Die Jahre, die seit jenem Tag am Leven-See vergangen sind, haben mich in die Heimat zurückgeführt, und die Entschlüsse von damals blieben unvergessen. Ich bin die Mark durchzogen und habe sie reicher gefunden, als ich zu hoffen gewagt hatte. Jeder Fußbreit Erde belebte sich und gab Gestalten heraus, und wenn meine Schilderungen unbefriedigt lassen, so werd ich der Entschuldigung entbehren müssen, daß es eine Armut war, die ich aufzuputzen oder zu vergolden hatte. Umgekehrt, ein Reichtum ist mir entgegengetreten, dem gegenüber ich das bestimmte Gefühl habe, seiner niemals auch nur annähernd Herr werden zu können. Und sorglos hab ich es gesammelt, nicht wie einer, der mit der Sichel zur Ernte geht, sondern wie ein Spaziergänger, der einzelne Ähren aus dem reichen Felde zieht."

Soweit Fontanes Vorrede. Nun wollen wir sehen, wie er so ein kleines märkisches Nest, an dem nichts weiter zu bemerken scheint, schildert. Man kann aber eigentlich keine Sache schildern, die man nur sieht und von der man nichts weiß. Nicht immer braucht man das davon zu wissen, was die Fachleute wissen. Der Maler, der einen Apfelbaum malt, braucht zum Beispiel nicht zu wissen, welche Sorte Äpfel drauf wächst. Dafür weiß er dann eben, wie das Licht durch die verschiedenen Arten von Blättern hindurchfällt. Wie ein Baum zu den verschiedenen Tageszeiten sein Aussehen verändert. Wie tief oder wie durchlässig die Schatten auf Gras-, Stein- oder Waldboden fallen. Das sieht man zwar auch, sieht es aber nur, wenn man Erfahrung hat, also schon früher manches und mit Verstand gesehen hat. So ist es bei Fontane. Es gibt da nicht viel lyrische Naturbeschreibungen, keine Mondlichtschwärmerei, keine schönen Reden über Waldeinsamkeit und solche Sachen, mit denen ihr euch noch manchmal auf der Schule abquält. Dafür steht einfach das da, was Fontane gewußt hat. Und das war viel; nicht nur von Königen und Schloßbesitzern, von Feldern und Seen, sondern eben von den einfachsten Leuten. Wie sie leben, wovon, was sie für Sorgen haben und was ihre Pläne sind. Die meisten von euch kennen Caputh. Ihr könnt also ganz gut beurteilen, wie die Beschreibung gemacht ist, die ich jetzt vorlese.

„Caputh ist eines der größten Dörfer der Mark, eines der längsten gewiß; es mißt wohl eine halbe Meile. Daß es wendisch war, besagt sein Name. Was dieser bedeutet, darüber existieren zu viele Hypothesen, als daß die eine oder andere viel für sich haben könnte. So zweifelhaft indes die Bedeutung seines Namens, so unzweifelhaft war in alten Zeiten die Armut seiner Bewohner. Caputh besaß keinen Acker, und die große Wasserfläche, Havel samt Schwielow, die ihm vor der Tür lag, wurde von den Potsdamer Kiezfischern, deren alte Gerechtsame sich über die ganze Mittelhavel bis Brandenburg hin erstreckten, eifersüchtig gehütet und ausgenutzt. So stand es schlimm um die Caputher; Ackerbau und

Fischerei waren ihnen gleichmäßig verschlossen. Aber die Not macht erfinderisch, und so wußten sich denn schließlich auch die Bewohner dieses schmalen Uferstreifens zu helfen. Ein doppeltes Auskunftsmittel wurde gefunden; Mann und Frau teilten sich, um von zwei Seiten her anfassen zu können. Die Männer wurden *Schiffer*, die Frauen verlegten sich auf *Gartenbau*. – Die Nachbarschaft Potsdams, vor allem das rapide Wachstum Berlins waren dieser Umwandlung, die aus dem Caputher Tagelöhner einen Schiffer oder Schiffsbauer machte, günstig, riefen sie vielleicht hervor. Überall an Havel und Schwielow hin entstanden Ziegeleien, und die Millionen Steine, die jahraus, jahrein am Ufer dieser Seen und Buchten gebrannt wurden, erforderten alsbald Hunderte von Kähnen, um sie auf den Berliner Markt zu schaffen. Dazu boten die Caputher die Hand. Es entstand eine völlige Kahnflotte, und mehr als sechzig Schiffe, alle auf den Werften des Dorfes gebaut, befahren in diesem Augenblicke den Schwielow, die Havel, die Spree. Das gewöhnliche Ziel, wie schon angedeutet, ist die Hauptstadt. Aber ein Bruchteil geht auch havelabwärts in die Elbe und unterhält einen Verkehr mit Hamburg. – Caputh – das Chicago des Schwielow-Sees – ist aber nicht bloß die große Handelsempore dieser Gegenden, nicht bloß End- und Ausgangspunkt der zauche-havelländischen Ziegeldistrikte, nein, es ist auch *Stations*punkt, an dem der ganze Havelverkehr *vorüber* muß. Der Umweg durch den Schwielow ist unvermeidlich; es gibt vorläufig nur diese *eine* fahrbare Straße. Eine Abkürzung des Weges durch einen Nordkanal ist geplant, aber noch nicht ausgeführt. So wird denn das aus eigenen Mitteln eine Kahnflotte hinaussendende Caputh, das, wenn es sein *müßte*, sich selbst genügen würde, zugleich zu einem allgemeinen See- und Handelsplatz, zu einem Hafen für die Schiffe anderer Gegenden, und die Flottillen von Rathenow, Plaue, Brandenburg, wenn eine Havarie sie trifft oder ein Orkan im Anzuge ist, laufen hier an und werfen Anker. Am lebendigsten aber ist es auf der Caputher Reede, wenn irgendein großer Festtag einfällt und alte gute Sitte die Weiterfahrt verbietet. Das ist zumal um Pfingsten. Dann drängt alles hier zusammen; zu beiden Seiten ›Gemündes‹ liegen 100 Schiffe oder mehr, die Wimpel flattern, und hoch oben vom Mast, ein entzückender Anblick, grüßen hundert

Maienbüsche weit in die Ferne. – Das ist die große Seite des Caputher Lebens; daneben gibt es eine kleine. Die Männer haben den Seefahrerleichtsinn; das in Monaten Erworbene geht in Stunden wieder hin, und den Frauen fällt nun die Aufgabe zu, durch Bienenfleiß und Verdienst im *kleinen* die Rechnung wieder ins gleiche zu bringen. – Wie wir schon sagten, es sind Gärtnerinnen; die Pflege, die der Boden findet, ist die sorglichste, und einzelne Kulturen werden hier mit einer solchen Meisterschaft getrieben, daß die ›Caputhschen‹ imstande sind, ihren Nachbarn, den ›Werderschen‹, Konkurrenz zu machen. Unter diesen Kulturen steht die Erdbeerzucht obenan. Auch ihr kommt die Nähe der beiden Hauptstädte zustatten, und es gibt kleine Leute hier, mit einem halben Morgen Gartenland, die in drei bis vier Wochen 120 Taler für Ananaserdbeeren einnehmen. Dennoch bleiben es kleine Leute, und man kann auch in Caputh wieder die Wahrnehmung machen, daß die feineren Kulturen es nicht zwingen und daß fünfzig Morgen Weizacker nach wie vor das Einfachste und das Beste bleiben."

Es ist immer angenehm, wenn man in einem Buch nicht nur das findet, was der Titel verspricht, sondern allerhand Schönes, woran man nicht dachte, als man es vornahm. So ist es auch mit diesen „Wanderungen". Fontane redet nicht nur von der Mark und ihren Bewohnern zu seiner Zeit, er hat auch versucht sich vorzustellen, wie es früher da aussah. Und dazu ist er ganz besonders den Schrullen und Merkwürdigkeiten der ehemaligen Märker nachgegangen. Unter den seltsamsten Geschichten, auf die er dabei gestoßen ist, sind die von den Verschwörungen, die es vor 1800 in dieser Gegend und besonders bei der Potsdamer Adelsgesellschaft gegeben hat. Es waren aber eigentlich nicht so sehr Verschwörungen, geheime Bündnisse gegen Menschen, als solche gegen die Natur. Man wollte nämlich der Natur das Geheimnis des Goldes entreißen. Wenn man erst künstliches Gold machen kann, so dachte man sich, dann ist man der Natur hinter all ihre Geheimnisse gekommen. Damals glaubten an die Möglichkeit, Gold zu machen, nur sehr phantastische Menschen. Heute halten das aber auch große Gelehrte nicht mehr für ganz unmöglich. Nur bildet sich niemand mehr ein, damit die ganze Natur in der Hand zu haben. Denn wir kennen eben unendlich viele technische Aufgaben, an denen ununterbrochen gearbeitet wird und deren Lösung praktisch für uns viel wichtiger ist als das Goldmachen. Damals ließ man sich aber von solchen Aufgaben, die mit der Krafterzeugung, dem Verkehrswesen, dem Bildfunk, der Herstellung künstlicher Heilmittel usw. zusammenhängen, nichts träumen. Darum interessierten sich die Leute so sehr für das Goldmachen. Und gerade in Potsdam saßen solche Gesellschaften, die den Stein der Weisen suchten. So nannte man das Zaubermittel, mit dessen Hilfe das Gold entstehen und welches seinen Besitzer nicht nur reich sondern auch weise und allmächtig machen sollte.

Von einer solchen Gesellschaft erzählt Fontane. Einen Orden, bei dessen Zeremonien die Harmonika eine große Rolle spielte, lernt man aus einem Brief kennen, der sich in einem alten Buch findet und in welchem wir lesen: "Sie verschafften mir, so schreibt der Held und Harmonikavirtuose, durch Ihre Adresse an Herrn N. eine sehr interessante Bekanntschaft ... Die *Harmonika* erhielt seinen ganzen Beifall; auch sprach er von *verschiedenen besonderen Versuchen*, was ich anfänglich nicht recht faßte. Nur erst seit gestern ist mir vieles natürlich. – Gestern gegen Abend fuhren wir nach seinem Landgute, dessen Einrichtung, besonders aber die des Gartens, außerordentlich schön getroffen ist. Verschiedene Tempel, Grotten, Wasserfälle, labyrinthische Gänge und unterirdische Gewölbe usw. verschaffen dem Auge so viel Mannigfaltigkeit und Abwechslung, daß man davon ganz bezaubert wird. Nur will mir die hohe, dies alles umschließende Mauer nicht gefallen; denn sie raubt dem Auge die herrliche Aussicht. – Ich hatte die Harmonika mit hinausnehmen und Herrn N..z versprechen müssen, auf seinen Wink an einem bestimmten Orte nur wenige Augenblicke zu spielen. Um diesen Augenblick zu erwarten, führte er mich in ein großes Zimmer im Vorderteil des Hauses und verließ mich, wie er sagte, der Anordnung eines Balls und einer Illumination wegen, die beide seine Gegenwart notwendig erforderten. Es war schon spät, und der Schlaf schien mich zu überraschen, als mich die Ankunft einiger Kutschen störte. Ich öffnete das Fenster, erkannte aber nichts Deutliches, noch weniger verstand ich das leise und geheimnisvolle Geflüster der Angekommenen. Kurz nachher bemeisterte sich meiner der Schlaf von neuem; und ich schlief wirklich ein. Etwa eine Stunde mochte ich geschlafen haben, als ich geweckt und von einem Diener, der sich zugleich mein Instrument zu tragen erbot, ersucht ward, ihm zu folgen. Da er sehr eilte, ich ihm aber nur langsam folgte, so entstand daraus die Gelegenheit, daß ich, durch Neugierde getrieben, dem dumpfen Ton einiger Posaunen nachging, der aus der Tiefe des Kellers zu kommen schien. – Denken Sie sich aber mein Erstaunen, als ich die Treppe des Kellers etwa halb hinuntergestiegen war und nunmehr eine Totengruft erblickte, in der man unter Trauermusik einen Leichnam in den Sarg legte und zur Seite einem weißgekleideten, aber ganz mit Blut bespritzten Menschen die Ader am Arme verband. Außer den hilfeleistenden Personen waren die übrigen in langen schwarzen Mänteln vermummt und mit bloßen Degen. Am Eingang der Gruft lagen übereinandergeworfene Totengerippe, und die Erleuchtung geschah durch Lichter, deren Flamme brennendem Weingeist ähnlich kam, wodurch der Anblick desto schauriger wurde. Um meinen Führer nicht zu verlieren, eilte ich zurück. Dieser trat soeben aus dem Garten wieder herein, als ich bei der Türe desselben ankam. Er ergriff mich ungeduldig bei der Hand und zog mich gleichsam mit sich fort. – Sah ich je etwas Feenmärchenähnliches, so war's im Augenblick des Eintritts in den Garten. Alles in grünem Feuer; unzählig flammende Lampen; Gemurmel entfernter Wasserfälle. Nachtigallengesang, Blütenduft, kurz, alles schien überirdisch und die Natur in Zauber aufgelöst zu sein. Man wies mir meinen Platz hinter einer Laube an, deren Inneres reich geschmückt war und wohinein man kurz darauf einen Ohnmächtigen führte, vermutlich den, dem man in der Totengruft die Ader geöffnet hatte. Doch gewiß weiß ich es nicht, weil die Gewänder aller Handelnden jetzt prächtig und reizend von Form und Farbe und mir dadurch wieder ganz neu waren. Sogleich erhielt ich das Zeichen zum Spiele. – Da ich nunmehr genötigt war, mehr auf mich als auf andere achtzugeben, so ging allerdings vieles für mich verloren. Soviel aber nahm ich deutlich wahr, daß sich der Ohnmächtige kaum nach einer Minute des Spielens erholte und mit äußerster Verwunderung fragte: ›Wo bin ich? wessen Stimme höre ich?‹ – Frohlockender Jubel und Trompeten und Pauken war die Antwort. Alles griff zugleich nach den Degen und eilte tiefer in den Garten, wo das Fernere für mich wie verschwunden war. – Ich schreibe Ihnen dieses nach einem kurzen und unruhigen Schlaf. Gewiß, hätte ich nicht noch gestern, ehe ich mich zu Bette legte, diese Szene in meine Schreibtafel aufgezeichnet, ich wäre sehr geneigt, dies alles für einen Traum zu halten. Leben Sie wohl."

Jetzt wollen wir aber aus diesem unheimlichen Nachtfest uns wieder schleunigst zum hellen Tag wenden. Wir werden etwas über die Inspektion hören, die Friedrich der Große ungefähr um die gleiche Zeit, da diese Gespenstergeschichte spielt – genau: am 23. Juli 1779 – in der Gegend von Rathenow abhielt. Dort war das Überschwemmungsgebiet der Dosse. Der sogenannte Dossebruch war in jahrelanger Arbeit trockengelegt worden. 1500 Ansiedler waren dorthin versetzt, 25 neue Dörfer gegründet worden. Und wir haben den ganz genauen wörtlichen Bericht darüber, wie der König den Oberamtmann, Fromme hieß er, stundenlang hat neben seinem Wagen hergehen und sich alles berichten lassen. Man sieht, daß es manchmal gar nicht gemütlich gewesen sein muß, ihm zu antworten.

Als angespannt war, wurde die Reise fortgesetzt, und da Ihro Majestät gleich danach an meinen Gräben, die im Fehrbellinschen Luch auf königliche Kosten gemacht sind, vorbeifuhren, so ritt ich an den Wagen und sagte: „Ihro Majestät, das sind schon zwei neue Gräben, die wir durch Ihro Majestät Gnade hier erhalten haben und die das Luch uns trocken erhalten."

König: "Sag mir einmal, hat Euch die Abgrabung des Luchs hier viel geholfen?"

Fromme: "O ja, Ihro Majestät!"

König: "Haltet Ihr mehr Vieh als Euer Vorfahr?"

Fromme: “Ja, Ihro Majestät! Auf diesem Vorwerk halt ich vierzig, auf allen Vorwerken siebenzig Kühe mehr!“

König: “Das ist gut. Die Viehseuche ist doch nicht hier in der Gegend?“ **Fromme:** “Nein, Ihro Majestät.“

König: “Habt Ihr die Viehseuche hier gehabt?“

Fromme: “Ja!“

König: “Braucht nur fein fleißig Steinsalz, dann werdet Ihr die Viehseuche nicht wieder bekommen.“

Fromme: “Ja, Ihro Majestät, das brauch ich auch; aber Küchensalz tut beinah ebendie Dienste.“

König: “Nein, das glaubt nicht! Ihr müßt das Steinsalz nicht kleinstoßen, sondern es dem Vieh so hinhangen, daß es dran lecken kann.“

Fromme: “Ja, es soll geschehen!“

König: “Sind sonst hier noch Verbesserungen zu machen?“

Fromme: “O ja, Ihro Majestät. Hier liegt die Kremmen-See. Wenn selbige abgegraben würde, so bekämen Ihro Majestät an achtzehnhundert Morgen Wiesenwachs, wo Kolonisten könnten angesetzt werden, und würde dadurch die ganze Gegend hier schiffbar, welches dem Städtchen Fehrbellin und der Stadt Ruppin ungemein aufhelfen würde; auch könnte vieles aus Mecklenburg zu Wasser nach Berlin kommen.“

König: “Das glaub ich! Euch wird aber wohl bei der Sache sehr geholfen, viele dabei ruiniert, wenigstens die Gutsherren des Terrains; nicht wahr?“

Fromme: “Ihro Majestät halten zu Gnaden: das Terrain gehört zum königlichen Forst, und stehen nur Birken darauf.“

König: “Oh, wenn weiter nichts ist wie Birkenholz, so kann's geschehen! Allein, Ihr müßt auch nicht die Rechnung ohne den Wirt machen, daß nicht die Kosten den Nutzen übersteigen.“

Fromme: “Die Kosten werden den Nutzen gewiß nicht übersteigen! Denn erstlich können Ihro Majestät sicher darauf rechnen, daß achtzehnhundert Morgen von dem See gewonnen werden; das wären sechsunddreißig Kolonisten, jeder zu funfzig Morgen. Wird nun ein kleiner, leidlicher Zoll auf das Floßholz gelegt und auf die Schiffe, die den Kanal passieren, so wird das Kapital sich gut verzinsen.“

König: “Na! sagt es meinem Geheimden Rat Michaelis! Der Mann versteht's, und ich will Euch raten, daß Ihr Euch an den Mann wenden sollt in allen Stücken und wenn Ihr wißt, wo Kolonisten anzusetzen sind. Ich verlange nicht gleich ganze Kolonien; sondern wenn's nur zwo oder drei Familien sind, so könnt Ihr's immer mit dem Mann abmachen!“

Fromme: “Es soll geschehen, Ihro Majestät.“

Wer diese Unterhaltung gehört hat, der hat eigentlich auch ein Bild von der Landschaft, die da frisch wie ein glänzend neu gewaschenes Tischtuch sich ausbreitet. Es lebt etwas außerordentlich Weitliniges in der märkischen Landschaft. Das kommt in dieser endlosen Reihe von Dörfern, Siedelungen sehr gut zum Ausdruck. Starke Formen läßt dieser Sand und Mergelboden nicht zu, obwohl man sich manchmal über schroff aufgerissene Schluchten und jähe Abstürze wundern darf. Aber die Ebene, die wie ein weites, graugrünes Meer von höheren Punkten mit ihren Kiefernwäldern und breiten Ackerflächen sich bis zum Horizonte erstreckt, die ist das Schönste an der märkischen Landschaft. Sie ist so schüchtern, zart und unaufdringlich, daß man sich manchmal bei einem Sonnenuntergang überm Wasser zwischen den Kiefernstämmen nach Japan, ein andermal in den Kalkbergen bei Rüdersdorf in die Wüste hineinträumen kann, bis einen dann die märkischen Dorfnamen in die Wirklichkeit wieder zurückrufen. Diese Dorfnamen hat Fontane in ein paar luftigen, hellen Versen aneinandergereiht, und mit denen schließen wir heute.

„Und an dieses Teppichs blühendem Saum
All die lachenden Dörfer, ich zähle sie kaum:
Linow, Lindow,
Rhinow, Glindow,
Beetz und Gatow,
Dreetz und Flatow,
Bamme, Damme, Kriele, Krielow, Petzow,
Retzow, Ferch am Schwielow,
Zachow, Wachow und Groß Behnitz,
Marquardt-Uetz an Wublitz-Schlänitz,
Senzke, Lentzke und Marzahne,
Lietzow, Tietzow und Reckahne,
Und zum Schluß in dem leuchtenden Kranz:
Ketzin, Ketzür und Vehlefanz.“

Hexenprozesse

Zum ersten Mal habt ihr bei Hänsel und Gretel von Hexen gehört. Und was habt ihr euch dabei gedacht? Eine böse, gefährliche Waldfrau, die allein vor sich hinlebt und der man besser nicht in die Arme läuft. Sicher habt ihr euch nicht den Kopf zerbrochen, wie die Hexe zu dem Teufel oder dem lieben Gott steht, woher sie kommt, was sie tut und was sie nicht tut. Und genauso wie ihr haben die Menschen von den Hexen jahrhundertelang gedacht. Wie kleine Kinder Märchen glauben, so haben sie meist an die Hexen geglaubt. Aber so wenig Kinder, und seien sie noch so klein, ihr Leben nach dem Märchen einrichten, so wenig haben in jenen Jahrhunderten die Menschen daran gedacht, den Hexenglauben in ihr tägliches Leben zu übernehmen. Sie haben sich begnügt, mit einfachen Zeichen, mit einem Hufeisen über der Tür, einem Heiligenbild oder allenfalls einem Zauberspruch, den sie unterm Hemd auf der Brust trugen, sich vor ihnen zu schützen. So war es im Altertum, und als das Christentum kam, änderte sich daran nicht viel, jedenfalls nichts zum schlechteren. Denn das Christentum trat ja dem Glauben an die Macht des Bösen entgegen. Christus hatte den Teufel besiegt, er war in die Hölle hinabgestiegen, und seine Anhänger hatten nichts von den bösen Mächten zu fürchten. Das war wenigstens der älteste Christenglaube – gewiß kannte man auch damals verrufene Frauen, das waren aber vor allem Priesterinnen, heidnische Göttinnen, und ihrer Zauberkraft traute man nicht viel zu. Eher hatte man Mitleid mit ihnen, weil der Teufel sie so genarrt hatte, daß sie sich selber übernatürliche Kräfte zuschrieben. Wie nun dies alles unscheinbar im Laufe von wenigen Jahrzehnten, ungefähr um das Jahr 1300 nach Christus, sich völlig geändert hat, wird euch niemand so unbedingt sicher erklären können. Aber an der Tatsache ist kein Zweifel: nachdem der Glaube an Hexen jahrhundertelang mit allem anderen Aberglauben so mitgegangen war, nicht weniger, aber auch nicht mehr Schaden gestiftet hatte als andere, begann man um die Mitte des 14. Jahrhunderts, überall Hexen und Hexenwerk zu wittern und bald darauf beinahe überall Hexenverfolgungen anzustellen. Mit einem Male war eine förmliche Lehre vom Tun und Treiben der Hexen da. Plötzlich wollte jeder genau gewußt haben, was sie in ihren Versammlungen tun, über welche Zauberkraft sie verfügen und auf wen sie es abgesehen haben. Wie es dahin gekommen ist, wird man wie gesagt vielleicht niemals völlig durchschauen können. Um so erstaunlicher aber ist das wenige, was wir von den Ursachen wissen.

Aberglaube ist für uns alle etwas, was am meisten bei den einfachen Leuten verbreitet ist und bei ihnen am festesten sitzt. Die Geschichte des Glaubens an Hexen zeigt uns, daß das durchaus nicht immer so war. Gerade das 14. Jahrhundert, in dem dieser Glaube seine starrste und gefährlichste Fratze zeigte, war die Zeit eines großen Aufschwungs der Wissenschaften. Die Kreuzzüge hatten begonnen; mit ihnen kamen die neuesten wissenschaftlichen, vor allem naturwissenschaftlichen Lehren, in denen damals Arabien den übrigen Ländern weit voraus war, nach Europa. Und so unwahrscheinlich es klingt, diese neue Naturwissenschaft beförderte mächtig den Hexenglauben. Das kam aber so: im Mittelalter war die rein berechnende oder beschreibende Naturwissenschaft, die wir heute die theoretische nennen, noch nicht von der angewandten, z.B. der

Technik, getrennt. Diese angewandte Naturwissenschaft ihrerseits aber war nun damals dasselbe oder jedenfalls sehr benachbart der Zauberei. Man wußte von der Natur ja sehr wenig. Die Erforschung und Benutzung ihrer geheimen Kräfte sah man für Zauberei an. Diese Zauberei aber war erlaubt, wenn sie sich keine bösen Werke zum Ziel setzte, und man nannte sie zum Unterschied von der Schwarzen Kunst einfach die Weiße: die Weiße Magie. Was man also damals von der Natur Neues erfuhr, das kam schließlich unmittelbar oder auf Umwegen doch wieder dem Zauberglauben, dem Glauben an den Einfluß der Gestirne, an die Kunst, Gold zu machen und anderes, zugute. Mit der Teilnahme an der Weißen Magie steigerte sich nun aber auch das Interesse für die Schwarze.

Die Naturlehre aber war nicht allein unter den Wissenschaften am Werke, den schrecklichen Hexenglauben zu fördern. Aus dem Glauben an die Schwarze Magie und aus der Beschäftigung mit ihr folgten für die Philosophen der Zeit – das waren aber damals nur Geistliche – eine ganze Anzahl von Fragen, die wir heute nicht mehr so leicht verstehen und vor denen uns, wenn wir sie schließlich begriffen haben, die Haare zu Berge stehen. So wollte man vor allen Dingen klar und deutlich feststellen, worin sich denn die Zauberei, die die Hexen trieben, von anderer böser Zauberkunst unterscheide. Daß alle bösen Zauberer ohne Unterschied Ketzer seien, d.h. nicht oder nicht auf die rechte Weise an Gott glaubten, darüber war man sich längst klar, und die Päpste hatten es oft gelehrt. Nun aber wollte man wissen, wodurch sich Hexen und Hexenmeister von anderen Schwarzkünstlern unterschieden. Und zu diesem Zwecke haben nun die Gelehrten allerhand spintisiert, was vielleicht mehr ungereimt und kurios als schrecklich gewesen wäre, wenn nicht 100 Jahre später, als die Hexenprozesse ihren Höhepunkt erreicht hatten, zwei Männer gekommen wären, die all diese Hirngespinste bitterernst nahmen, sie sammelten, miteinander verglichen, Folgerungen daraus zogen und sie für eine Anweisung ausnutzten, wie man haarklein die Wahrheit von denen ermitteln sollte, welche der Hexerei würden beschuldigt werden. Dieses Buch ist der sogenannte „Hexenhammer“, und wahrscheinlich hat nichts Gedrucktes mehr Unglück über die Menschen gebracht als diese drei dicken Bände. Was hatte es also nach diesen Gelehrten mit den Hexen für eine Bewandtnis? Vor allem diese: sie hätten einen förmlichen Bund mit dem Teufel geschlossen. Sie hätten Gott abgeschworen und dem Teufel versprochen, ihm allen seinen Willen zu tun. Der Teufel wiederum hätte ihnen dafür alles mögliche Gute versprochen – für das irdische Leben natürlich – da er aber ein Lügengeist sei, hätte er es fast niemals gehalten und würde es in Zukunft ebensowenig. Und nun fand man kein Ende in der Aufzählung dessen, was die Hexen mit der Macht des Teufels ins Werk setzten, wie es ihnen gelänge und welche Gebräuche sie zu halten verpflichtet wären. Manche von euch, die den Hexentanzplatz bei Thale mit der Walpurgishalle gesehen haben, andere, die einmal einen Band Sagen vom Harz in der Hand hatten, werden vieles darüber wissen, und ich will jetzt nicht vom Blocksberg, wo die Hexen am 1. Mai sich versammeln sollten, nichts von ihrem Ritt auf dem Besenstiel, auf dem sie zum Schornstein hinausfahren, erzählen, sondern ein paar seltsamere Dinge, die ihr vielleicht auch in euren Sagenbüchern noch nicht gelesen habt. Seltsam, das will heißen für uns. Denn vor 300 Jahren schien den Leuten nichts selbstverständlicher, als daß eine Hexe, wenn sie aufs Feld hinausgeht und die Hand gen Himmel erhebt, ein Hagelwetter auf das Getreide herabziehen könne, und daß sie mit einem Blick die Kühe behexen könne, so daß statt Milch aus den Eutern Blut käme, oder daß sie eine Weide so anbohren könne, daß aus der Rinde Milch oder Wein herausflösse, oder daß sie in einen Kater, einen Wolf, einen Raben sich wandeln könne. Wie es damals an einem, der erst einmal der Hexerei verdächtig geworden war, er mochte tun und lassen, was er wollte, überhaupt nichts mehr gab, was den Verdacht nicht bestärkte, in dem er stand, so gab es im Hause und auf dem Felde, in Reden und Taten, beim Gottesdienst und beim Spiel damals nichts, was nicht von böswilligen oder blöden oder verrückten Leuten in Zusammenhang mit der Hexerei gebracht werden konnte. Und noch heute zeugen Worte wie: Hexenbutter (für Froschlaich), Hexenringe (für die Kreise, in denen Pilze beieinander stehen), Hexenschwamm, Hexenmehl usw. dafür, wie die unschuldigsten Naturdinge mit diesem Glauben in Zusammenhang gebracht werden. Wollt ihr aber einen ganz kurzen Abriß, gewissermaßen einen Führer durch das Leben der Hexen lesen, so müßt ihr euch das Theaterstück „Macbeth“ von Shakespeare geben lassen. Da seht ihr auch, wie man sich den Teufel als strengen Herrn dachte, dem jede Hexe Rede und Antwort geben muß, was für böse Streiche oder auch Untaten sie zu seiner Ehre begangen hat. Soviel wie in Macbeth steht, wußte damals jeder einfache Mann von den Hexen. Die Philosophen wußten freilich noch vieles mehr. Sie konnten Beweise für das Dasein der Hexen geben, so unlogisch, daß man sie heute keinem Tertianer im Schulaufsatz durchgehen ließe. So hat 1660 einer von ihnen geschrieben: „Wer das Dasein von Hexen leugnet, der leugnet auch das Dasein von Geistern, denn Hexen sind Geister. Wer aber das Dasein von Geistern leugnet, der leugnet auch das Dasein von Gott, denn Gott ist ein Geist. Also leugnet, wer Hexen leugnet, auch Gott.“

Irrtum und Unsinn sind schlimm genug. Aber ganz gefährlich werden sie erst, wenn man Ordnung und Folgerichtigkeit hineinbringen will. So ist es beim Hexenglauben gewesen, und deshalb ist viel größeres Unheil als durch den Aberglauben durch die Starrköpfigkeit der Gelehrten entstanden. Von den Naturwissenschaftlern und Philosophen haben wir schon gesprochen. Nun aber kommen die Schlimmsten: das waren die Rechtsgelehrten. Und damit sind wir bei den Hexen*prozessen*, der schrecklichsten Plage dieser Zeit, neben der Pest. Auch sie griffen um sich wie eine Seuche, sprangen von einem Land in das andere über, erreichten ihre Höhepunkte, um zeitweise wieder abzunehmen, machten vor Kindern ebensowenig halt wie vor Greisen, vor Reichen sowenig wie vor Armen, vor Rechtsgelehrten sowenig wie vor Bürgermeistern, weder vor Ärzten noch vor Naturforschern. Domherrn, Minister und Geistliche mußten ebenso wie Schlangenbeschwörer oder Jahrmarktsschauspieler den Scheiterhaufen besteigen, von der unendlich viel größeren Zahl von Frauen aller Altersstufen und Stände zu schweigen. Heute kann man nicht mehr mit Zahlen feststellen, wie viele Menschen in Europa als Hexen oder Hexenmeister zugrunde gegangen sind, aber daß es zum wenigsten hunderttausend waren, vielleicht auch das Vielfache davon, ist gewiß. Ich habe dieses fürchterliche Buch, den „Hexenhammer“, der im Jahre 1487 erschien und riesig oft nachgedruckt wurde, schon erwähnt. Er war lateinisch geschrieben, ein Handbuch für Inquisitoren. Inquisitoren, d.h. eigentlich Fragemänner, nannte man Mönche, die vom Papst direkt mit besonderen Vollmachten zur Bekämpfung der Ketzerei ausgerüstet waren. Da nun die Hexen immer auch für Ketzer angesehen wurden, so hatten die Inquisitoren sich mit ihnen zu beschäftigen. Aber weit entfernt, daß man ihnen neidlos eine so greuliche Aufgabe überlassen hätte. Vielmehr gab es da noch andere Gerichtsbarkeiten, die darauf brannten, mit der Bekämpfung der Hexen sich befassen zu dürfen. Das war die reguläre geistliche Gerichtsbarkeit der Bischöfe und die reguläre weltliche. Von diesen beiden war aber die zweite die schlimmere. Das alte Kirchenrecht wußte nämlich nichts von einer Verbrennung der Hexen, und so gab es lange Zeit für Hexen nur die Strafe des Kirchenbanns und der Einkerkerung. Da führte Karl V. im Jahre 1532 sein neues Gesetzbuch, die sogenannte Karolina oder „Peinliche Halsgerichtsordnung" ein. In ihr stand auf Zauberei der Feuertod. Immerhin gab es auch da noch die Einschränkung, daß ein wirklicher Schaden müsse entstanden sein. Das war aber vielen Rechtsgelehrten und Fürsten noch ein zu mildes Gesetz, und viele zogen es vor, sich nach dem Kursächsischen Recht zu richten, nach dem jeder Zauberer und jede Hexe verbrannt werden konnte, auch wenn sie keinen Schaden gestiftet hatten. Diese vielen Gerichtsbarkeiten ergaben ein so fürchterliches Durcheinander, daß von Recht und Ordnung ohnehin keine Rede mehr sein konnte. Dazu kam nun aber noch, daß man sich die Hexen als Besessene vorstellte, in denen der Teufel wohne, daß man also gegen die Übermacht des Teufels zu stehen glaubte und in diesem Kampf alles für erlaubt hielt. Nichts konnte so fürchterlich oder so unsinnig sein, daß die damaligen Rechtsgelehrten um ein lateinisches Wort dafür verlegen gewesen wären. Und so nannte man denn die Hexerei ein crimen exceptum, ein außergewöhnliches Verbrechen, das hieß aber ein Verbrechen; bei dem der Angeklagte überhaupt kaum sich verteidigen konnte. Er wurde z.B. gleich von Anfang an als schuldig behandelt. Wenn er einen Verteidiger hatte, so konnte auch der nicht viel tun, weil der Grundsatz galt: ein zu eifriger Verteidiger von solchen, die der Hexerei angeklagt waren, mache sich selbst verdächtig, ein Zauberer zu sein. Die Juristen sahen überhaupt die Hexensachen als eine rein fachmännische Angelegenheit an, die sie allein beurteilen konnten. Dabei war der gefährlichste unter ihren Grundsätzen der: beim Verbrechen der Hexerei genüge das Geständnis des Täters, auch wenn sonst keine Beweise zu finden wären. Was ein solches Geständnis damals aber bedeutete, kann sich jeder sagen, der weiß, daß im Hexenprozeß die Folter an der Tagesordnung gewesen ist. Es gehört zu den erstaunlichsten Dingen, denen man in der Geschichte begegnet, daß es über 200 Jahre gedauert hat, ehe den Rechtsgelehrten der Gedanke gekommen ist, daß Geständnisse auf der Folter nichts wert sind. Vielleicht, weil ihre Bücher so voll von unwahrscheinlichsten und schrecklichsten Haarspaltereien steckten, daß ihnen die einfachsten Gedanken nicht kommen konnten. Desto besser glaubten sie dem Teufel auf seine Schliche gekommen zu sein. Wenn z.B. eine Angeklagte beharrlich schwieg, weil sie wußte, daß jedes Wort, auch das unschuldigste, sie nur tiefer ins Unglück hineinreißen würde, so hieß das bei den Rechtsgelehrten eine „Teufelsmaulsperre“, womit sie sagen wollten, der böse Geist verhexe die Beschuldigte, daß sie nicht sprechen könne. Ebensoviel taugten die sogenannten Hexenproben, mit denen man sich manchmal das Verfahren abkürzen wollte. Da gab es z.B. die Tränenprobe. Wenn jemand auf der Folter vor Schmerzen nicht weinte, so sah man es für bewiesen an, daß der Teufel ihm beistehe, und wieder mußten 200 Jahre ins Land gehen, bis die Ärzte die einfache Beobachtung machten oder auszusprechen wagten, daß der Mensch bei sehr heftigen Schmerzen nicht weint.

Der Kampf gegen die Hexenprozesse ist einer der größten Befreiungskämpfe der Menschheit gewesen. Er hat im 17. Jahrhundert begonnen und 100 Jahre, in manchen Ländern noch länger, gebraucht, um zu siegen. Er begann, wie solche Dinge sehr oft beginnen, nicht mit einer Erkenntnis, sondern aus Not. Einzelne Fürsten sahen im Laufe weniger Jahre ihre Länder veröden, auf der Folter beschuldigte immer einer den anderen. Ein einziger Prozeß konnte Hunderte im Gefolge haben, die sich jahrelang ablösten. Da begannen einzelne Fürsten, diese Prozesse ganz einfach zu verbieten. Und nun wagten die Menschen allmählich nachzudenken. Die Geistlichen und Philosophen entdeckten, daß der Glaube an Hexen in der alten Kirche gar nicht bestanden habe, daß Gott dem Teufel niemals so große Macht über den Menschen einräumen könne. Die Rechtsgelehrten kamen dahinter, daß man nicht länger, wie bisher, auf Verleumdungen, auf Geständnisse, die auf der Folter erzwungen waren, sich verlassen könne. Die Ärzte meldeten sich, um zu sagen, daß es Krankheiten gäbe, infolge deren die Menschen sich für Zauberer oder Hexen selbst halten könnten, ohne es doch zu sein. Und schließlich machte sich der gesunde Menschenverstand bemerkbar und wies auf die zahllosen Widersprüche in den Akten der einzelnen Hexenprozesse und im Glauben an Hexen selbst hin. Von all den vielen Büchern, die in dieser Zeit gegen die Hexenprozesse geschrieben wurden, ist aber nur eines berühmt geworden. Es ist das des Jesuiten Friedrich von Spee. Dieser Mann war in jungen Jahren Beichtvater der zum Tode verurteilten Hexen gewesen. Als ihn eines Tages ein Freund fragte, warum er so zeitig schon graue Haare habe, da sagte er: „Weil ich so viele Unschuldige habe zum Scheiterhaufen begleiten müssen." Sein Buch „Die Warnungsschrift über die Hexenprozesse" ist gar nicht besonders umstürzlerisch. Friedrich von Spee glaubt sogar, daß es Hexen gibt. Aber woran er ganz und gar nicht glaubt, das sind die schrecklichen gelehrten, ausgetüftelten Hirngespinste, mit denen jahrhundertelang jeder beliebige Mensch als Hexe oder Zauberer konnte dargestellt werden. Dem gräßlichen lateinisch-deutschen Kauderwelsch von Tausenden und Zehntausenden von Akten tritt er mit einem Werk gegenüber, in dem überall Zorn und Ergriffenheit durchbricht, und mit diesem Werke und seiner Wirkung bewies er, wie nötig es ist, Menschlichkeit über Gelehrsamkeit und Scharfsinn zu stellen.

Räuberbanden im alten Deutschland

Wenn die Räuber nichts anderes vor den übrigen Verbrechern voraus hätten, so blieben sie immer noch die vornehmsten unter allen, weil sie als einzige eine Geschichte haben. Die Geschichte der Räuberbanden ist ein Stück der Kulturgeschichte von Deutschland, ja von Europa überhaupt. Aber nicht nur, daß sie eine Geschichte haben, sondern, lange Zeit wenigstens, besaßen sie auch den Stolz und das Selbstbewußtsein eines Standes, der auf uralte Überlieferungen zurückblickt. Man kann nicht die Geschichte der Diebe oder der Betrüger oder der Mörder schreiben, das sind immer nur einzelne gewesen, allerhöchstens, daß sich das Diebeshandwerk einmal in einer Familie von dem Vater auf den Sohn vererbt haben mag. Mit den Räubern aber steht es ganz anders. Da hat es nicht nur große Räuberfamilien gegeben, die durch mehrere Geschlechter sich fortgepflanzt, durch ganze Landstriche sich verbreitet und, wie königliche Familien, Verbindungen untereinander geschlossen haben, nicht nur gab es einzelne Banden, die bis zu 50 Jahren fest zusammengehalten haben, dabei oft mehr als 100 Mitglieder hatten, sondern vor allem gab es alte Sitten und Gebräuche, eine eigene Sprache, das Rotwelsch, eigene Ehr- und Standesbegriffe, die sich alle jahrhundertelang unter den Räubern fortgeerbt haben. Ich habe mir gedacht, daß ich euch heute einmal etwas von diesen Dingen, von den Gedanken, Gewohnheiten, Überzeugungen der Räuber erzähle. Denn von den Räuberbanden kann man sich keine richtige Vorstellung machen, wenn man die Schauergeschichten vom Schinderhannes oder von Lipps Tullian, von Demian Hessel und wie sie alle heißen mögen, aneinanderreiht. Dagegen: wie diese Banden entstanden sind, welche Gesetze sie im Innern zusammenhielten, wie sie ihren Kampf gegen Kaiser, Fürsten und Bürger, später ihren Kampf gegen Polizei und Rechtsprechung geführt haben, das ist noch interessanter und wichtiger als die Lebensgeschichte der meisten von ihren Führern. Dabei muß ich eines der schönsten und wichtigsten Räubergeheimnisse heute noch fortlassen, von dem wir später einmal uns unterhalten wollen, nämlich die Räubersprache und die sogenannten Zinken, die Räuberschrift. Diese Sprache, das Rotwelsch, verrät für sich allein schon einiges über den Ursprung der Räuber. Es ist in diesem Rotwelsch neben dem Deutschen nämlich vor allen Dingen sehr viel Hebräisches. Das deutet auf die enge Verbindung, die die Räuber von frühauf mit den Juden gehabt haben. Später, im 16. und 17. Jahrhundert, waren Juden sogar oft selber gefürchtete Führer. In den früheren Zeiten haben sie ihre Verbindung mit den Banden wohl eher als Hehler gehabt, die den Räubern ihr Gut abkauften. Da sie im Mittelalter von den meisten ehrlichen Berufen ausgeschlossen waren, ist es nicht schwer zu sehen, wie sie dazu kamen. Neben den Juden aber haben die größte Rolle bei der Entstehung von Räuberbanden die Zigeuner gespielt. Ihnen lernten die Gauner ihre eigentümliche Schlauheit und Kunstfertigkeit, eine Unzahl kecker und verwegener Untaten ab, von ihnen lernten sie, wie man ein Gewerbe aus dem Verbrechen macht, und schließlich übernahmen sie auch eine Anzahl ihrer Kunstausdrücke ins Rotwelsche. Von beiden aber, den Juden und den Zigeunern, übernahmen die Gauner und Räuber eine Masse von wüstem Aberglauben, Hunderte Zaubermittel und Rezepte der schwarzen Kunst.

Im frühen Mittelalter war das Hauptgewerbe der großen Räuberbanden der Straßenraub. Durch die Ohnmacht der Fürsten, die nicht imstande waren, für die Sicherheit der Wege in ihren Ländern zu sorgen, wurde der Straßenraub unter gewissen Umständen beinahe zu einem regelrechten Beruf, wie wir das ja auch bei den Raubrittern sehen, mit denen die großen Kaufmannskarawanen oft verhandelten, um sich gegen eine gewisse Zahlung freien Durchzug durch die Gegend zu sichern, welche sie unsicher machten. So ist es kein Wunder, daß die Räuberbanden ihrerseits schon sehr frühe zu einer Art von ritterlicher oder kriegerischer Verfassung kamen. Ich lese euch hier einen richtigen Räubereid aus dem 17. Jahrhundert vor, darin heißt es: „1. Ich schwöre bei dem Haupt und der Seele unseres Räuberhauptmanns, daß ich allen seinen Befehlen gehorsam sein will; 2. daß ich meinen Kameraden in allen ihren Vorhaben und Unternehmungen getreu sein will; 3. daß ich mich bei solchen Zusammenkünften, die der Hauptmann hier oder an andern Orten bestimmen wird, alle Zeit einfinden will, es müßte denn mir dieser das Gegenteil erlaubt haben; 4. daß ich zu allen Stunden bei Tag und Nacht auf Appell und Anruf mich bereitwillig finden lassen werde; 5. daß ich meine Kameraden niemals in einer Gefahr verlassen, sondern bis auf den letzten Blutstropfen bei ihnen aushalten will; 6. daß ich niemals vor einer gleichen Anzahl meiner Gegner fliehen, sondern lieber tapfer fechten und tot auf dem Platze bleiben will; 7. daß wir einer dem andern, er mag gefangen, krank oder in einem andern Unfall sein, hilfreiche und beförderliche Hand bieten wollen; 8. daß ich niemals einen von meinen Kameraden, wenn ich solchen davon bringen kann, verwundet oder tot hinter mir und in der Feinde Hände geraten lassen will; 9. daß, wenn ich gefangen werden sollte, ich nichts bekennen, viel weniger den Aufenthalt und die Lager meiner Bundesgenossen, wenn es mich auch mein Leben kostet, entdecken oder verraten will. Und wenn ich diesen Eid breche, so sollen mich die größten Plagen, ja die grausamsten Strafen in dieser und jener Welt überfallen und betreffen." – Zu solchen ritterlichen Räuberschwüren paßt es, wenn wir von andern Banden erfahren, daß sie eine eigene Rechtsprechung, das sogenannte Plattenrecht hatten – in Wien heißen die Gauner ja heute noch Plattenbrüder. Von einigen Banden kennt man sogar eine ganze Rangordnung. Da gab es Hofräte, Oberamtmänner, Regierungsräte, ja es wurde vom Räuberhauptmann sogar der Adel verliehen. Bei der berühmten niederländischen Bande trugen die Anführer beim Raube zum Zeichen ihrer Würde das Brecheisen in den Händen. So dicht die Mitglieder ein und derselben Bande gegenseitig zusammenhielten, so böse Streiche konnten freilich bisweilen fremde Banden einander spielen. Eine der merkwürdigsten Räubereien ist der Streich, den die Räuber Fetzer und Simon dem Langleiser und seinen Genossen spielten, weil der sie nicht Anteil an dem geplanten Raube bei einem Bankier im Münsterland wollte nehmen lassen. Um sich zu rächen, begingen Fetzer und Simon mit ihren Gesellen vorher eine Reihe von übermütigen Räubereien in jener Gegend, so daß fortan alle Leute auf ihrer Hut waren und der geplante Überfall auf den Bankier nicht mehr gewagt werden konnte. Verrat war das schlimmste Verbrechen, das ein Räuber sich konnte zuschulden kommen lassen. Oft war die Gewalt der Räuberhauptleute so groß, daß Kameraden, die schon Bezichtigungen gegen sie erhoben hatten, kaum daß sie ihnen gegenübergestellt wurden, alles zurücknahmen. Ich habe, sagt ein berühmter Polizeimann, in meinen Verhören die überraschendsten Erfahrungen gemacht über die ungeheure Gewalt, die die bloße Erscheinung, das bloße Atemholen eines

Räubers auf seinen zum Geständnis geneigten Genossen zu machen imstande ist. Trotzdem gab es natürlich immer Gesellen, die ihre Kameraden preisgaben, um selbst Gnade zu finden. Das sonderbarste Anerbieten dieser Art aber stammt von einem berühmten Räuber, dem böhmischen Hans, der als Vergeltung für die erbetene Freilassung ein Gaunerbuch zu schreiben versprach, um damit allen Betrügereien in Zukunft vorzubeugen. Auf diesen freundlichen Vorschlag ist man nicht eingegangen. Zudem gab es damals schon genug ähnliche. Das berühmteste aber war das sogenannte „Liber vagatorum“, zu deutsch einfach Gaunerbuch, das zum erstenmal 1509 erschien und zu dem Luther eine Vorrede schrieb, aus der ich euch jetzt etwas vorlese:

„Dies Büchlein von der Büberei der Bettler hat zum ersten Mal einer herausgegeben, der sich nicht mit Namen, sondern nur einen nennt, der in betrügerischen Künsten erfahren sei. Das beweist dieses Büchlein denn auch, selbst wenn er es nicht ausdrücklich von sich gesagt hätte. Ich habe es aber für gut gehalten, daß so ein Buch nicht nur gedruckt, sondern auch überall bekannt werde, damit man doch sehe und begreife, wie der Teufel so gewaltig in der Welt regiert, und ob die Leute nicht klug werden und sich ein für alle mal vorsehen wollen. Die rotwelsche Sprache aber, die in dem Buche vorkommt, stammt von den Juden, denn es stecken viele hebräische Worte drin. Das werden ja die merken, welche Hebräisch können.“ Dann fährt Luther fort und sagt, welchen Nutzen man weiter noch aus dem Buch ziehen soll: daß man nämlich lieber durch Almosen und Barmherzigkeit die Bettler bekämpfen soll, statt sich von ihnen durch Spitzbübereien fünf- oder zehnmal soviel Geld, als man ihnen freiwillig geben würde, abnehmen zu lassen. Freilich sind die Bettler, von denen überall in dem Buche die Rede ist, gar keine richtigen Bettler, wie wir sie uns heute vorstellen. Es sind vielmehr ganz gefährliche Gesellen, die in Horden auftreten, wie Heuschreckenschwärme über die Städte herfielen und oft nur zum Schein krank und gebrechlich erschienen. Nicht umsonst hatten die Städte des Mittelalters sogenannte Bettelvögte, die nichts weiter zu tun hatten, als den ununterbrochenen Zustrom landstreichender Bettler zu beaufsichtigen und so zu leiten, daß daraus für die Stadt möglichst wenig Schaden erwuchs. Seßhafte Bettler nämlich gab es viel weniger als landfremde wandernde, und zwischen ihnen und den Räubern war ein Unterschied oft so schwer zu machen wie zwischen vielen Handelsleuten und Räubern. Denn auch bei den Hausierern waren zahlreiche, die ihren Kram nur zum Schein mit sich führten, um die Leute über ihr wahres Gewerbe, eben das Räubern, zu täuschen. Das Gaunerwesen, das haben wir schon gesagt, hat sich im Laufe der verschiedenen Zeiten geändert. Listiges Vorspiegeln falscher Krankheiten, wie es im Mittelalter an der Tagesordnung war, verschwand mit der Zeit, als der Einfluß der Kirche schwächer und damit das Almosengeben seltener wurde. Heute können wir uns gar keine Vorstellung mehr von der Anzahl der Tricks machen, mit denen damals die Leute auf das Mitleid ihrer Nebenmenschen spekulierten. Daneben hatten natürlich diese falschen Gebrechen noch den Vorzug, daß sie den gefährlichsten Einbrechern und Mördern den Anschein der Harmlosigkeit gaben. Da waren Leute, die drängten sich zur Messezeit in die Kirche, und wenn der Priester den Segen gab, nahmen sie in den Mund ein Stück Seife, mit dem erzeugten sie Schaum, und damit man vollends glaubte, sie seien von Krämpfen befallen, stürzten sie, recht vor aller Leute Augen, zur Erde. So konnten sie sicher sein, Spenden von den Frommen zu erhalten. Die Stufen vor den Kirchentüren waren von dergleichen Gesindel dicht übersät, da fand man Männer, die ihre Arme vorwiesen, auf denen sie mittels künstlicher Malerei die Spuren von Fesseln aufgetragen hatten: sie machten den Leuten weis, auf einem Kreuzzug seien sie in die Hände der Heiden geraten und hätten jahrelang als Galeerensklaven geschmachtet; andere hatten sich eine Tonsur scheren lassen und erzählten den Leuten, sie seien Priester auf einer Wallfahrt, denen Räuber ihre Habe genommen hätten. Wieder andre rasselten mit Klappern, wie sie damals von den Aussätzigen getragen wurden, damit die Leute ihnen nicht nahe kämen und in einiger Entfernung Almosen für sie niederlegten. Welche Bewandtnis es mit diesen wilden gefährlichen Massen hatte, das erkennt man so recht an dem abgelegenen Platze, auf welchem in jenen Zeiten sich in Paris dergleichen Gesindel traf. Das war ein öder verlassener Hof, der im Volksmund der Hof der Wunder hieß, weil auf ihm die blinden Strolche sehend, die lahmen beweglich, die tauben hörend, die stummen sprechend wurden. Man fände kein Ende, wollte man all ihre Listen der Reihe nach aufzählen. Neben der angeblichen Taubheit, die es den Gaunern so leicht machte, aus Gesprächen herauszuhören, wo es etwas zu stehlen gäbe, war eine besonders beliebte Vorspiegelung die des Schwachsinns. Hatte zum Beispiel ein Strolch das Unglück, beim Schmierestehen ertappt zu werden, so spielte er einfach den Trottel und tat, als wisse er selber nicht, wie er an Ort und Stelle gekommen sei und was er da wollte.

Nun aber noch einen Augenblick zurück zu dem, was Luther in der Vorrede zu dem Gaunerbuch schreibt. Da heißt es doch, man könne aus ihm erkennen, wie der Teufel die Welt regiere, und das ist viel buchstäblicher zu nehmen, als wir es heute wohl glauben möchten. Im Mittelalter war man nämlich gerade den geschicktesten und mutigsten Räuberhauptleuten gegenüber rasch mit der Annahme bei der Hand, sie hätten einen Bund mit dem Teufel geschlossen. Und dieser schreckliche, für sie selber fast immer tödliche Irrglaube wurde durch allerhand vermeintliche Beweise gekräftigt. Nicht der geringste war der tolle Aberglauben, der unter den Räubern selber verbreitet war. Alle Leute, welche ein unstetes, von tausend Zufälligkeiten abhängiges Gewerbe haben, neigen zum Aberglauben, und doppelt tun sie es, wenn dies Gewerbe gefährlich ist. Hundert Zaubermittel glaubte man zu besitzen, um sich beim Diebstahl unsichtbar zu machen, um die Leute, in deren Haus man einbrechen wollte, einzuschläfern, um sich gegen die Kugeln von Verfolgern zu feien, um da, wo man zu stehlen dachte, auf besonders reiche Schätze zu stoßen. Und wie sehr wurde das gesteigert durch die unverstandenen Brocken Hebräisch, die die Räuber von den Juden aufschnappten, weiter durch die sogenannten Dämonensiegel, kleine Kringel und Striche, die man auf Pergament malte, um sich die Freundschaft böser Geister bei der Ausführung von Verbrechen zu sichern. Schließlich waren die meisten dieser Räuber bei aller Unerschrockenheit und Gerissenheit ja arme, unwissende Menschen, meist bäurischer Herkunft. Lesen und Schreiben konnten natürlich nur die wenigsten, und die geheimnisvollen Zauberzeichen in den Briefen des Schinderhannes beweisen, daß auch das nicht vor Aberglauben schützte. Manche aber, die wußten selbst von ihrer Religion nicht mehr wie von Mathematik, und es gibt eine rührende Äußerung von einem armen gefangenen Räuber, der von dem Geistlichen Zuspruch erhalten sollte. Aber er gab ihm zur Antwort: „Unser lieber Herrgott und liebe Mutter Gottes sollen so große Helfer und Fürbitter sein; diese tun uns aber nie in ein Bauernhaus, Wirtshaus oder Amtshaus, wo viel Geld ist, helfen." – So mag es gar Räuber gegeben haben, die selber glaubten, Hexenmeister zu sein, mit dem Teufel im Bunde zu stehen. Außerdem müßt ihr bedenken, daß es damals noch die Folter gegeben hat, auf der die armen Leute vieles gestanden, wovon sie nie im Leben gehört hatten.

Im 18. Jahrhundert wurde die Folter abgeschafft, und da tauchten dann mit der Zeit Leute auf, die menschlicher mit den gefangenen Räubern umzugehen, nicht nur sie mit erbaulichen Sprüchen zu bessern, ihnen mit der Hölle zu drohen sondern sie zu verstehen suchten. Einer von denen hat uns eine ausführliche Geschichte der sogenannten Vogelsberger und Wetterauer Räuberbanden geschrieben, in der er jeden einzelnen dieser Räuber genau schildert. Sollte man denken, daß der Mann, den er da mit den folgenden Worten beschreibt, einer der gefährlichsten Bandenführer gewesen ist? „Er ist aufrichtig, wahrheitsliebend, beherzt, leichtsinnig, feurig, schnell hingerissen, jedoch bei einmal gefaßtem Entschluß standhaft. Dankbar, aufbrausend, racheliebend, begabt mit lebhafter Einbildungskraft, gutem Gedächtnis und meist guter Laune. Bei hellem Verstand, naiv, zu Zeiten witzig, etwas eitel und sogar musikalisch." Die von euch, die schon die „Räuber" von Schiller gelesen haben, wird vielleicht diese Beschreibung an Karl Moor erinnern. Es hat also wirklich edle Räuber gegeben. Freilich, diese Entdeckung machte man erst, als die Räuber überhaupt auszusterben begannen. Oder begannen sie vielleicht auszusterben infolge dieser Entdeckung? Denn die Unmenschlichkeit, mit der sie bis dahin waren verfolgt und bestraft, oft bloßer Diebstähle wegen waren hingerichtet worden, hatte es verhindert, daß ein Räuber so leicht wieder ein friedlicher Bürger wurde. Die Unmenschlichkeit des alten Strafrechts hatte ebensoviel Anteil am Entstehen des Räuberwesens wie das menschlichere neue an seinem Verschwinden.

Die Zigeuner

Vielleicht hat noch keiner von euch den Mut gehabt, an den Radspeichen hochzuklettern und in die Fenster eines Zigeunerwagens hineinzusehen. Aber gewünscht werdet ihr es euch doch schon alle haben, genauso wie ich es mir wünschte; bis heute wünsche, wenn ich so einen Wagen von weitem auf der Landstraße hinschleichen sehe. Wißt ihr übrigens, wo man in Deutschland auf solche Wagen am häufigsten stößt? In Ostpreußen. Warum? Weil die Gegend wenig besiedelt ist, die Landbewohner es viel zu weit in die Städte haben, um wegen der Zerstreuung sie aufzusuchen. Das wissen die fahrenden Leute, und darum trifft man sie gerade in diesen Gegenden sehr häufig. Natürlich sind es nicht alles Zigeuner, diese fahrenden Leute, aber es gibt doch eine ganze Menge unter ihnen, ja, wir treffen Zigeuner heutzutage eigentlich nur noch in solchen kleinen Gruppen als Seiltänzer, Feuerfresser, Bärenführer an. Die Zeit, da sie in großen Banden beinahe wie ein wehrhafter Volksstamm in Deutschland unter Kaiser Sigismund einfielen, liegt ja 500 Jahre zurück, und seitdem ist ihr Zusammenhalt, so treu sie an Sprache und Sitten gehangen haben, immer loser geworden, so daß es jetzt kaum mehr größere Zigeunerbanden, sondern zumeist nur einzelne große Familien gibt.

Groß sind diese Familien, denn die Zigeuner haben furchtbar viel Kinder. Sie sind, weiß Gott, nicht darauf angewiesen, kleine Kinder von fremden Leuten zu stehlen. Natürlich wird im Laufe von Jahrhunderten auch so etwas hin und wieder einmal vorgekommen sein. Aber man kann den Zigeunern so viele böse Streiche mit Recht nachsagen, daß man es gar nicht nötig hat, sie da anzuschwärzen, wo sie unschuldig sind. Diesen schlechten Ruf haben sich die Leute nun redlich verdient. Wie sie nämlich 1417 in großen Horden über die deutsche Grenze kamen, hat man sie zuerst einmal gar nicht so schlecht aufgenommen. Von Kaiser

Sigismund bekamen sie einen Schutzbrief, wie man ihn Fremden bisweilen in jener Zeit ausstellte. Ihr wißt vielleicht, daß auch die Juden hin und wieder solche Schutzbriefe von den deutschen Kaisern bekamen. Ob sie ihnen immer geholfen haben, ist eine andere Frage. Aber jedenfalls gab solcher Schutzbrief eine Anzahl von wichtigen Rechten, wer mit ihm kam, konnte nicht vertrieben werden; er unterstand dem Kaiser direkt; er konnte an seiner eigenen Gerichtsbarkeit festhalten. So geschah es auch den Zigeunern. Ihre Könige oder Woiwoden, wie sie genannt wurden, behielten die Rechtsprechung über ihre Leute und genossen freies Geleit. Aber mit was für listigen Erfindungen hatten die Zigeuner sich das verschafft. Einmal erklärten sie, was ihre Herkunft angeht, sie seien aus Klein-Ägypten gekommen. Kein Wort davon ist wahr. Aber man hat es ihnen jahrhundertelang geglaubt, bis im 19. Jahrhundert ein großer Sprachforscher – ein Freund der Gebrüder Grimm, deren Namen ihr kennt – sich hinsetzte und sich viele Jahre mit der Sprache der Zigeuner beschäftigte. Da fand er denn heraus, daß die aus Hindustan, einem westasiatischen Hochland, stammen. Sie müssen sehr sehr Böses in uralten Zeiten durchgemacht haben, denn in ihren Überlieferungen findet man kaum eine Spur mehr von dieser ihrer Vergangenheit. Sie haben – und das ist etwas sehr Seltsames – bis auf den heutigen Tag einen ungeheueren Stolz auf ihr Volkstum, aber so gut wie gar keine geschichtliche Erinnerung, nicht einmal in Sagen, bewahrt. Warum erzählten sie nun aber in Deutschland, daß sie aus Klein-Ägypten gekommen seien? Sehr einfach, Ägypten war nach dem allgemeinen Glauben der damaligen Europäer das Ursprungsland der Zauberei. Und eben die Zauberei war es, mit der die Zigeuner von Anfang an sich in Respekt zu setzen verstanden. Das muß man nicht übersehen, daß sie dem äußeren Anschein zum Trotz ein schwaches, unkriegerisches Volk waren; sie mußten sich auf andere Weise als mit äußerer Gewalt zur Geltung bringen. So war ihr Zauberschwindel also nicht nur ein Mittel, den Lebensunterhalt zu gewinnen, sondern ein Ausweg, den ihr Selbsterhaltungstrieb fand. Der jahrhundertelange Kampf, den die deutsche Polizei gegen sie geführt hat, hätte niemals so lange und meist so vergeblich sich hinziehen können, wenn nicht die Zigeuner oft beim ungebildeten Volk, vor allem den Bauern, einen Anhalt gefunden hätten. Von einem Hause, in dem eine Zigeunerin mit einem Kinde zur Welt kam, glaubte man, es sei feuerfest; wenn Pferde krank wurden und sonst nichts mehr half, wandte man sich, mit der Bitte um Hilfe, wenn möglich an einen Zigeuner; hatte ein Bauer von Schätzen im Acker, im nahen Walde oder einer Schloßruine reden hören, so ließ er sich am liebsten von einem Zigeuner beraten, weil man ihnen die größten Fähigkeiten im Schatzheben zutraute. Denen gab das natürlich Gelegenheit zu den ertragreichsten Prellereien. Ein sehr beliebter Trick war es, wenn sie in eine neue Gegend kamen, zunächst einmal durch künstliche Schäden ein Pferd oder ein Stück Vieh krank zu machen, um dann dem jammernden Bauern gegen gute Belohnung die sofortige Heilung des Tieres zu versprechen. Und weil sie wußten, was es mit der Krankheit für eine Bewandtnis hat, konnten sie das im Handumdrehn. So gründete sich der Ruf ihrer Zauberkraft immer fester. Anders wieder verfuhren sie, wenn sie sich mit großen Herren über Angelegenheiten ihres Stammes zu einigen hatten. Da wiesen sie Briefe vor, in denen zu lesen stand, ursprünglich hätten sie in Ägypten im Christenglauben gelebt, dann aber seien sie abgefallen und es hätte ihnen der Papst auferlegt, ihren Abfall durch eine siebenjährige Wanderung zu büßen. Daher dürften sie an keinem Ort festen Fuß fassen. Manche erfanden noch Großartigeres: ihre Väter hätten Maria, als sie mit dem Christkind nach Ägypten auf der Flucht war, die Aufnahme verweigert. Darum müßten sie nun auf der Erde, ohne Ruhe zu finden, umherwandern. Was es mit dem Christenglauben der Zigeuner für eine Bewandtnis hat, könnt ihr euch denken. Er war nur eine Erfindung, um das Mitgefühl oder, in jener Herodesgeschichte, das Grauen der abendländischen Menschen zu wecken. Die Zigeuner haben gewiß einmal eine Religion gehabt. Wie die aber aussah, läßt sich heute aus dunklen Gebräuchen nur schwer und aus den Sagen, die sie erzählen, überhaupt kaum erkennen, weil, wenn die Bräuche schon halbwegs rein und unvermischt geblieben sind, die Sagen aus Eigenem und Fremdem zusammengestoppelte Phantasien sind. Daß die Zigeuner heute keine eigentliche Religion mehr haben, zeigt sich darin am deutlichsten, daß sie gar keine Schwierigkeiten machten, überall, wo es ihnen zugemutet wurde, den üblichen Verhaltungsweisen sich anzupassen, sich vom Pastor trauen, auch ihre Kinder taufen zu lassen, ohne dem die geringste Bedeutung beizumessen. In alten Polizeierlassen wird sogar bei der Taufe von Zigeunerkindern besondere Sorgfalt verlangt, weil sich öfter herausgestellt hatte, daß sie ihre Kinder des Patengeschenks wegen, das sie bei der Gelegenheit erhielten, mehrmals taufen ließen.

Der Schutzbrief, den die Zigeuner vom Kaiser bekommen hatten, ist nicht lange gültig geblieben. Sie wurden zu lästig, und schon 1497 haben wir einen Reichstagsabschied, binnen der und der Zeit hätten alle Zigeuner Deutschland zu verlassen; wer nach der Frist noch würde angetroffen werden, der sei vogelfrei; jeder könne mit ihm ungestraft nach Belieben verfahren. Solche Beschlüsse hat es dann jahrhundertelang bald für ganz Deutschland, bald für einzelne Gebiete immer wieder gegeben. Noch am 31. März 1909 wurde im deutschen Reichstag darüber verhandelt, wie man am zweckmäßigsten mit den Zigeunern verfahren könne. Die allgemeinen Drohungen und Verbote hatten sich als wirkungslos erwiesen. Polizeimänner, Missionare, Lehrer dachten über die Möglichkeit nach, mit einem milden menschlichen Verfahren bessere Erfolge zu erzielen. Was ihnen vorschwebte, war, die Zigeuner dazu zu bringen, daß sie in einzelnen Gruppen weit voneinander verteilt in Siedlungen festen Fuß faßten. Es zeigte sich, daß alles gut ging, solange die Erziehungsarbeit in den Anfängen steckte. Als die ersten Zigeunerschulen gegründet wurden, war es kaum möglich, die erwachsenen Zigeuner, die ihre Kinder zur Schule gebracht hatten, wieder zum Gehen zu veranlassen. Sie wollten durchaus in der Klasse bleiben und mit ihren Kindern mitlernen. Sowie es aber darum ging, sie irgendwo seßhaft zu machen, scheiterten die Versuche. Wo man Zigeunern eine Hütte hinbaute, zogen sie, wenn nicht gerade der härteste Frost war, aus, um sich neben der Hütte in einem Zelt niederzulassen. Mit ungeheurem Eigensinn haben sie immer auf dieser Freizügigkeit bestanden. Sie sind nicht faul, wissen sich als Kesselflicker, Schuster, Siebmacher, Drahtarbeiter zur Not durchs Leben zu bringen, sind aber unter keinen Umständen zum Ackerbau zu bewegen. Das mußte auch der Kaiser Josef

II. von Österreich erfahren, der der erste war, mit menschlicheren Mitteln die Verbesserung der Zigeuner in Angriff zu nehmen. Der Anlaß dazu war eine fürchterliche Zigeunerverfolgung in den sechziger Jahren des 18. Jahrhunderts in Ungarn. Damals kam das Gerücht dort auf, die Zigeuner seien heimliche Menschenfresser. Es wurden viele von ihnen gefangen und hingerichtet, bis Josef II. eingriff. Er wollte aber mehr tun, die Zigeuner zu seßhaften Bürgern, vor allem zu Landarbeitern heranziehen, und daher verbot er im ganzen Reich alle Schaustellungen und Gaukeleien der Zigeuner; es sei denn bei schlechtem Wetter, wenn man auf dem Felde nicht arbeiten könne. Das half aber gar nichts. Die Zigeuner blieben bei ihren Kreuz- und Querzügen. Die Regierung wollte sie um so weniger dulden, als sie sich in Kriegszeiten schon als gefährliche Spione erwiesen hatten. Ihr Spürsinn und ihre außergewöhnliche Kenntnis des Landes hatte sie oft zu Helfern feindlicher Heerführer werden lassen. Besonders hatte sich Wallenstein im dreißigjährigen Kriege ihrer bedient. So blieb es beim alten, und selbst im Winter zogen die Zigeuner den Häusern jeden anderen Unterschlupf vor. Meist hausten sie dann in Erdhöhlen, die mit Brettern oder Tüchern gegen das Draußen abgedichtet waren. Sorgfältig vermied man es, frische Luft ins Innere dringen zu lassen. In der Mitte brannte ein Feuer, und ringsherum lagen die halbnackten Gestalten bunt durcheinander. Von Waschen, Reinigen, Flicken war nicht die Rede; gebacken wurde höchstens ein flacher Kuchen in der Asche, ohne Pfanne natürlich. Und ihre einzigen Beschäftigungen waren Kochen, Braten, Essen, Tabakrauchen, Schwatzen und Schlafen. So behauptet es wenigstens ein Schulmeister aus Langensalza, der 1835 ein sehr unfreundliches Buch gegen die Zigeuner schrieb, um die Behörden zu schärferem Einschreiten gegen sie aufzumuntern. Man braucht ihm aber nicht alles aufs Wort zu glauben. Niemand kann von den Zigeunern weniger verstehen als ein Schulmeister alten Schlages. So irrt er sich auch, was ihren Müßiggang angeht.

Ich weiß nicht, ob ihr einmal von Zigeunern die seltsamen Drahtgeflechte angeboten bekommen habt, die sie in der Stille ihrer Winterhöhlen zusammengebastelt haben. Man findet sie nur noch selten.

Es sind aber kleine Wunderwerke. Mit einem Griff verwandelt sich da eine Obstschale in ein Vogelbauer, das Vogelbauer in einen Lampenschirm, der Lampenschirm in einen Brotkorb, der Brotkorb wieder in die Obstschale. Die Haupt- und Staatskunst der Zigeuner aber ist die Musik. Man kann sagen, daß sie ganze Länder mit ihrer Geige erobert haben. Besonders in Rußland konnte man sich kein großes Gelage und keine Hochzeit ohne Zigeunermusik vorstellen, und es ist vorgekommen, daß Zigeunerinnen durch Heirat mit den Bojaren in die höchsten Kreise der Hofgesellschaft gekommen sind. Jeder Zigeuner ist ein geborener Violinist. Dabei kennt er in den meisten Fällen nicht einmal Noten. Sein musikalischer Instinkt ersetzt ihm alles, und man behauptet, daß die feurigen ungarischen Melodien von keinem so wie von ihm gespielt werden. Er ist auch niemals stolzer als mit der Geige in Händen. Man erzählt eine Geschichte, wie einmal ein Zigeuner in einem ungarischen Herzogsschlosse beim Staatsrat in der Tür des Beratungszimmers erschien, um an die Versammelten die Frage zu richten, ob sie ihn hören wollten. Und obwohl es eine schwierige Sache war, mit der man zu tun hatte, die Frage des Zigeuners klang so stolz und so unwiderstehlich zugleich, daß man ihn nicht abweisen konnte. Der Chronist, bei dem diese alte Geschichte steht, behauptet, während des Spiels sei dem Herzog erst der erlösende Gedanke gekommen, um den er sich vorher mit seinen Räten vergeblich bemüht hätte.

Zigeunermusik ist meist schwermütig. Sie sind überhaupt ein schwermütiges Volk. In ihrer Sprache soll es kein Wort für Freude oder Ausgelassenheit geben. Vielleicht kommt diese Schwermut nicht nur aus dem, was sie an vielen Orten erlitten haben, sondern auch aus dem dunklen Aberglauben, der ihren ganzen Alltag durchdringt. Habt ihr einmal Zigeunerweiber, wenn sie über die Straße gehen, beobachtet? Ist euch nicht aufgefallen, wie dicht sie mit den Händen ihre beiden Röcke an den Körper gerafft halten? Das tun sie, weil nach der Lehre der Zigeuner alles, was mit den Kleidern von einer Frau in Berührung kommt, nicht mehr gebraucht werden darf. Darum stehen auch die Kochgeschirre der Zigeuner in ihren Wagen nicht etwa auf Tischen oder in Konsolen in der Wand, sondern sie hängen hoch oben an der Decke, damit sie versehentlich von Kleidern nicht gestreift werden. Ähnlicher Aberglauben spinnt sich um den silbernen Becher, der das kostbarste Besitztum jeden Zigeuners ist und in welchem sie eine Art von Zauberkraft wohnen glauben. Dieser Becher darf nie auf die Erde fallen; denn die Erde ist heilig. Hat der Becher sie einmal berührt, so verfällt er ihr und darf nicht mehr benutzt werden. Am allerseltsamsten spiegelt die Schwermut ihres Daseins sich in der Liebe, wo sie eine Menge stumme, beredte und ernste Zeichen kennen, mit denen sie einander das Wichtigste mitteilen. Hat sich z.B. ein Paar entzweit und wünscht der Mann oder die Frau mit dem anderen sich wieder zu vertragen, so wirft er, wenn er mit dem anderen zusammenkommt, ein Kartenblatt oder auch nur ein Stückchen Papier in die Höhe. Greift dann der andere danach, um es zu fangen, so sind sie wieder versöhnt. Rührt er aber die Hand nicht, so ist alles auf immer zwischen ihnen vorbei. Solche Bräuche ließen sich noch viele erzählen. Goethe, der als junger Mann, während er in Straßburg studierte, ein leidenschaftlich liebevolles Interesse für die fremdesten, unkultiviertesten Volksstämme hatte, hat sich auch mit den Zigeunern beschäftigt. Im „Götz von Berlichingen“ hat er von ihnen gesprochen. Zur selben Zeit schrieb er das unheimliche, traurige, wilde „Zigeunerlied“, das ihr in seinen Gedichten findet. Ihr könnt es einmal aufschlagen; es würde laut gelesen so schaurig sich anhören, daß ich es euch nicht vorlesen will. Aber es wird euch an vieles erinnern, was ich euch heute erzählt habe.

Die Bastille, das alte französische Staatsgefängnis

Im französischen Kalender ist der 14. Juli rot gedruckt. Das ist der Nationalfeiertag. An ihm wird seit bald 150 Jahren die Erstürmung der Bastille gefeiert, die am 14. Juli 1789 stattfand und das erste große sichtbare Zerstörungswerk der Revolution war. Es hat keinen langen Kampf gekostet, bis dieser Bau eingenommen wurde. Zwar war er eine starke Festung, von mächtigen Türmen geschützt, von einem Festungsgraben umgeben, aufgeführt in 14jähriger Arbeit von 1369-1383. Wir haben noch viele Bilder von ihr. Finster und gedrungen stand sie am

Rande der Riesenstadt. Ihre Mauern waren über 400 Jahre alt, als sie zusammenbrachen. Trotzdem gelang es einem schwach bewaffneten, wenn auch riesigen Volkshaufen, den Kommandanten im Handumdrehen zur Übergabe zu zwingen. Und als der Haufe dann durch die weiten Gänge stürmte, die Festung von den Kellergewölben bis zu den Dachsparren durchsuchte, mag wohl mancher erstaunt gewesen sein, in diesem Haus des Schreckens nur 16 arme Gefangene noch vorzufinden. Und dem entsprach die militärische Besetzung der Bastille im Augenblick des Sturms. Nicht mehr als 40 Schweizer Soldaten und 80 Invaliden standen dem Gouverneur zur Verfügung. Wie dennoch der ungeheure Haß des Volks von Paris gegen diesen Bau zu verstehen ist, ein Haß, der so wild war, daß diejenigen unter den Revolutionären, die dem Gouverneur freien Abzug gestattet hatten, nicht hindern konnten, daß er vom Volke erschlagen wurde, das werdet ihr hoffentlich in einer halben Stunde verstanden haben.

Vor allem einmal war die Bastille kein gewöhnliches Gefängnis. Es kamen da nur Leute hinein, denen man nachsagte, daß sie sich gegen die Sicherheit des Staates vergangen hätten. Dabei unterschied man Staatsgefangene und Polizeigefangene. Die Staatsgefangenen waren die, die sich wenigstens angeblich wirkliche Handlungen, Verschwörungen, Verrätereien oder ähnliches hatten zuschulden kommen lassen; die sehr viel zahlreicheren Polizeigefangenen waren Schriftsteller, Buchhändler, Kupferstecher, ja selbst Buchbinder oder -binderinnen, die in Wirklichkeit oder angeblich irgendetwas mit Büchern zu tun hatten, die dem König oder seinen Günstlingen mißliebig waren. Die Bastille war wirklich ein ungewöhnliches Gefängnis. An Festtagen, besonders wenn schönes Wetter war, konnte man auf ihren Umwallungen und hinter den Zinnen ihrer Türme vergnügte Pariser hin und her spazieren sehen. Vornehme Kutschen, die Besuch zum Gouverneur brachten, rollten über die Zugbrücke, Musikanten zogen ein, um bei einem Galadiner des Gouverneurs, d.h. eigentlich des Gefängnisdirektors, aufzuspielen. In den mächtigen Türmen aber und in den dunklen Kellern sah es um die gleiche Zeit anders aus. Aber die draußen merkten von denen drinnen so wenig wie die drinnen von ihren Mitbürgern in der Freiheit. Schmale Schirmdächer, die noch heute in den Zuchthäusern vor viele Fenster geschoben werden, hinderten, daß die meisten Gefangenen etwas außer einem Stückchen Himmel zu sehen bekamen. Gar nicht zu reden von anderen, die in Verliesen saßen, denen nur durch eine winzige Mauerritze ein Lichtstrahl zufiel, der das Ungeziefer, mit dem sie die Zelle teilen mußten, beleuchtete. Darüber, wer gerade in der Bastille saß, gab es in Paris nur Gerüchte. Niemand konnte sich auf seine Verhaftung vorbereiten. Ganz plötzlich erschienen die Beamten und packten den Verhafteten in eine Droschke, die, um kein Aufsehen zu erregen, ein gewöhnlicher Mietswagen war. Wenn dieser dann im Hof der Bastille hielt und man sie herausließ, mußten die Wachen ihren Hut vors Gesicht halten, denn niemand außer dem Gouverneur durfte wissen, mit wem man es in den Gefangenen zu tun hatte. Im Innern der Bastille sprach es sich natürlich dennoch schnell herum. Draußen aber erfuhr es kein Mensch, und gleich erzähle ich euch die Geschichte von dem Mann mit der eisernen Maske, von dem es bis auf den heutigen Tag keiner erfuhr, wer er war. So schnell geht es bei diesen Verhaftungen zu, daß man zu sagen pflegte, es sei ein Glück, wenn einer am Tage festgenommen würde, nachts ließe man ihm kaum die Zeit, sich anzukleiden. So schnell, daß wir von einem Diener wissen, der, als sein Herr eines Tages in einer solchen Kutsche verschwand, nichtsahnend mit aufsprang und dann in der Bastille zwei Jahre sitzen mußte, nur aus dem Grunde, weil seine Entlassung Scherereien gemacht hätte. Die Grundlagen der Verhaftung waren sogenannte Siegelbriefe – französisch Lettres de cachet –, auf denen nichts als der Name dessen vermerkt war, der zu verhaften war. Den Grund der Verhaftung erfuhr der Gefangene oft erst nach Wochen, manchmal nach Monaten, manchmal nie. Wenn ihr nun weiter hört, daß manche Günstlinge des Königs dergleichen Briefe zur Verhaftung bekamen, auf denen der Name des Gefangenen nicht ausgefüllt war, so daß ihn hinzusetzen in ihrem Belieben stand, so könnt ihr euch denken, welche Mißbräuche hier die Regel waren. Wie es in der Bastille im allgemeinen zuging, das erfährt man am besten aus der Geschichte des Mannes mit der eisernen Maske, die ich euch nun erzähle.

„Donnerstag, den 18. September 1689, um 3 Uhr nachmittags ist der Gouverneur der Bastille, Herr v. Saint Mars zum erstenmal von den Margareteninseln (dort befand sich ein anderes großes Gefängnis) hier angekommen. Er hat in seiner Sänfte einen Gefangenen mitgebracht, dessen Name geheimgehalten wird und der immer verlarvt ist. Zuerst kam er in den Turm de la Bassinière – alle Türme der Bastille haben besondere Namen; um 9 Uhr, als es dunkel geworden war, wurde mir befohlen ihn in das dritte Zimmer eines anderen Turms zu führen, ein Zimmer, das ich vorher sorgfältig mit allen nur erdenklichen Möbeln zu versehen hatte." – Das ist nun alles, was uns schwarz auf weiß von dem Mann mit der eisernen Maske bezeugt ist, bis auf die Nachricht von seinem Tode, die wir im Tagebuche desselben Leutnants fünf Jahre später, am Montag, dem 19. November 1703, eingetragen finden. „Der unbekannte Gefangene, der beständig mit einer schwarz-samtenen Maske verlarvt ist und den der Gouverneur vor fünf Jahren von den Margareteninseln mit sich hergebracht hat, ist, nachdem er gestern, als er aus der Messe kam, etwas unwohl wurde, heute gegen zehn Uhr gestorben, ohne vorher eigentlich krank gewesen zu sein." Schon am nächsten Tage ist er begraben worden, und der Leutnant hat säuberlich in sein Tagebuch eingetragen, daß die Beerdigung 40 Franken gekostet habe. Es ist ferner sicher, daß der Körper ohne Kopf begraben ist und daß dieser abgeschnitten, in verschiedene Stücke zerteilt, um ihn ganz sicher unkenntlich zu machen, an verschiedenen Orten vergraben wurde. Die Angst des Königs und des Gouverneurs der Bastille, es könnte am Ende doch nun nach dem Tode sich noch herausstellen, wer der Mann mit der eisernen Maske gewesen sei, ging so weit, daß man Befehl gab, überhaupt alles, was er an Wäsche, Kleidern, Matratzen, Betten usw. gebraucht hatte, zu verbrennen; daß die Wände des Zimmers, das er innegehabt, erst sorgfältig abgekratzt, dann geweißt worden sind, und daß man die Vorsicht sogar so weit trieb, alle Mauersteine zu lockern und einen nach dem anderen aufzuheben, aus Angst, er könne irgendwo einen Zettel versteckt oder sonst ein Zeichen gemacht haben, wodurch er kenntlich würde. Seine Maske war nicht von Eisen, obwohl er doch seinen Namen daher hatte, sondern aus schwarzem Samt, der mit Fischbein versteift war. Am Hinterkopf war sie ihm mit einem versiegelten Schloß befestigt und so gebaut, daß es ihm unmöglich war, sie abzulegen, ja sogar keinem anderen gelingen konnte, ihn zu befreien, wenn er den Schlüssel vom Schloß nicht hatte. Er konnte aber ohne besondere Mühe damit doch essen – es war der Befehl gegeben, ihn sogleich zu töten, wenn er sich zu erkennen gäbe. Man gab ihm, was er verlangte. Daß er ein vornehmer Mann war, geht neben sehr vielen anderen Anzeichen, neben der Rücksicht, die ihm erwiesen wurde, aus seiner Vorliebe für feine Wäsche, kostbare Kleider und seiner Kunst im Zitherspielen hervor. Sein Tisch war immer mit den erlesensten Gerichten besetzt, und der Gouverneur wagte nur selten, in seiner Gegenwart sich zu setzen. Ein alter Arzt in der Bastille, der diesen merkwürdigen Mann von Zeit zu Zeit sah und untersuchte, hat später erklärt, daß er nie sein Gesicht gesehen habe. Der Mann mit der eisernen Maske war von sehr schöner Erscheinung, sehr guter Haltung und nahm schon durch den bloßen Klang seiner Stimme alle Welt für sich ein. Bei aller scheinbaren Demut und Unterordnung ist es ihm aber, wie man behauptet, dennoch gelungen, der Außenwelt über sich eine Nachricht zukommen zu lassen. Er habe, so erzählt man, eines Tages einen hölzernen Teller aus dem Fenster hinausgeworfen und darauf habe man mit einem Messer den Namen Macmouth eingekratzt gefunden. Diese Geschichte spielt in unzähligen Versuchen, die gemacht worden sind, um hinter die Person des geheimnisvollen Mannes zu kommen, eine große Rolle. Seit jeher waren alle Forscher sich einig, dieser Staatsgefangene könne nur ein Mann aus vornehmstem Hause, ja aller Wahrscheinlichkeit nur aus einem regierenden Hause gewesen sein. Nun regierte damals in England der König Jacob II., gegen welchen ein Sohn Karls II., als Gegenkönig, sich erhoben hatte. Dieser Gegenkönig war der Herzog von Monmouth. Er wurde geschlagen, und am 15. Juli 1685 wurde er hingerichtet. Sehr bald danach entstand aber das Gerücht, der Hingerichtete sei ein Offizier des Herzogs von Monmouth, der sich, um seinem Herrn das Leben zu retten, für ihn habe hinrichten lassen. Der wahre Herzog sei nach Frankreich entkommen, dort aber von Ludwig XIV. festgesetzt worden. Der Mann mit der eisernen Maske sei dieser Herzog. Das wollte ich euch erzählen, trotzdem ihr wissen müßt, daß im Laufe der Jahrhunderte eine ganze

Anzahl von Erklärungen aufgetaucht sind, die kaum schlechter sind als diese. Eine Gewißheit hat bis heute keiner der vielen Geschichtsschreiber, die dem nachgeforscht haben, gewinnen können.

Ich habe euch erzählt, wie jeder, der aus diesem Gefängnis herauskam, eine Verpflichtung zu unterschreiben hatte, niemals ein Sterbenswort von dem zu verraten, was er darinnen gehört und gesehen hatte. Wenn aber schon heute nicht alle Verordnungen so heiß gegessen werden, wie sie gekocht sind, so war das damals erst recht nicht der Fall. Darum wissen wir sehr viel über die Bastille. Und von wem sonst sollten wir es wissen als von den Gefangenen? Denn die Leute, die sie bewachten, hatten gewiß kein Interesse, die vielen Unmenschlichkeiten und Schikanen, deren sie sich schuldig machten, der Nachwelt zu überliefern. Von den vornehmen und gebildeten Leuten dagegen, die so zahlreich in der Bastille gesessen haben, haben sehr viele später ihre Lebenserinnerungen oder mindestens ihre Erinnerungen an die Jahre in der Bastille erscheinen lassen. Natürlich nicht in Frankreich. Man machte das damals so, daß man die Manuskripte ins Ausland, gewöhnlich nach Holland, schmuggeln ließ oder mindestens, wenn sie schon in Frankreich gedruckt wurden, doch einen holländischen Ort, gewöhnlich Den Haag, als Erscheinungsort angab. Aus einem dieser Erinnerungsbücher, das Constantin von Renneville, der unter Ludwig XIV. in der Bastille gesessen hat, schrieb, lese ich euch jetzt eine Seite vor, damit ihr seht, wie vielfältig die Verständigungsmittel zwischen den armen Gefangenen, denen doch aller Verkehr untereinander verboten war, in Wahrheit gewesen sind.

„Mein beständiger Wunsch“, schreibt der Herr von Renneville später nach seiner Befreiung, „blieb der Umgang mit irgendeinem Menschen. Der Mensch ist zur Geselligkeit geschaffen, denn dieses natürliche Verlangen wurde durch die Einsamkeit, in der ich lebte, noch verschärft. Diejenigen, die unter mir saßen, antworteten mir nie; aber die über mir gaben mir schließlich Merkzeichen. Es war jedoch nicht möglich, wenigstens sehr gefährlich, die Decke so zu durchbohren, daß man kleine Zettelchen hätte hindurchstecken können. Denn sie war so weiß und eben, daß jede kleinste Scharte auf ihr vom Wärter wäre bemerkt worden.

Durch das viele Hin- und Hersinnen erfand ich trotzdem ein Mittel, denen oben meine Gedanken zu verstehen zu geben. Freilich war es langsam und erforderte viel Aufmerksamkeit, aber eben darum beschäftigte es uns länger und behütete uns in unserer Schlaflosigkeit vor Langweile. Ich dachte mir ein Alphabet und gab es durch Stöße an die Mauer mit einem Stock und dem Stuhl zu erkennen. Ein A war ein Stoß, ein B erforderte zwei, ein C drei usw. Eine kleine Pause bezeichnete den Übergang eines Buchstabens zum anderen; eine längere aber deutete das Ende eines Wortes an. Nach langem Wiederholen begriffen es die, die über mir saßen, und ich war auf das Freudigste überrascht, als ich eines Tages bemerkte, daß sie mich auf dieselbe Weise befragten: wer ich wäre, warum ich hier säße usf. Als ich später als besondere Vergünstigung einen Gefährten in mein Zimmer bekam, gab ich diese unbequeme Art, mich zu unterhalten, auf. Fünf Jahre hörte ich nichts mehr davon, und ich verwunderte mich nicht wenig, als ich nachher andere Gefangene auf diese Art mit der größten Geläufigkeit sprechen hörte. Meine Erfindung war sehr vervollkommnet worden, und sie wurde die Kunst, mit dem Stock zu sprechen, genannt. Andere in ihrer Not erfanden noch seltsamere Dinge. Da war ein Offizier, dem hatte man seinen Adel, den er wirklich besaß, nicht anerkennen wollen, und um mit seinen Ansprüchen durchzudringen, hatte er schließlich eine Urkunde, die ihm abhanden gekommen war, gefälscht. Nun saß er in der Bastille und, um sich mit seinen Mitgefangenen zu unterhalten, griff er dazu, mit Kohle sehr groß einzelne Worte auf den Tisch in seinem Zimmer zu malen. Diesen Tisch schleppte er dann ans Fenster und kippte ihn um, so daß die Platte in der Fensteröffnung erschien. Die Worte waren so groß geschrieben, daß man sie auch aus entfernteren Turmfenstern noch erkennen konnte, und andere Gefangene erwiderten ihm auf die gleiche Weise. – Einer der Gouverneure hielt eine Zeitlang einen Hund, der sich oft im Hofe der Bastille herumtrieb. Die Gefangenen verkürzten sich damit die Zeit, dem Hund das Apportieren beizubringen, indem sie Papierknäuel in den Hof warfen, die der Hund auffing und wiederbrachte. Als sie ihn schließlich soweit abgerichtet hatten, daß er die Knäuel vor ganz bestimmten Zellen niederlegte, begannen sie, das Papier, ehe sie es hinabwarfen und zerknüllten, mit Nachrichten zu beschreiben. Sie kamen so mit dem apportierenden Hund vom einen zum andern. Der Gouverneur kam aber eines Tages dahinter und ließ die Fenster so eng vergittern, daß niemand mehr etwas hinauswerfen konnte."

So streng man auch mit den Gefangenen umsprang, eines wurde in der Bastille sehr ungern gesehen: daß nämlich einer der Insassen dort starb. Sehr selten kam es vor, daß Leute, die dort eingekerkert waren, am Ende ihres Prozesses zum Tode verurteilt wurden, und wenn das etwa geschah, so wurden sie vorher noch kurz in einem anderen gewöhnlichen Gefängnis untergebracht. Denn dort in der Bastille hielt man immer daran fest, daß sie eigentlich ein Haus des Königs sei, in dem es kein Ärgernis geben dürfe. Daher trug man in dem berühmten Buch der Ausgänge, von welchem ich euch gesprochen habe, auch bei denjenigen, die hingerichtet worden waren, ein, sie seien an irgendeiner Krankheit gestorben. Wurde einer der Gefangenen aber wirklich krank, so ließ man, wenn es nicht gerade sich um einen besonders vornehmen handelte, zuerst mal den Barbier kommen, der ihn zur Ader ließ, und erst wenn es ganz schlimm aussah, schickte man nach dem Arzt. Der beeilte sich nicht mit Kommen, denn erstens wohnte er sehr weit weg und zweitens wurde er nicht bezahlt, sondern bekam nur ein ganz allgemeines Gehalt für seinen Dienst am Gefängnis. Wenn aber endlich der Gefangene so krank wurde, daß man um sein Leben besorgt sein mußte, so ließ man ihn entweder frei oder man brachte ihn woanders hin. Das Ministerium pflegte es, wie gesagt, sehr ungern zu sehen, wenn bekannte Leute in der Bastille starben. Es gab da allerhand zu bedenken. Man wußte genau, wie viele Leute dort unschuldig saßen, nur weil sie irgendeinem vornehmen Mann, der vielleicht Schulden bei ihnen hatte, im Wege waren. Und manchmal geschah es, daß so einem mächtigen Feinde die Einkerkerung seines Gegners in der Bastille noch nicht genügte. Er konnte ja doch eines Tages vielleicht freigelassen werden. Deshalb gab es Gefangene, die noch in der Bastille täglich um ihr Leben zittern mußten, weil sie nicht wissen konnten, ob ihr Feind nicht eines Tages einen Küchenjungen bestechen werde, ihm ein kleines Pülverchen in seine Mahlzeit zu mischen, an welchem er sterben mußte. Das Ministerium fühlte auch die Möglichkeit dieser Verbrechen so sehr, daß es befahl, eine Schildwache in die Küche zu stellen, damit niemand den Küchenjungen und Töpfen zu nahe käme. Heute gehört es für uns zu den erstaunlichsten Dingen, welche Unterschiede in diesem Gefängnis in der Ernährung der Gefangenen, je nach dem Stand, dem sie angehörten, bestanden haben. Für Fürsten waren pro Tag 50 Franken ausgesetzt – dann wurden die Summen schnell kleiner: für den Tisch eines Marschalls von Frankreich waren Frs. 26,- vorgesehen, für einen Richter oder einen Priester Frs. 10,-; das Essen der einfachen Leute: Arbeiter, Dienstboten, Hausierer usw., kostete nicht mehr als Frs. 3,-. Würde ich euch die ganze Liste vorlesen, so würdet ihr sehen, wie man in diesem Hause auf Besucher aus allen Ständen eingerichtet war. Im übrigen aber werden auch hier wie oft die Unterschiede auf dem Papier größer gewesen sein als in der Wirklichkeit. In einem nämlich waren in der Bastille alle Gefangenen gleich: darin, daß vom Gouverneur herab bis zu dem untersten Gefangenenwärter jeder an ihnen verdienen wollte. Es ist also keine Rede davon, daß die Summen, die der König für die Ernährung seiner Gefangenen zahlte, auch wirklich diesem Zweck zukamen. Daraus machte auch keiner einen Hehl. Man wußte genau, wieviel man an der Verwaltung der Bastille verdienen konnte, und die Summen, die ein Gouverneur dem anderen zu zahlen hatte, um ihn in seinem Amte abzulösen oder als Nachfolger von ihm befürwortet zu werden, konnten nur reiche Leute aufbringen. Nicht nur die Ungerechtigkeit, mit der die Verhaftungen und die Verhöre der Gefangenen in der Bastille vor sich gingen, erbitterten das Volk so sehr, daß die Zerstörung dieser Festung zur Losung der ersten Revolutionstage geworden ist. Mehr noch war es die einzigartige Unverschämtheit, mit welcher in den Mauern der Bastille großer Prunk ans tiefste Elend anstieß. Der Polizeipräsident von Paris hatte jährlich zwei- oder dreimal eine Besichtigung des Gefängnisses abzuhalten, um sich zu überzeugen, daß da alles in Ordnung sei. In Wirklichkeit bestanden aber diese Besichtigungen aus einem großen Diner, das der Gouverneur der Bastille dem Polizeipräsidenten gab, und wenn dann die feinsten Weine, der Kaffee und die besten Liköre hinuntergespült waren und man fand, daß nun genug Zeit bei der Tafel verbracht worden sei, erhob man sich und schlenderte gemütlich nach den Türmen an den Zellen entlang, öffnete auch wohl flüchtig diese oder jene, um sich in kurzem wieder in die Gesellschaftsräume des Gouverneurs zu verziehen.

Alle diese Dinge zeigen, wie sehr die Bastille ein Werkzeug der Macht und wie wenig sie Mittel des Rechts gewesen ist. Selbst Grausamkeit und Härte werden eher ertragen, wenn die Menschen fühlen, daß eine Idee dahintersteht, daß die Strenge nicht nur die Kehrseite der Bequemlichkeit der Machthaber ist. Die Erstürmung der Bastille ist nicht nur ein Wendepunkt in der Geschichte des französischen Staates, sondern auch in der des Rechtslebens. Die Menschen haben ja nicht immer in der gleichen Meinung und Gesinnung über ihresgleichen Strafen verhängt. Die älteste Anschauung, die mittelalterliche, war die, jede Schuld müsse gesühnt werden nicht wegen der Menschen, sondern zur Herstellung der göttlichen Gerechtigkeit. Schon lange vor der französischen Revolution aber war in den besten Köpfen der Gedanke lebendig geworden, die Strafe zur Besserung der Schuldigen zu verwenden. Mit dieser Lehre hat dann später im 19. Jahrhundert die sogenannte Lehre von der Abschreckung im Kampfe gelegen, wonach die Strafen vor allem eine vorbeugende Bedeutung haben. Die Strafen seien dazu da, den, welcher Schlechtes vorhat, abzuhalten, es zu tun. Die Leute, die in der Bastille das Regiment führten, haben sich über solche Fragen den Kopf nicht zerbrochen. Ob sie recht oder unrecht hatten, war ihnen gleichgültig, und deswegen wurden sie von der französischen Revolution fortgefegt.

Caspar Hauser

Heute erzähle ich euch mal zwischendurch ganz einfach eine Geschichte. Dreierlei sage ich euch gleich vorher. Erstens, jedes Wort in ihr ist wahr. Zweitens, sie ist für Erwachsene ebenso spannend wie für Kinder, und Kinder verstehen sie ebensogut wie Erwachsene. Drittens, trotzdem die Hauptperson am Schluß stirbt, hat diese Geschichte kein richtiges Ende. Dafür hat sie aber den Vorzug, daß sie noch weiter geht.

Und daß wir vielleicht alle zusammen eines Tages das Ende von ihr erfahren.

Wenn ich jetzt anfange zu erzählen, müßt ihr nicht denken: das fängt ja so an wie irgendeine Geschichte für die reifere Jugend mit Bildern. Wer so umständlich und gemütlich zu erzählen anfängt, der bin nicht ich sondern der Geheime Appellationsrat Anselm von Feuerbach, der weiß Gott nicht für die reifere Jugend geschrieben hat, sondern sein Buch über Caspar Hauser für Erwachsene bestimmte. In ganz Europa ist es gelesen worden, und so wie ihr hoffentlich 20 Minuten lang dieser Geschichte zuhört, so hat Europa ihr fünf Jahre lang von 1828 bis 1833 atemlos gelauscht. Es fängt an:

„Der zweite Pfingsttag gehört zu Nürnberg zu den vorzüglichsten Belustigungstagen, an welchen der größte Teil der Einwohner sich auf das Land und in die benachbarten Ortschaften zerstreut. Die im Verhältnis zu ihrer spärlichen Bevölkerung ohnehin sehr weitläufige Stadt wird dann zumal bei schönem Frühlingswetter so still und menschenleer, daß sie beinahe weit eher jener verzauberten Stadt in der Sahara als einer rührigen Gewerbs- und Handelsstadt zu vergleichen wäre. Besonders in einigen von ihrem Mittelpunkt entfernteren Teilen kann dann leicht manches Geheime öffentlich geschehen, ohne darum aufzuhören, geheim zu sein. – So ereignete sich denn am zweiten Pfingsttage, 26. Mai 1828, abends zwischen 4 und 5 Uhr folgendes: Ein Bürger, wohnhaft auf dem sogenannten Unschlittplatz, weilte noch vor seinem Hause, um von da vor das sogenannte Neue Tor zu gehen, als er, sich umsehend, nicht weit von sich einen als Bauernburschen gekleideten jungen Menschen gewahr wurde, welcher in höchst auffallender Haltung des Körpers dastand und einem Betrunkenen ähnlich sich vorwärts zu bewegen mühte, ohne gehörig aufrecht stehen und seine Füße regieren zu können. Der erwähnte Bürger nahte sich dem Fremdling, der einen Brief ihm entgegenhielt mit der Aufschrift: ›An den Herrn wohlgeborenen Rittmeister bei der 4. Eskadron des 6. Chevaux-Leger-Regiments Nürnbergs‹." Hier muß ich die Geschichte wohl unterbrechen, nicht nur um zu erklären, daß ein Chevaux-Leger-Regiment das ist, was wir heute ein Kavallerie-Regiment nennen, sondern auch um euch zu sagen, daß dieses französische Wort ganz falsch, nur so nach dem äußeren Klange geschrieben war. Das ist wichtig. Denn so müßt ihr euch nun auch die Rechtschreibung des Briefes vorstellen, den Caspar Hauser mit sich hatte und den ich euch nachher vorlese. Wenn ihr diesen Brief gehört haben werdet, werdet ihr euch leicht vorstellen können, warum der Rittmeister den Jungen nicht lange bei sich behielt, sondern auf dem kürzesten Wege loszuwerden suchte, und das war der Weg, die Polizei zu rufen. Ihr wißt, das erste, wenn man der Polizei mit irgendwas kommt, ist, daß ein Akt angelegt wird. Und damals, als der Rittmeister den Caspar Hauser, von dem er nicht wußte, was er mit ihm anfangen sollte, an die Polizei weitergab, entstanden die ersten Akten des ungeheuren Aktenwerks „Caspar Hauser", das heute in 49 Bänden im Münchener Staatsarchiv aufbewahrt wird. Das eine geht deutlich aus ihm hervor, daß Caspar Hauser nach Nürnberg als ein ganz verwilderter, blöder Mensch kam, dessen Sprachschatz nicht mehr als 50 Worte umfaßte, der nichts, was man ihm sagte, verstand und auf alle Fragen nur zwei Antworten hatte: „Reuta wörn" und „Woas nit". Wie kam er nun aber zu seinem Namen „Caspar Hauser"? Das ging seltsam genug vor sich. Als er von dem Rittmeister auf die Wache war gebracht worden, waren die meisten Polizisten sich nur darüber uneinig, ob man ihn für einen Schwachsinnigen oder einen Halbwilden halten solle. Der eine und andere meinte jedoch, es wäre wohl möglich, daß in diesem Buben ein feiner Betrüger stecke. Und diese Meinung bekam nun auf den ersten Blick durch den folgenden Umstand eine gewisse Wahrscheinlichkeit. Man kam nämlich auf den Einfall zu versuchen, ob er vielleicht schreiben könne, gab ihm eine Feder mit Tinte, legte einen Bogen Papier vor ihn hin und forderte ihn auf zu schreiben. Er schien darüber erfreut, nahm die Feder ganz geschickt zwischen seine Finger und schrieb zum Erstaunen aller Anwesenden in festen leserlichen Zügen den Namen: *Caspar Hauser*. Er wurde jetzt weiter aufgefordert, auch den Namen des Ortes herzusetzen, aus dem er komme. Aber er tat hierauf nichts, als daß er wieder sein „Reuta wörn" und „Woas nit" hervorstieß.

Was diesen braven Polizeileuten damals nicht gelungen ist, das hat nun bis auf den heutigen Tag niemand zustande gebracht; keiner hat erfahren, woher Caspar Hauser gekommen ist. Aber was man damals zuerst in der Wachtstube sich zuraunte, daß nämlich dieser Knabe vielleicht ein ganz ausgepichter Betrüger wäre, das hat sich als Gerücht oder Überzeugung nun ebenfalls bis heute behauptet. Ihr werdet nachher noch mancherlei sehr Merkwürdiges hören, worauf diese Behauptung sich gründet. Immerhin will ich als Erzähler euch nicht verschweigen, daß ich sie für falsch halte. Nicht hier in dem Knaben, sondern an ganz anderer Stelle ist der Betrug zu suchen, mit dem diese Geschichte ihren Anfang genommen hat. Dazu muß ich euch nun den Brief vorlesen, mit welchem Caspar Hauser nach Nürnberg gekommen ist.

„Hochwohlgeborener Herr Rittmeister! Ich schicke Ihnen einen Knaben, der möchte seinem König getreu dienen, verlangte er. Dieser Knabe ist mir gelegt – das soll heißen untergeschoben, heimlich zugeschoben – worden 1812, den 7. Oktober, und ich selber ein armer Tagelöhner, ich habe auch selber zehn Kinder, ich habe selber genug zu tun, daß ich mich fortbringe, und seine Mutter habe ich nicht erfragen können. Jetzt habe ich auch nichts gesagt auf dem Landgericht, daß mir der Knabe untergeschoben ist, ich habe mir gedenkt, ich müßte ihn für meinen Sohn haben; ich habe ihn christlich erzogen und habe ihn seit 1812 keinen Schritt weit aus dem Haus gelassen, daß kein Mensch nicht weiß davon, wo er auferzogen ist worden, und er selber weiß nicht, wie mein Haus heißt, und das Ort weiß er auch nicht; Sie dürfen ihn schon fragen, er kann es Ihnen aber nicht sagen. Bester Herr Rittmeister, Sie dürfen ihm gar nicht zusetzen, er weiß mein Ort nicht, wo ich bin, ich habe ihn mitten bei der Nacht fortgeführt, er weiß nicht mehr zu Haus. Und er hat keinen Kreuzer Geld nicht bei sich, weil ich selber nichts habe. Wenn Sie ihn nicht behalten, so müssen Sie ihn totschlagen oder im Rauchfang aufhängen."

Bei diesem Brief lag nun ein kleiner Zettel, der nicht wie dieser Brief mit deutschen sondern mit lateinischen Buchstaben geschrieben war, auch auf anderm Papier. Wie es schien, mit einer ganz andern Schrift. Das sollte der Brief sein, mit dem vor 16 Jahren die Mutter das kleine Kind ausgesetzt hätte. Da stand drin, sie sei ein armes Mädchen. Das Kind könne sie nicht ernähren. Der Vater sei vom Nürnberger Chevaux-Leger-Regiment. Das Kind aber, das solle man, wenn es sein 17. Jahr erreicht habe, auch dahin schicken. – Jedoch, und hier stößt man nun zum ersten Mal handgreiflich auf den Betrug, der bei dieser abenteuerlichen Sache im Spiele gewesen ist: die chemische Untersuchung ergab, daß beide Briefe, der von 1828, den der Tagelöhner, und der von 1812, den die Mutter geschrieben haben sollte, beide mit der gleichen Tinte geschrieben sind. Nun könnt ihr euch denken, daß man alsbald weder dem einen noch dem andern Briefe, weder dem angeblichen Tagelöhner noch dem angeblichen armen Mädchen ihr Dasein geglaubt hat. Indessen tat man den Caspar Hauser zunächst ins Stadtgefängnis von Nürnberg, hielt ihn dort aber weniger als einen Gefangenen, denn als eine Sehenswürdigkeit, die einen der Anziehungspunkte der Stadt für die Fremden bildete. Unter den vielen vornehmen Leuten, die ihr Interesse für den außerordentlichen Fall nach Nürnberg führte, war auch der Geheime Appellationsrat Anselm von Feuerbach, der damals den Caspar Hauser kennenlernte, über welchen er einige Jahre später das Buch schrieb, dessen Anfang ich euch vorhin vorlas. Der gab nun dieser Geschichte ihre entscheidende Wendung. Er war nämlich der erste, der Caspar Hauser nicht nur so obenhin besah, sondern mit dem tiefsten Interesse studierte. Dabei hat er sehr bald gemerkt, daß die Hilflosigkeit, Blödheit und Unwissenheit des Knaben im schreiendsten Gegensatz zu seinen großartigen Gaben und edlen Charakteranlagen standen. Diese besondere Natur und Vorzüglichkeit seiner Anlagen, aber auch gewisse Äußerlichkeiten, wie zum Beispiel, daß das Kind Impfpocken hatte und damals nur die vornehmsten Familien ihre Kinder impfen ließen – dies also brachte den Feuerbach als ersten auf den Gedanken, der rätselhafte Findling möchte das Kind einer sehr vornehmen Familie sein, das verbrecherischerweise von Verwandten, die es um die Erbfolge bringen wollten, beiseite geschafft worden sei. Feuerbach dachte dabei an die Familie des Großherzogs von Baden. Dergleichen Vermutungen standen damals sogar in verhüllter Form in der Zeitung zu lesen. Sie steigerten das öffentliche Interesse an diesem

Menschen, und es läßt sich denken, wie sehr all dies diejenigen beunruhigen mußte, die etwa geglaubt hatten, Caspar Hauser auf unauffällige Art in irgendeinem Nürnberger Armenhaus oder Hospital verschwinden zu sehen. Es kam ganz anders. Feuerbach, der als hoher Staatsbeamter hier ein Wort mitzureden hatte, sorgte dafür, daß der Knabe in eine Umgebung kam, in der seine nunmehr mit ungeheurer Lebhaftigkeit erwachte Lernbegierde auf ihre Kosten kam. Und Caspar Hauser wurde wie ein Sohn in der Familie des Nürnberger Professors Daumer aufgenommen. Das war nun ein gütiger, nobler Mann, aber ein recht seltsamer Kauz. Er hat uns nicht nur ein großes Buch über Caspar Hauser, sondern eine ganze Bibliothek voll schrulliger Werke über morgenländische Weisheit, Naturgeheimnisse, Wunderkuren, Magnetismus hinterlassen. Er hat, sicher auf eine sehr schonende und menschliche Art, Versuche in solcher Richtung mit Caspar Hauser gemacht, und nach den Schilderungen, die er davon gegeben hat, muß dieser während der Dauer seines Lebens im Daumerschen Hause ein Wesen von wunderbarer Zartheit des Fühlens, Klarheit des Denkens, Nüchternheit und Reinheit gewesen sein. Wie dem auch sei, jedenfalls machte er gewaltige Fortschritte, und bald war er soweit, den Versuch, sein Leben selbst zu beschreiben, unternehmen zu können. Bei dieser Gelegenheit kam nun zum Vorschein, was wir bis heute von der Zeit wissen, die seinem Auftauchen in Nürnberg vorherging. Er scheint viele Jahre lang in einem unterirdischen Verlies, in dem er weder Licht noch Lebendes zu sehen bekam, verbracht zu haben. Zwei hölzerne Pferdchen und ein hölzerner Hund seien seine einzigen Gefährten, Wasser und Brot seine einzige Nahrung gewesen. Erst kurz bevor er aus dem Kerker geführt worden sei, habe ein Unbekannter sich mit ihm in Verbindung gesetzt, seinen Kerker betreten und hinter ihm stehend, so daß er ihn nicht sehen konnte, ihm die Hand geführt, um ihn schreiben zu lehren. Daß diese Erzählungen, noch dazu in dem unbeholfenen Deutsch, in dem sie niedergeschrieben sind, die größten Zweifel erweckten, ist selbstverständlich. Aber da ist es nun wieder seltsam: die Tatsache, daß Caspar Hauser in den ersten Nürnberger Monaten nur Wasser und Brot vertrug und gar nichts anderes zu sich nehmen konnte, nicht einmal

Milch, ist ebenso bezeugt, wie daß er im Dunklen sehen konnte. Die Zeitungen ließen sich's nicht entgehen zu berichten, Caspar Hauser habe begonnen, an seiner Lebensbeschreibung zu arbeiten. Das wäre fast damals schon sein Verhängnis geworden. Denn kurz nachdem das bekannt geworden war, fand man ihn bewußtlos, aus einer Stirnwunde blutend, im Keller des Daumerschen Hauses. Ein Unbekannter, erzählte er, habe, während er in einem Verschlage unterhalb der Treppe sich aufgehalten, mit einem Beil von außen nach ihm geschlagen. Entdeckt hat man den Unbekannten nie. Aber ungefähr vier Tage nach der Tat soll ein eleganter Herr sich vor den Toren der Stadt zu einer Bürgersfrau gesellt und sich bei dieser angelegentlich nach dem Leben oder Tod des verwundeten Hauser erkundigt haben; dann mit der Frau bis zum Tore gegangen sein, wo eine die Verwundung Hausers betreffende polizeiliche Bekanntmachung angebracht war, und nachdem er diese gelesen, sich auf höchst verdächtige Weise, ohne die Stadt zu betreten, wieder entfernt haben.

Wenn wir nun so viel Zeit hätten, wie es nicht nur mir, sondern hoffentlich auch euch lieb wäre, könnte ich euch mit einer neuen merkwürdigen Person bekannt machen, die an dieser Stelle in Hausers Leben auftauchte, einem vornehmen Herrn, der ihn adoptierte. Aber was es mit dem für eine Bewandtnis hatte, können wir jetzt nicht untersuchen. Nur so viel, man wollte für Hausers Sicherheit jetzt besser Sorge tragen und brachte ihn von Nürnberg nach Ansbach, wo Anselm von Feuerbach selbst eine Stelle als Gerichtspräsident innehatte. Das war 1831. Zwei Jahre lebte Caspar Hauser noch, 1833 wurde er ermordet. Wie, erzähle ich euch nun zum Schluß. Inzwischen war aber mit ihm eine große Wandlung vorgegangen. So schnell seine Geisteskräfte in Nürnberg sich entwickelt, so edel seine Anlagen sich erwiesen hatten, so plötzlich stockte nach einiger Zeit seine Geistesentwicklung, so sehr trübte sich sein Charakterbild, und zuletzt, am Ende seines Lebens – er wurde ja nicht älter als 31 Jahre – soll er ein schlechter, rechter Durchschnittsmensch gewesen sein, der sich als Gerichtsschreiber und mit Papparbeiten, in denen er sehr geschickt war, brav seinen Lebensunterhalt verdiente, im übrigen aber sich weder durch besonderen Fleiß noch besondere Wahrheitsliebe auszeichnete.

Da geschah es an einem Dezembermorgen des Jahres 1833, daß auf der Straße ein Mann auf ihn zutrat mit den Worten: „Eine Empfehlung vom Herrn Hofgärtner, und ob er sich nicht heut Nachmittag den Arthesischen Brunnen im Park wolle zeigen lassen. Dann und dann." – Gegen vier Uhr erschien Caspar Hauser im Hofgarten. Am Arthesischen Brunnen war niemand zu sehen; er ging in gewohnter Richtung hundert Schritt weiter. Da trat aus dem Gebüsch ein Mann, hielt ihm einen violetten Beutel entgegen und sagte: „Ich mache Ihnen diesen Beutel zum Präsent!" Caspar Hauser hatte ihn kaum berührt, da fühlte er einen Stich, der Mann verschwand, Caspar ließ den Beutel fallen und schleppte sich noch nach Hause. Die Wunde aber war tödlich. Er starb nach drei Tagen. Vorher hat man ihn noch vernommen. Ob aber dieser Unbekannte derselbe war, der ihn in Nürnberg, vier Jahre vorher, zu töten versucht hatte, ist ebenso dunkel geblieben wie alles andere. So gab es denn auch jetzt Leute, die behaupten wollten, den Stich habe Caspar Hauser sich selbst beigebracht. Aber den Beutel hat man gefunden. Und mit dem stand es merkwürdig genug. Er enthielt nämlich nichts als einen gefalteten Zettel, auf dem in Spiegelschrift folgendes stand: „Hauser wird Euch ganz genau erzählen können, wie ich aussehe und woher ich bin. Dem Hauser die Mühe zu ersparen, will ich es Euch selber sagen, woher ich komme. Ich komme von der bayerischen Grenze. Ich will Euch sogar meinen Namen sagen." Nun kommen aber nur drei große Buchstaben: MLO.

Ich habe euch schon erzählt, daß da 49 Aktenbände im Münchener Staatsarchiv stehen. Der König Ludwig I., der sich sehr für die Sache interessierte, soll sie alle durchgesehen haben. Danach sind noch viele Gelehrte gekommen. Der Streit, ob Caspar Hauser ein badischer Prinz war oder nicht, ist immer noch nicht entschieden. Jedes Jahr kommt ein oder das andere Buch heraus, in dem behauptet wird, das Rätsel sei nun gelöst. Wir können 100 gegen 1 wetten: Wenn ihr erwachsen seid, wird es immer noch Leute geben, die von dieser Geschichte nicht loskommen. Wenn so ein Buch euch dann in die Hände fällt, dann werdet ihr's vielleicht lesen, um zu sehen, ob da die Auflösung drinsteht, die der Rundfunk euch schuldig geblieben ist.

Dr. Faust

Als Junge habe ich Geschichte aus dem Neubauer gelernt, den es an vielen Schulen, glaube ich, heute noch gibt, vielleicht sieht er jetzt aber anders aus als damals. Damals war das Auffallendste daran, daß die meisten Seiten in Groß- und Kleingedrucktes zerfielen. Das Großgedruckte waren die Fürsten, Kriege, Friedensschlüsse, Verträge, Jahreszahlen usw., das mußte man lernen, und es machte mir weniger Spaß. Das Kleingedruckte war die sogenannte Kulturgeschichte, das handelte von den Sitten und Gebräuchen der Leute in früheren Zeiten, ihren Überzeugungen, ihrer Kunst, ihrer Wissenschaft, ihren Bauten usw. Das brauchte man nicht zu lernen, sondern nur durchzulesen, und das machte mir Spaß. Von mir aus hätte es viel mehr sein können, wenn es auch noch viel kleiner wäre gedruckt gewesen. In der Stunde hörte man davon nicht viel. Der deutsche Lehrer sagte: das würden wir in Geschichte kriegen, und der Geschichtslehrer: das würden wir in der deutschen Stunde schon hören. Am Ende hörten wir meistens nichts.

Von Faust z.B. sagte man uns wohl, das große Drama von Goethe beruhe auf einer mehr als zweihundertjährigen Überlieferung von dem Lebens- und Teufelsbündnis des Erzzauberers Johann Faust, man sagte uns, daß sein Leben in zehn oder 20 Büchern beschrieben sei, die alle auf zwei zurückgingen, von denen das erste 1587 und das zweite 1599 erschienen sei, vielleicht sagte man uns sogar, daß der Dr. Johann Faust sicher gelebt hat, aber das war auch alles. Was in den ersten Büchern über ihn stand, die vielen Zaubergeschichten, Fahrten und Abenteuer, die er bestanden hatte, hörten wir nicht, trotzdem sie nicht nur wichtig sind, um den Faust von Goethe ganz zu verstehen, sondern auch Spaß machen.

Damit wir mitten hineinkommen, will ich euch gleich einmal eine von den wildesten Zaubergeschichten erzählen, hauptsächlich auch deswegen, weil sie mit gar nichts Ähnlichkeit hat, was ich in irgendwelchen Sagenbüchern gefunden habe. Freilich, das gibt es schon, daß ein Zauberer einem den Kopf abschlägt und ihn nachher auf wunderbare Art wieder ansetzt. Aber nun hört einmal diese Geschichte:

„Als Faust einmal im Wirtshaus von einigen guten Gesellen bewirtet wurde, begehrten diese, er solle ihnen die zauberische Enthauptung eines Menschen und das Wiederansetzen des Kopfes zeigen. Der Hausknecht gibt sich zu diesem Versuche her, und Faust schlägt ihm den Kopf ab. Als er ihn aber wieder ansetzen will, geht es nicht, woraus er ersieht, daß ihn einer der Gäste seinerseits durch Zauberei daran hindert. Faust verwarnt die Gäste und läßt, da der Schuldige den Zauber nicht aufhebt, eine Lilie aus dem Tisch hervorsprießen, deren Blüte er mit dem Messer abhaut. Alsbald fiel dem Gast, dessen Zauberei Faust gehemmt hatte, der Kopf vom Rumpf. Faust aber setzte dem Hausknecht den seinigen wieder auf und trollte sich von dannen."

Solche Stücke nannte man damals mit einem gelehrten Namen Magia innaturalis, d.h. unnatürliche Zauberei. Im Gegensatz zur Magia naturalis, der natürlichen Zauberei, die das war, was wir heute Physik und Chemie und Technik nennen. Dem Faust, von dem wir im ersten Faustbuch hören, kam es mehr auf die erste Art der Magie an, auf krasse, unverschämte Zauberei, kraft deren er sich Geld in Hülle und Fülle, gute Speisen, teuere Weine, Reisen in ferne Länder auf einem Zaubermantel und ähnliche Dinge verschaffen wollte, während der Faust auf dem Theater, sowohl in dem Puppenspiel, von dem ihr nachher ein wenig hören werdet, wie auch in dem Drama von Goethe, kein Tunichtgut, sondern ein Mann ist, der sich dem Teufel verschreibt, um dafür der Geheimnisse der Natur, also der natürlichen Magie teilhaftig zu werden. Ja, das Puppenspiel fängt gleich so an, daß der Teufel in der Hölle sich mit seinem Minister Charon unterhält und ihm sagt, das wird ja schon langweilig, immer diese miserablen Schufte nur, die in die Hölle kommen. Ich möchte mal einen großen Mann hier unten herkriegen. Darauf begibt sich der Teufel Mephistopheles zu Faust, um ihn zu verführen.

Dieser Faust, um das kurz zu sagen, ist wahrscheinlich ungefähr 1490 in Süddeutschland geboren, hat sich dann später als Student schlecht und recht durchgeschlagen, bald mit Vorträgen, bald mit Schulunterricht, wie das in jener Zeit üblich war, und hat, das wissen wir aus den Registern der Universität, am 15. Januar 1509 in Heidelberg den Doktor gemacht. Nach diesem beginnt er wieder das alte Abenteurerleben, 1513 ist er nach Erfurt gekommen, wo er sich „Faust, der Heidelberger Halbgott" nennt, dann führte ihn sein Weg vielleicht nach Krakau, schließlich wahrscheinlich nach Paris, wo er im Dienste von Franz I. von Frankreich stand. Auch in Wittenberg ist er gewesen. In Luthers Tischreden ist an einer Stelle von Faust die Rede. Aus Wittenberg ist er aber geflohen, weil er seiner Zauberei wegen verfolgt wurde, und schließlich, wie wir aus der Zimmerschen Chronik wissen, um 1539 in einem württembergischen Dorf gestorben.

Aus dieser Chronik von dem Grafen Christof von Zimmern, derselben, in der wir die einzige Nachricht von Fausts Tod lesen, finden wir nun aber noch etwas viel Interessanteres. Da steht nämlich geschrieben, daß Faust eine Bibliothek hinterlassen hat. Die soll an den Grafen von Staufen gekommen sein, in dessen Land Faust gestorben sei. Nachher wären dann immer wieder Leute zu dem Grafen von Staufen gekommen, die hätten für teures Geld Bücher aus Fausts Nachlaß erwerben wollen. Wirklich wissen wir von einem Schwarzkünstler des 17. Jahrhunderts, daß er für einen sogenannten Höllenzwang 8000 Gulden ausgegeben hat.

Was ist nun ein Höllenzwang? Das sind die Beschwörungsformeln und Zauberzeichen, mit denen man den Teufel oder auch andere Geister, gute und böse, glaubte herbeirufen zu können. Ich weiß nicht, wie ich sie euch beschreiben soll. Die Zeichen sind weder Buchstaben noch Zahlen, höchstens erinnern sie bald an arabische, bald an hebräische Schrift, bald an verzwickte Figuren aus der Mathematik. Sinn haben sie überhaupt keinen außer dem, daß die Zaubermeister ihren Schülern, wenn diesen eine Geisterbeschwörung mißglückte, erklären konnten, sie hätten eben die Figuren nicht genau nachgezeichnet. Das wird oft richtig gewesen sein, denn sie sind so verwickelt, daß man sie eigentlich nur durchpausen kann. Die Worte aber von solchem Höllenzwang sind ein Kauderwelsch aus Lateinisch, Hebräisch und Deutsch, klingen sehr bombastisch, haben aber auch keinen Sinn.

Damals waren die Leute anderer Meinung, das könnt ihr euch denken. Ja, den Höllenzwang hielt man für so gefährlich, daß der Frankfurter Buchdrucker Johann Spieß, der 1587 das erste Buch über Faust druckte und mit einer Vorrede versehen hat, bemerkt, nach reiflicher Überlegung hätte er alles, was Ärgernis erregen könnte, weggelassen, also besonders die Beschwörungsformeln, die man in der Zauberbibliothek gefunden hätte. Ihr müßt euch so eine Zauberbibliothek, wie es wirklich viele im Mittelalter gegeben hat, nun weniger als eine Sammlung von Büchern, geschweige denn gedruckten, als vielmehr als einen Stapel handgeschriebener Hefte, beinahe wie Chemie- oder Mathematikhefte, vorstellen. Die Leute hatten nicht so unrecht, wenn sie den Besitz solcher Hefte als gefährlich ansahen, er war es. Aber nicht etwa, weil der Teufel in solche Häuser durch den Kamin gekommen wäre, sondern weil die Inquisition, wenn ihr zu Ohren kam, jemand besitze Zauberbücher, ihn verhaftete und wegen Zauberei anklagte. Wir kennen geschichtlich beglaubigte Fälle, in denen sogar der Besitz des Volksbuchs vom Dr. Faust für manche böse Folgen gehabt hat. Ja, noch ganz anderes konnte die bösesten Folgen haben. Wenn ihr später den Faust von Goethe lest, da werdet ihr finden, wie auf dem Osterspaziergang vor dem Stadttor dem Faust ein schwarzer Pudel zugelaufen kommt. Wie er dann später in seinem Zimmer ist, um zu studieren, stört der Pudel ihn durch sein lautes Treiben, und da spricht Faust bei Goethe zu ihm:

„Soll ich mit dir das Zimmer teilen,
Pudel, so laß das Heulen,
So laß das Bellen!
Solch einen störenden Gesellen
Mag ich nicht in der Nähe leiden.
Einer von uns beiden
Muß die Zelle meiden.

Ungern heb' ich das Gastrecht auf,
Die Tür ist offen, hast freien Lauf.
Aber was muß ich sehen!
Kann das natürlich geschehen?
Ist es Schatten? Ist's Wirklichkeit?
Wie wird mein Pudel lang und breit!
Er hebt sich mit Gewalt,
Das ist nicht eines Hundes Gestalt!
Welch ein Gespenst bracht' ich ins Haus!
Schon sieht er wie ein Nilpferd aus,
Mit feurigen Augen, schrecklichem Gebiß.
Oh! du bist mir gewiß!
Für solche halbe Höllenbrut
Ist Salomonis Schlüssel gut."

Dieser Pudel ist ein verwandelter Teufel, der in den Zauberbüchern Praestigiar heißt, das könnte man auf deutsch ungefähr mit Zauberbold übersetzen. In den alten Büchern steht, auf Fausts Befehl habe dieser Pudel weiß, braun und rot werden können, und bei seinem Ende habe Faust ihn einem Abte in Halberstadt vermacht, der aber vom Besitz des Pudels keine Freude gehabt, vielmehr sehr bald sein Leben geendet habe. Wie fest nun damals im Volk der Glaube an dergleichen unsinnige Spukgeschichten gesessen hat, könnt ihr daraus sehen, daß ein großer Gelehrter – er hieß Agrippa von Nettesheim – von einem seiner Schüler ausdrücklich gegen den Vorwurf der Zauberei verteidigt werden mußte, den die Leute u.a. darauf begründeten, daß der Agrippa immer in Begleitung eines schwarzen Pudels zu sehen war.

Es gab in den ersten Faustgeschichten genug Stellen, die die Leute genauso aufnahmen, wie wir es heute tun, als seltsame, manchmal schauerliche, manchmal belustigende Geistergeschichten, über die man sich weiter den Kopf nicht zerbrach. Aber es gab auch andere Stellen und andere Leser. Wie ihr schon an der Bezeichnung sehen könnt, waren Physik und Chemie als natürliche Zauberei nicht in dem

Sinne das Gegenteil von Zauberkunst, in dem sie es heute für uns sind. Wenn also beispielsweise die Zauberkunst von Faust in einigen Erzählungen sich darin erweist, daß er neugierigen Fürsten oder Studenten die Bilder der alten Griechen, Homer, Achill, der Frau Helena und anderer vorgeführt hat, und wenn auf der anderen Seite einige Leser solcher Geschichten vielleicht von der Laterna magica schon etwas gesehen oder gehört hatten, so war ein solches Wissen für sie keineswegs eine Widerlegung, sondern im Gegenteil eine Bestätigung der Zauberkünste von Dr. Faust. Die Camera obscura, auf deren Prinzip die Laterna magica beruht, verwenden zu können, das galt diesen Menschen eben als Zauberei, daher Laterna magica, Zauberlaterne; genauso war die Grenze zwischen den ersten Versuchen, die damals durch Ballons in der Luftschiffahrt unternommen wurden, und den Luftreisen von Faust auf dem Zaubermantel keine so scharfe wie für uns heute. Erst recht wurden natürlich viele medizinische Verordnungen, die uns heute vielleicht natürlich und vernünftig vorkommen, als zauberisch angesehen.

Zauberer und Gelehrte, das ging also damals ineinander. Man verabscheute den Zauberer, weil er den Bund mit dem Teufel geschlossen hatte, als Gelehrter aber blieb er trotzdem ein höheres Wesen, das hat für Goethes Faust später eine große Bedeutung erlangt. Aber auch das Puppenspiel hat auf seine Weise dasselbe zum Ausdruck gebracht. Damit nämlich auch die einfachsten Zuschauer recht sehr erkennten, was für ein ungewöhnlicher Mann dieser Faust ist, gab man ihm zum Kontrast den Hanswurst zur Seite, der auch einen Bund mit dem Teufel geschlossen hatte, aber dumm und albern wie vorher bleibt und schließlich sogar vom Teufel loskommt. Es ist die schönste Stelle des Puppenspiels, wie am Schluß von Fausts Leben der arme gehetzte Faust auf den dummen langweiligen Hanswurst trifft, für den der Teufel sich schon längst nicht mehr interessiert, während er den Faust in zwei Stunden holen will. Das lese ich euch jetzt vor:

Faust: “Nirgends find' ich Ruh noch Rast, überall verfolgt mich das Bild der Hölle. Oh, warum war ich nicht standhaft in meinem Vorhaben, warum ließ ich mich verführen. Doch der böse Geist wußte mich bei meiner schwächsten Seite zu fassen; unwiderruflich bin ich der Hölle verfallen. Auch Mephistopheles hat mich verlassen, gerade jetzt in der unglücklichen Stunde, wo ich Zerstreuung brauche. Mephistopheles, Mephistopheles, wo bist Du?“

Nun erscheint Mephistopheles als Teufel.

Mephistopheles: “Faust, nun wie gefalle ich Dir?“

Faust: “Was fällt Dir ein? Hast Du vergessen, daß Du verpflichtet bist, mir in Menschengestalt zu erscheinen.“

Mephistopheles: “Nein, nun nicht mehr, denn Deine Zeit ist verflossen. Noch drei Stunden, dann bist Du mein.“

Faust: “Wie, was sprichst Du, Mephistopheles? Meine Zeit wäre verflossen? Das lügst Du ja. Es sind erst zwölf Jahre verflossen, folglich sind noch zwölf Jahre, die Du mir dienen mußt.“

Mephistopheles: “Ich habe Dir 24 Jahre gedient.“

Faust: “Aber wie ist das möglich – Du wirst doch den Kalender nicht ändern wollen?“

Mephistopheles: “Nein, das kann ich nicht – aber höre mich geduldig an. Du verlangst noch zwölf Jahre.“

Faust: “Mit Recht. 24 Jahre steht doch in unserem Vertrag geschrieben.“

Mephistopheles: “Ganz recht, aber das haben wir nicht ausgemacht, daß ich Dir Tag und Nacht dienen soll. Du hast mich aber bei Tag und Nacht gehetzt, so rechne nur die Nächte dazu und Du wirst sehen, daß unser Vertrag zu Ende geht.“

Faust: “Oh, Du Lügengeist, da hast Du mich ja betrogen.“

Mephistopheles: „Nein, Du hast Dich selbst betrogen.“

Faust: “Laß mich nur noch ein Jahr leben.“

Mephistopheles: “Nicht einen Tag.“

Faust: “Nur noch einen Monat.“

Mephistopheles: “Keine Stunde mehr.“

Faust: “Nur noch einen Tag, damit ich von meinen guten Freunden Abschied nehmen kann.“

Aber Mephistopheles läßt sich nun auf gar nichts mehr ein. Er hat lange genug gedient; „um zwölf Uhr sehen wir uns wieder“, mit diesen Worten nimmt er Abschied von Faust.

Nun könnt ihr euch denken, wie spannend und aufregend es auf der Puppenbühne ist, wenn man auf einmal den Hanswurst langsam und bieder als Nachtwächter daherkommen sieht, der gemächlich die Stunden abruft. Dreimal.

„Hört Ihr Herr'n und laßt Euch sagen, die Glocke hat 10 Uhr geschlagen“ und so weiter: die alten deutschen Nachtwächterlieder.

Also hat der Faust noch zwei Stunden zu leben, zwei Stunden bis zwölf, da trifft er in der letzten Viertelstunde auch den Hanswurst, und damit uns Faust, wenn ihn schließlich der Teufel holt, trotz all seiner Schandtaten nicht am Ende doch leid tut, auch damit wir seine ganze Verzweiflung handgreiflich zu spüren bekommen, läßt ihn der Dichter des alten Puppenspiels in einem ganz jämmerlichen Schwindel seine Rettung suchen. In welchem und wie der mißlingt, sollt ihr jetzt hören:

Hanswurst erblickt auf einmal den Faust und sagt: „Ach guten Abend, Herr Fäustling, guten Abend. Seid Ihr auch noch auf der Straße?“

Faust: „Ach ja, mein Diener, ich habe nirgends Ruh, weder auf der Straße noch zu Hause.“

Hanswurst: „Geschieht Euch schon recht. Seht, mir geht's auch elend jetzt – und Ihr seid mir das Kostgeld noch schuldig vom letzten Monat. Seid doch so nett und gebt's mir doch jetzt – ich brauche es doch so nötig.“

Faust: „Ach, mein Diener, ich habe nichts – der Teufel hat mich so arm gemacht, daß ich nicht einmal mehr selber mein Eigen bin. (Beiseite aber sagt er:) Ich muß suchen, durch diesen Narren mich noch vom Teufel loszureißen. – (Und nun will er den Hanswurst überlisten und sagt:) Ja, mein lieber Diener, ich habe zwar kein Geld, aber ich möchte doch nicht aus der Welt gehen, ohne Dich vorher bezahlt zu haben. Wollen wir es nicht so machen: Du ziehst Deine Kleider aus und ziehst Dir die von mir dafür an, so kommst Du zu Deiner Bezahlung und ich von meiner Schuld."

Hanswurst aber schüttelt den Kopf: „Oh nein, da möchte der Teufel am Ende gar den Unrechten erwischen. Nein, eh' so ein großer Irrtum passieren sollte, will ich Euch lieber das Geld schenken. Dafür sollt Ihr mir einen Gefallen tun."

Faust: „Gerne, und welchen?"

Hanswurst: „Grüßt mir meine Großmutter, sie sitzt in der Hölle Nummer 11, gleich rechts wenn man reingeht."

Jetzt macht sich der Hanswurst aus dem Staube. Hinter der Bühne aber hört man ihn singen:

„Hört Ihr Herr'n und laßt Euch sagen,
Die Glocke wird gleich 12 Uhr schlagen.
Verwahrt das Feuer und die Kohl'n,
Bald wird der Teufel den Dr. Faust hol'n."

Da schlägt es zwölf, und mit Donner, Schwefel und Blitz kommt aus der Hölle eine ganze Teufelskompanie, um Faust abzuholen. Dieses Puppenspiel hat Goethe als kleiner Junge gesehen. Noch ehe er 30 Jahre war, hat er angefangen, den Faust zu dichten, und als er 80 war, hat er ihn zu Ende geschrieben. Auch sein Faust hat einen Bund mit dem Teufel geschlossen, und auch ihn will der Teufel am Ende holen. Aber in den 250 Jahren vom Erscheinen des ersten Faustbuches bis zum Abschluß des Goetheschen Faust hatte sich die Menschheit verändert. Immer deutlicher hatte man erkannt, daß was die früheren Menschen zur Zauberei hingezogen hatte, oft nicht Habsucht, Schlechtigkeit oder Faulheit, sondern Wissensdrang und Geistesgröße gewesen war. Das hat Goethe an seinem Faust gezeigt, und darum muß der Teufel zuletzt vor einer Schar von Engeln sich zurückziehen, die die ganze Bühne füllen.

Cagliostro

Ich erzähle euch heute von einem großen Schwindler. Groß, damit meine ich nicht nur, daß der Mann sehr wüst und sehr unverschämt schwindeln konnte, sondern daß er es auf sehr vollendete Weise tat. Er ist mit seinen Schwindeleien in ganz Europa nicht nur berühmt, sondern von Zehntausenden verehrt, fast für heilig gehalten worden, und sein Porträt war in zahllosen Kupfern, in Gemälden und Plastiken während der Jahre 1760-80 verbreitet. Er hat also seine Geisterbeschwörungen, Wunderheilungen, Goldmacherkünste, Verjüngungskuren im sogenannten Zeitalter der Aufklärung getrieben, in einer Epoche, wo die Leute sich, wie ihr wißt, gegen alles überlieferte Fabelwesen besonders mißtrauisch zeigten, nur ihrem eigenen freien Verstände folgen zu wollen behaupteten und kurz und gut Männern wie diesem Cagliostro gegenüber ganz besonders gesichert hätten sein sollen. Wieso es ihm dennoch oder vielmehr eben deswegen gerade damals so gut gelang, darüber werden wir am Schlusse noch ein paar Worte sagen.

Bis heute weiß man nicht genau, woher Cagliostro stammt, das eine ist jedenfalls sicher: nicht daher, woher er zu stammen behauptete, nämlich aus Medina und überhaupt nicht aus dem Orient, sondern ursprünglich aus Italien und weiterhin vielleicht aus Portugal. Von Cagliostros Jugend steht das eine fest, daß er seine erste Ausbildung bei einem Apotheker bekam und gleichzeitig sich selber bereits in allerlei unnützen Künsten, wie Schatzgraben, Handschriftenfälschen, Betteln und ähnlichem, ausbildete. Es hat ihn sein Lebtag nie lange irgendwo geduldet. Mit Wanderungen hört sein Leben auf und mit Wanderungen fing es an. Unter allen Stationen ist aber keine wichtiger als London, wohin er um 1750 zum ersten Male kam. Dort hat er den Orden der Freimaurer kennengelernt und sich wahrscheinlich auch darin aufnehmen lassen. Die seltsamen und phantastischen Prüfungen, denen er dabei unterworfen wurde – manche von euch kennen vielleicht die „Zauberflöte“ mit ihrer Feuer- und Wasserprobe, das sind freimaurerische Prüfungen –, diese Londoner Erfahrungen also haben seinen Phantasien und Luftschlössern ihre bleibende Gestalt gegeben. Im Sinne der Freimaurer etwas

Besonderes vorzustellen, war Cagliostros Lebensziel geworden. Die wirklichen Freimaurer waren eine Gesellschaft, die gar nichts mit Zauberei zu tun hatte, sondern teils menschenfreundliche, teils politische Ziele hatte. Beide hingen zusammen, denn die politische Tätigkeit der Freimaurer richtete sich gegen die grausame Tyrannei vieler damaliger europäischer Herrscher. Auf der andern Seite freilich auch gegen den Papst. Cagliostro nun konnte diese verhältnismäßig nüchterne Zielsetzung nicht genügen. Er wollte eine neue Freimaurerei, die sogenannte ägyptische gründen, eine Art von Zaubergesellschaft, deren Gesetze er sich säuberlich aus den Fingern gesogen hatte. Ja, seine Ziele gingen noch weiter. Diese ägyptische Freimaurerei sollte im Gegensatz zu der echten nicht feindlich, sondern freundlich dem Papsttum gegenübertreten. Cagliostro wollte die Freimaurer und den Papst versöhnen und als Vermittler dieser beiden Gewalten die höchste Macht in Europa erringen.

So große Erfolge der außergewöhnliche Mann nun auch überall in Europa mit Gaunerstücken, mit denen man heute schwerlich von Berlin bis Magdeburg käme, gehabt hat, so ist er doch hin und wieder auf Personen gestoßen, die sich nichts vormachen ließen. Ich meine hier nicht die Ärzte, die ihn an allen Orten, wohin er kam, erbittert verfolgt haben; denn bei denen war es viel weniger Einsicht in den Schwindel Cagliostros als Brotneid. Cagliostro ging ja nach dem alten Trick der Scharlatane vor: wo er sich niederließ, sorgte er dafür, daß bekannt wurde, arme Leute würden von ihm unentgeltlich behandelt. Dieses Versprechen hielt er auch pünktlich ein. Unterderhand allerdings ließ er bei den vielen Vornehmen, die natürlich auch seine ärztliche Hilfe suchten, durchblicken, in welche Geldverlegenheiten er durch seine großmütige Menschenfreundlichkeit grade eben geraten sei. Und die wohlhabenden Leute und Standespersonen fühlten sich nur geehrt, wenn er von ihnen Geschenke annahm. Also nicht die Ärzte haben wir im Sinne, wenn wir von Leuten sprechen, die ihn durchschauten. Es sind auch nicht etwa die zahlreichen bedeutenden Wissenschaftler und Weltweisen, denen er in seinem Leben begegnet ist, gewesen, die hinter die Schliche des Mannes gekommen sind. Nein, um so ganz ohne Vorbehalte derb und handfest von Cagliostro zu reden, dazu mußte man wahrscheinlich ein Mann des nüchternen praktischen Lebens sein, und es ist sicher kein Zufall, daß eine der feindseligsten, aber auch stärksten und deutlichsten Darstellungen, die wir vom Aussehen und Auftreten von Cagliostro haben, von einem weitgereisten Kaufmann stammt:

„So ein unverschämter, alles unter den Fuß tretender, Kopf aufwerfender Scharlatan", schreibt der, „war mir noch nie vorgekommen. Es ist ein kleiner, dicker, höchst breitschultriger, dick- und steifnackiger, rundköpfiger Kerl von schwarzem Haar, gedrungener Stirn, starken, feingerundeten Augenbrauen, schwarzen, glühenden, trübschimmernden, stets rollenden Augen, einer etwas gebogenen, feingerundeten, breitrückigen Nase, runden, dicken, auseinandergeworfenen Lippen, rundem, festem, hervorstehendem Kinn, runder eiserner Kinnlade, vollblütig, rotbraun, mit einer gewaltig klingenden und vollen Stimme. Das ist der Wundermann, Geisterseher, menschenfreundliche Arzt und Helfer, der jahrelang in diesen Gegenden groß lebt, ohne daß je einer weiß, wo er das Geld hernimmt. Man kann nicht umhin, all den versteinerten Anbetern um ihn herum das Glück zu wünschen, daß einmal vor ihren Augen ein Mann sich die Mühe nähme, dasselbe unverschämte Wesen gegen ihn anzunehmen und ihn, so ganz wie er sie, von oben herab zu behandeln; sie sollten bald gewahr werden, was für eine elende Figur der leere Prahler dabei machen würde, der weder natürliche Gaben noch Bildung genug hat, sich gegen einen solchen Menschen nur eine einzige Minute zu halten. Körperlich stark müßte der Mann freilich sein, um im Notfall den Riesenknaben mit einer Hand zum Fenster hinaushalten zu können und ihm zwischen Hängen und Fallen die Beichte abzuhören."

Daß dieser ehrliche Kaufmann kein Blatt vor den Mund nimmt, seht ihr. Aber er geht etwas weit. Denn es ist eben kein Zufall, daß Cagliostro die ersten 40 Jahre seines Lebens niemanden gefunden hat, der recht mit ihm fertig geworden wäre. Was die Ursache dieser Überlegenheit gewesen sein mag, darüber hat man die verschiedensten Vermutungen angestellt. Viele glauben, es sei sein Blick gewesen; es habe niemand, den er ansah, sich seinem Zwange entziehen können. Dazu kommt, daß die Menschen jener Zeit im Grunde sehr geneigt waren, solche Erfahrungen zu machen. Je weniger sie von Kirche, Priestertum usw. wissen wollten, desto mehr interessierten sie sich für eine Art natürlicher Zauberkräfte, die man damals im Menschen oder vielmehr zunächst im Tier in Gestalt des sogenannten Magnetismus zu entdecken glaubte. Und was Cagliostro an Wissen und Bildung abging, ersetzte er durch einen ungewöhnlichen Sinn für das Theatralische. Man muß sich nur einmal eine der Vorlesungen, wie er sie in allen Städten abhielt, schildern lassen, um den ungeheuren Zulauf zu verstehen, den sie fanden:

Im schwarzen Talar, den schwarzen Hut mit der riesigen breiten Krempe auf dem Kopf, stand er in fast völlig verdunkeltem Saal, dessen Wände mit schwarzem Sammet bezogen waren, auf einer Art Thron unter einem Baldachin aus Brokat. Ehe er aber den Thron betrat, durchschritt er die sogenannte Stahlstraße, das war ein Gang, der von den vornehmsten unter den Anhängern geformt wurde, indem sie Spalier bildeten, über dem in der Mitte ihre erhobenen Degen sich kreuzten. Die Kerzen, die den Raum spärlich erhellten, standen in Gruppen von sieben oder von neun – Zahlen, denen Cagliostro eine besondere Bedeutung beilegte – auf Leuchtern. Dazu kam der Duft von Weihrauch, der aus kupfernen Gefäßen aufstieg, und das Spiel der Lichter in einer großen, mit Wasser gefüllten Karaffe, aus der Cagliostro selber die Zukunft vorhersagte oder durch ein Kind prophezeien ließ. Die Vorlesungen selbst aber begannen damit, daß er ein unheimliches Pergamentbuch hervorzog und daraus bunt durcheinander Beschwörungsformeln, Mittel zu Verfeinerung groben Tuches in Seide, zur Verwandlung kleiner Edelsteine in hühnereigroße usw. herunterlas. Ihr werdet nun vielleicht fragen, was wollte Cagliostro mit alldem? Man darf nicht denken, daß jemand, der nur gut leben und schön essen und trinken will, die Kraft und die Phantasie aufbringt, 20 Jahre lang Europa mit seinen Erfindungen in Atem zu halten. Es kam Cagliostro auf das erdichtete Königtum der Freimaurer, auf Macht mindestens ebensosehr wie auf Geld an. Dazu kommt aber noch etwas anderes. Es kann kein Mensch jahrzehntelang sein ganzes Leben in den Bann gewisser Phantasievorstellungen stellen; von dem ewigen Leben, dem Stein der Weisen, dem Siebenten Buch Mosis und ähnlichen Geheimnissen, die er gefunden haben will, sprechen, ohne zuguterletzt selber etwas davon zu glauben. Oder genauer und richtiger gesagt: Cagliostro glaubte gewiß nicht, was er den Leuten erzählte, wohl aber glaubte er, daß seine Macht, ihnen die phantastischsten Lügen glaubhaft zu machen, in Wirklichkeit soviel wert sei wie der Stein der Weisen, das ewige Leben und das Siebente Buch Mosis zusammengenommen. Und das ist der Punkt, an dem in seinen Lügen der wahre Kern steckt. Cagliostro war wirklich ungeheuer stark durch den Glauben an sich selbst, durch den Glauben an seine Überzeugungskraft, seine Phantasie, seine Menschenkenntnis. Dieser Glaube muß sich bei ihm so gesteigert haben, daß er so etwas wie eine geheime Religion wurde, wenn auch eine andere als die, die er seinen Schülern beibrachte. Das ist ja auch, was Goethe an dem Mann so brennend interessiert hat, daß er, wie ihr auf der Schule gelernt habt oder lernen werdet, über ihn ein Drama „Der Großkophta" geschrieben hat. Was ihr aber da kaum hören werdet, das ist, daß Goethe selbst einmal den Cagliostro gespielt hat: nicht vor der Welt, aber vor Cagliostros Familie. Er hat in der „Italienischen Reise" erzählt, wie er in Palermo an der Gasthaustafel saß, das Gespräch auf Cagliostro und auf dessen arme Verwandte kam, die in Palermo wohnten; wie er, Goethe, da den Wunsch ausgesprochen hätte, die Familie dieses außergewöhnlichen Mannes kennenzulernen; wie schwer das gewesen sei, schließlich nur durchführbar, indem Goethe vorgab, Cagliostro selbst gesehen und Grüße an die Seinen von ihm mitbekommen zu haben, welche Hoffnung diese Begegnung in der Familie erweckte und wie Goethe selbst eben deswegen sich Vorwürfe über seine Vorspiegelungen gemacht habe. Wie er endlich, um dieser Vorwürfe ledig zu sein, nach der Rückkehr nach Weimar eine größere Summe an die arme Familie geschickt habe, in der jedermann glaubte, ein Geschenk Cagliostros empfangen zu haben.

Ihr werdet merken, daß ich euch von dem eigentlichen Lebenslauf von Cagliostro nicht viel erzählt habe. Dabei will ich es auch lassen. Denn jede einzelne seiner Stationen ist an so viele und so verwickelte Geschichten gebunden, daß ihn zu erzählen ein großes Buch machen würde. Jedenfalls ist das Ende dieses Lebens die Geschichte vom Krug, der so lange zum Brunnen geht, bis er bricht. In 30 Jahren war Cagliostro schließlich so weit, daß überall, wohin er kam, alte und recht unangenehme Geschichten schlummerten, die nur auf sein Erscheinen warteten, um wieder in aller Leute Munde zu sein. Seine Stationen wurden kürzer und kürzer, und am Ende war es eine Flucht. In dieser Wendung zum Schlechten spielte eine große Zeitung, „Der europäische Kurier“, eine so wichtige und komische Rolle, daß ich zum Schluß von ihr erzählen will. Unter den mannigfaltigen medizinischen und chemischen Albernheiten, die Cagliostro an den Mann zu bringen suchte, war die Geschichte vom Schwein. Er hat irgendwo drucken lassen, daß zu Medina, wo er bekanntlich herzustammen behauptete, die Einwohner sich von den Löwen, Tigern und Leoparden befreiten, indem sie Schweine mit Arsenik mästeten und sie sodann in die Wälder jagten, wo sie von den wilden Tieren zerrissen wurden und deren Tod verursachten. Morand, der Herausgeber des „Europäischen Kuriers“, nahm diese Sache auf und fertigte sie nach Gebühr ab. Cagliostro aber erboste das sehr, und er ließ ihm eine merkwürdige Art von Herausforderung zukommen. Den 3. September 1786 ließ er ein Blatt drucken, in dem er den Morand einlud, mit ihm am 9. November . ein auf medinische Art gemästetes Spanferkel zu essen, und wettete 5000 Gulden, daß Morand daran sterben, er aber gesund bleiben würde. Nun ist es wirklich eine starke Zumutung, daß jemand sterben und außerdem noch 5000 Gulden wegen verlorener Wette dazuzahlen soll. Man kann sich denken, daß Morand dazu keine Lust hatte. Er verlegte sich vielmehr darauf, nunmehr in seinem „Europäischen Kurier“ eine Sammlung aller Tatsachen und Gerüchte, die gegen Cagliostro sprachen, zu veranstalten. Dieser floh am Ende nach Rom, obwohl er seiner Verbindung mit den Freimaurern wegen an keinem Ort sich hätte weniger sicher fühlen können. Freunde verständigten ihn beizeiten von der Absicht der Inquisition, ihn gefangenzusetzen. Cagliostro aber war müde und blieb. 1789 ließ Papst Pius VI. ihn verhaften und ihn in der Engelsburg festsetzen und die Inquisition den Prozeß gegen ihn eröffnen. Das meiste, was wir heut von Cagliostro wissen, verdanken wir diesem Prozeß, der mit großer Genauigkeit, aber auch mit erstaunlicher Milde scheint geführt worden zu sein. Er mußte dennoch mit einem Todesurteil wegen Ketzerei enden. 1791 aber begnadigte der Papst Cagliostro zu lebenslänglicher Haft, und danach ist er, man weiß nicht genau wann, im Gefängnis von San Leone bei Urbino gestorben.

Lehren kann man, wenn man will, aus dieser Geschichte viele ziehen. Man kann es sich leicht machen und einfach sagen, daß die Dummen nicht alle werden. Wenn man aber genauer zusieht, ist da noch eine wichtigere Wahrheit auf dem Grunde der Geschichte von Cagliostro zu holen.

Ich habe am Anfang von der Aufklärung gesprochen, einem Zeitalter, in dem man gegen die Überlieferungen von Staat, Religion, Kirche sehr kritisch vorging und dem wir in der Tat große Fortschritte der Freiheit und der Kultur verdanken. Grade in diesem freien und kritischen Zeitalter der Aufklärung hat Cagliostro seine Künste mit so viel Erfolg spielen lassen. Wie war das möglich? Antwort: Gerade weil die Leute so fest davon überzeugt waren, daß Übernatürliches nicht wahr sei, grade darum hatten sie sich nie Mühe gegeben, ernsthaft darüber nachzudenken, und mußten Cagliostro, der ihnen das Übernatürliche mit der Gewandtheit eines Taschenspielers vorgaukelte, zum Opfer fallen. Hätten sie weniger feste Überzeugungen und mehr Beobachtungsgabe gehabt, so hätte es ihnen nicht geschehen können. Das ist auch eine Lehre von dieser Geschichte, daß Beobachtungsgabe und Menschenkenntnis in vielen Fällen mehr wert sind als ein noch so fester und richtiger Standpunkt.

Briefmarkenschwindel

Ich spreche von einer Sache, in der auch die allergelehrtesten und klügsten Briefmarkenkenner nicht auslernen: vom Schwindel. Vom

Schwindel mit Briefmarken. Seitdem im Jahre 1840 Rowland Hill, bis dahin ein einfacher Schullehrer, für seine Erfindung der Briefmarke von der englischen Regierung zum Generalpostmeister von England ernannt, geadelt und mit einer Nationalspende von 400 000 Mark beschenkt wurde, sind Millionen und Abermillionen an diesen kleinen Fetzchen Papier verdient worden. Viele Leute haben seitdem mit Marken ihr Vermögen gemacht. Was eine einzige von ihnen unter Umständen wert sein kann, wißt ihr ja alle aus eurem Senff oder Michel oder Kohl. Die teuerste unter allen ist nicht, wie man meist glaubt, die 2 Penny „Post office“ von Mauritius sondern eine 1-Cent-Marke von British Guayana, eine provisorische Marke aus dem Jahre 1856, von der anscheinend nur ein einziges Exemplar erhalten ist. Man druckte sie in der Zeitungsdruckerei mit demselben rohen Klischee, das das Lokalblatt vor die Inserate von Schiffskompagnien zu setzen pflegte. Dies einzig bekannte Exemplar wurde vor Jahren von einem jungen Sammler aus Guayana unter alten Familienpapieren entdeckt. Dann kam es in die Sammlung La Renotière in Paris, die die größte Markensammlung der Welt war. Wieviel ihr Besitzer für diese Marke gezahlt hat, das weiß man nicht, ihr heutiger Katalogpreis beträgt 100 000 Mark. Die Sammlung aber, in die sie gekommen ist, umfaßte schon 1913 über 120 000 Marken, und man schätzte sie damals auf weit über 10 Millionen. Natürlich konnte sich nur ein Millionär den Spaß machen, solche Sammlung sich anzulegen. Aber ob es nun seine Absicht gewesen ist oder nicht, er hat noch Millionen an seiner Sammlung verdient. Ihre Anfänge gehen auf das Jahr 1778 zurück. Die Anfänge des Briefmarkensammelns überhaupt freilich sind noch gute 15 Jahre älter. Damals war das Sammeln natürlich leichter als heute. Nicht nur weil es noch viel weniger Marken gab, nicht nur weil Dinge, die heute unerschwinglich sind, damals noch leicht zu bekommen waren, nicht nur weil man viel leichter komplett werden konnte, sondern auch aus dem Grunde, weil es damals noch keine Fälschungen gab, wenigstens keine, die hergestellt wurden, um die Sammler irrezuführen. Wer von euch eine Briefmarkenzeitung hält, der weiß ja, daß dort ganz regelmäßig über neue Fälschungen wie über etwas ganz Ordnungsmäßiges, mit dem jeder rechnet, berichtet wird.

Und wie könnte es anders sein? Da sich an Marken so viel verdienen läßt und da außerdem das Gebiet so unübersehbar groß wurde, daß niemand ganz darin beschlagen sein kann. Bis 1914, also ehe die unzähligen Kriegs- und Besatzungsmarken erschienen, zählte man schon 64268 verschiedene Werte.

Da wären wir also bei den Fälschungen angelangt. Ihr wißt, daß es Fälschungen auf allen Sammelgebieten, ohne Ausnahme, gibt und neben solchen, die für die Dummen bestimmt sind, sehr groben und flüchtigen, solche, an denen die größten Sachverständigen sich die Zähne ausbeißen, solche, von denen es erst nach Jahrzehnten, manchmal vielleicht überhaupt nicht, zutage kommt, daß es Fälschungen waren. Bei Briefmarken glauben nun viele Sammler, vor allem Anfänger, gegen Fälschungen sich zu schützen, indem sie sich nur mit gebrauchten Marken befassen. Ursprünglich kommt das daher, daß eine Anzahl von Staaten, besonders der Kirchenstaat, Sardinien, Hamburg, Hannover, Helgoland, Bergedorf, von selten gewordenen Sätzen Neudrucke anfertigen ließen, die nicht mehr in den Gebrauch kamen und an Sammler direkt abgegeben wurden. Diese Neudrucke oder, wenn man will, Fälschungen zeichnen sich nun allerdings wirklich dadurch aus, daß sie ungestempelt sind. Das ist aber ein Sonderfall, den man durchaus nicht verallgemeinern darf. „Diese Marke ist falsch, weil sie nicht gestempelt ist" – so zu denken, ist das Unsinnigste, was es gibt. Dann wäre es noch viel richtiger zu sagen: diese Marke ist gestempelt, weil sie falsch ist. Denn es gibt in der Tat nur ganz außerordentlich wenig gefälschte Briefmarken, die nicht gestempelt sind. Im großen und ganzen nur die, bei denen der Fälscher – wenn man ihn so nennen will – der Staat ist. Der private Fälscher aber, der sich an die fein ausgeführte Marke heranwagt, kann natürlich auch den rohen Stempel nachmachen. Und wenn er seine Fälschung nun fertig hat, dann besieht er sie noch einmal ganz genau, und die doch immer vorhandene schwache Stelle sucht er durch einen aufgedrückten Stempel zu verdecken. Kurz, nur gestempelte Marken zu sammeln, das würde einen vor ganz wenigen Neudrucken schützen, nicht im mindesten aber vor der großen Menge gefälschter Marken. Die wenigsten Sammler werden wissen, welches Land unter den Briefmarkenfälschern das größte Ansehen hat, aus welchem die gelungensten Fälschungen kommen. Das ist Belgien. Und zwar fälschen die Belgier nicht etwa nur ihre eigenen Freimarken – am berühmtesten die Fälschung der belgischen Fünf-Franc-Marke – sondern ebensogern ausländische, wie z.B. die Deutsche Marokko zu 1 Peseta. Um ihre Erzeugnisse loszuwerden, haben die Fälscher einen großartigen Trick gefunden, der ihnen erstens größere Umsätze erlaubt und sie zweitens gegen Bestrafung sichert. Sie zeigen nämlich ihre Fälschungen ausdrücklich als solche an. Damit verzichten sie natürlich auf Phantasiegewinne, indem sie ja die gefälschten Marken nicht als echte verkaufen. Da aber ihre Abnehmer zum größten Teil Leute sind, welche sich mit der sauberen Absicht tragen, ihrerseits dies zu tun, so können die Hersteller sich für ihre angeblich nicht gefälschten, sondern, wie sie sagen, nur zu wissenschaftlichen Zwecken nachgebildeten Marken ganz anständige Preise bezahlen lassen. Sie verschicken an kleine Briefmarkenhandlungen Angebote, in denen sie ihre tadellose Nachahmung von Marken außer Kurs, ihre bewundernswürdige Ausführung nach einem ganz neuen Verfahren, ihre mathematisch getreuen Markenbilder, Aufdrucke, Farben, Papiere, Wasserzeichen, Zähnungen und – nicht zu vergessen – Abstempelungen rühmen. Um sich vor solchen Erzeugnissen zu schützen, haben die großen Briefmarkenhändler für besondere Seltenheiten eine sogenannte Garantie oder Echtheitsabstempelung vorgeschlagen, aus der ersichtlich sein sollte, daß eine angesehene Firma, und welche, für die Echtheit der Marke einsteht. Andere aber haben den sehr vernünftigen Einwand gemacht, warum man denn das Bild der echten Marke mit so einem, wenn auch winzigen Firmenstempel entstellen solle? Lieber solle man doch den durchschauten Fälschungen wertvoller Marken von Fall zu Fall einen Fälschungsstempel, gewissermaßen als Brandmal, aufdrücken. Nebenbei gesagt ist doch nicht alles, was so unter dem Namen ›Nachbildung‹ geht, ohne weiteres als Fälschung geplant. Die berühmte schwarze englische 1 Penny von 1864 z.B. ist von der Staatsdruckerei in ein paar Exemplaren für die Sammlung einiger englischer Prinzen nachgedruckt worden. Wenn es unter euch welche gibt, die späterhin noch beim Briefmarkensammeln bleiben werden, dann werden sie sich ja selbst mit Fälschungen genügend herumzuschlagen haben, dabei viel mehr lernen, als ich euch heute erzählen kann, und auch allmählich auf die Hilfsmittel stoßen, die man im Kampfe gegen die Fälschungen hat. Heute nenne ich nur ein einziges, aber wichtiges Buch, das sogenannte „Handbuch der Fälschungen" von Paul Ohrt. Es gibt aber noch mancherlei Sammlerschwindel, mancherlei private und staatliche Ausnutzung der Briefmarkensammler, die nicht durch Fälschung geschieht. Vor allem muß man da an die Länder denken, die sozusagen vom Briefmarkenhandel leben. Eine ganze Menge kleiner Staaten rechneten, zumal früher, für die Verbesserung ihrer Finanzen auf die Taschen der Briefmarkensammler. Die Entdeckung dieser sonderbaren Einnahmequelle könnte man einem erfinderischen Einwohner der Cook-Inseln zuschreiben. Die 10 000-12 000 Einwohner dieser Insel waren vor noch nicht allzu langer Zeit Menschenfresser. Mit den ersten Geräten und Gebrauchsgegenständen der Zivilisation kamen auch Briefmarken zu ihnen, die man aus Neuseeland bestellt hat. Es waren ganz einfache Marken, deren gummiertes Papier eine einfache Umrahmung von Druckbuchstaben zeigte. Nichtsdestoweniger hatten die großen Markenhändler Amerikas und Europas für diese Ausgabe sehr viel Interesse und bezahlten sie ziemlich hoch. Niemand war erstaunter als die Leute von den Cook-Inseln, da sie sich plötzlich eine so leichte und reichliche Einnahmequelle eröffnet sahen. Sie ließen sich sofort neue Markensätze in Australien drucken, die von den ersten in Zeichnung und Farbe verschieden waren. Ähnliche Geschichten wären von vielen südamerikanischen Staaten, besonders von Paraguay, ebenso von den kleinen indischen Fürstentümern Faridkot, Bengalen, Bamra zu erzählen. Noch schlauer aber als die Herrscher, die auf solche Weise Geschäfte machen wollten, waren manchmal Privatleute wie jener Ingenieur, der sich verpflichtete, an Guatemala umsonst zwei Millionen neue Marken zu liefern, und dafür nichts erbat als alle Serien der alten Marken, die sich noch in der Staatsdruckerei befanden. Es läßt sich denken, ein wie gutes Geschäft er späterhin damit machte. Als es gegen Ende des Krieges Deutschland sehr schlecht ging, ist sogar die Reichspost dem Beispiel dieser exotischen Königs- und Fürstentümer gefolgt und hat ihre Vorräte an Kolonialmarken unmittelbar an Privatsammler abgegeben. – Soll ich nun noch eine ganz andere Art Schwindelgeschichte erzählen, die eigentlich mit Briefmarkensammeln direkt nichts zu tun hat? Sie gehört aber zu den raffiniertesten, die sich je einer erdachte. Und da in ihrem Mittelpunkt eine Briefmarkensammlung steht, so kann ich es vielleicht wagen. Die Sache spielte 1912 in Wilhelmshaven. Ein wohlhabender Bürger der Stadt verkaufte seine schöne, in jahrelanger Mühe aufgebaute Briefmarkensammlung für 17 000 Mark an einen Berliner Herren und sandte sie unter Nachnahme ab. Der Käufer hatte inzwischen eine angeblich mit Büchern gefüllte Kiste unter der gleichen Signatur nach Wilhelmshaven abgesandt. Diese Kiste beorderte er kurz darauf telegrafisch nach Berlin zurück. Beide Kisten trafen nun richtig in Berlin ein, und dem Schwindler gelang es, die Kiste mit der Markensammlung auf der Berliner Güterabfertigung ohne Nachnahmezahlung, da er sich ja für den Absender ausgab, der sie zurückbeordert hatte, zu erhalten. Die angeblich mit Büchern gefüllte Kiste enthielt nur Papierschnitzel, und der Empfänger blieb auf ewig verschwunden.

So viel von Briefmarkenschwindel, soweit er den Briefmarkensammler selber näher angeht. Aber es gibt ja noch einen ganz anderen, viel mächtigeren Interessenten für Briefmarkenschwindel und besonders für Briefmarkenfälschungen als die Sammler; das ist die Post. Man hat berechnet, daß der jährliche Verbrauch an Briefmarken in Deutschland ungefähr 6 Milliarden = 6000 Millionen, der Weltverbrauch aber 30 Milliarden Stück beträgt. Dabei hat man den Geldwert der in Deutschland verwendeten Marken auf rund 5 Milliarden Mark errechnet. Für 5000 Millionen Mark jährlich wird also von der Post sozusagen Kleinpapiergeld hergestellt und verbraucht. Man kann ja die Briefmarken als kleine Banknoten ansehen, da sie ja nicht nur zur Frankierung von Briefen sondern oft auch für Zahlungen bis zu einer gewissen Höhe gebraucht werden. Nur in einem unterscheiden sie sich ganz und gar vom Papiergeld. Um 10- oder 100-Mark-Scheine nachzumachen, muß man sehr viel vom Druckerhandwerk verstehen und braucht man teure, komplizierte Instrumente. Briefmarken nachzudrucken aber ist außerordentlich leicht, und je roher der Druck der echten Stücke ist, desto schwerer lassen sich manchmal die gefälschten von ihnen unterscheiden. So ist es vor mehreren Jahren vorgekommen, daß deutsche Zehn-Pfennig-Marken von sehr sachverständigen Briefmarkensammlern für Fälschungen erklärt wurden, während die Reichspost der Meinung war, daß sie echt seien. Wie häufig Briefmarkenfälschungen dieser Art sind, eigentlich kann man ›Banknotenfälschungen‹ sagen, und sie werden auch vom Gesetz so bestraft – das kann man nicht feststellen, weil die Post zwar darüber Buch führt, für wieviel Millionen Mark im Jahre sie Marken verkauft, aber nicht für wieviel Millionen Mark aufgeklebte Marken im Jahre sie entwertet. So gibt es Leute, die behaupten, daß die Postverwaltungen jährlich um Hunderte von Millionen Mark betrogen werden. Man kann das, wie gesagt, nicht nachweisen, aber wenn man bedenkt, daß sie auf noch viel einfachere Weise als durch gefälschte Briefmarken dadurch betrogen werden können, daß man von den entwerteten den Stempel wieder sauber entfernt, dann kann die Ansicht dieser Leute einen nachdenklich machen. Sie behaupten sogar, man könne eine Vorliebe für die verschiedenen Arten von Schwindel in den verschiedenen Gegenden erkennen, und es würden z.B. die Fälschungen im großen durch Druck hauptsächlich im Süden Europas, die im kleinen durch Waschen und Reinigen im Norden geübt. Das alles erzähle ich, weil das, worauf diese Leute hinauswollen, jeden Briefmarkensammler angeht. Sie wollen die Abschaffung der Marken und ihren Ersatz durch Stempel erreichen. Daß für Massensendungen heute schon das Porto nicht mit Briefmarken sondern mit Stempeln quittiert wird, habt ihr ja alle beobachtet. Dieses Verfahren, so meinen die Feinde der Briefmarke, soll nun auch für private Postsendungen angewandt werden, indem man z.B. Briefkästen einführt, die mit Automaten verbunden sind. Da gäbe es denn also 5, 8, 15, 25 Pfennig-Briefkästen usw., je nach dem Porto, das für einen Brief zu bezahlen wäre. Und damit sich der Schlitz öffne, müßte man vorher den entsprechenden Betrag in Münzen in den Briefkasten werfen. Vorläufig aber ist es noch nicht so weit, und die Sache hat noch verschiedene Schwierigkeiten. Vor allem erkennt der Weltpostverein nur

Briefmarken, keine Stempel an. Aber daß im Zeitalter der Mechanisierung und Technisierung die Briefmarke kein sehr langes Leben mehr hat, ist bei alledem doch wahrscheinlich. Und wer von euch sich frühzeitig darauf einrichten will, der wird vielleicht klug tun, sich zu überlegen, wie er sich eine Stempelsammlung einrichtet. Wir können ja heute schon sehen, wie die Stempel immer mannigfacher und reicher werden, wie sie mit Worten oder Bildern Reklamen anzeigen, und die Feinde der Briefmarke haben schon, um die Sammler für sich zu gewinnen, versprochen, man werde Stempel mit Landschaften, mit historischen Bildern, mit Wappen usw. genauso schön schmücken, wie es früher bei den Marken der Fall war.

Die Bootleggers

Die Bootleggers – was das wörtlich heißt, werden wir nachher hören. Es war klug von der Rundfunkzeitung, daß sie gleich „oder die amerikanischen Alkoholschmuggler“ daneben gesetzt hat. Sonst hättet ihr die Eltern erst fragen müssen. Die wissen, was für Leute Bootleggers sind, und haben grade in diesen Wochen wieder viel von dem berühmten Jacques Diamond gelesen, dem reichen Bootlegger, der vor seinen Feinden nach Europa geflohen war, aber in Köln verhaftet und nach Amerika zurücktransportiert wurde. Für diese Art Leute, die mit allen Hunden gehetzt und mit allen Wassern gewaschen sind, interessieren sich also vielleicht die paar Erwachsenen, die sich in diese Jugendstunde verirrt haben. Und vielleicht interessieren sie sich auch noch für etwas anderes, die Frage nämlich: soll man Kindern überhaupt solche Geschichten erzählen? Von Schwindlern, von Verbrechern, die die Gesetze übertreten, um ein Dollarvermögen zu machen, und noch dazu gelingt es ihnen auch oft. Ja, so kann man schon fragen, und ich hätte wirklich kein gutes Gewissen, wenn ich mich nun einfach hinstellen und euch so eine Räuberpistole nach der andern vor den Ohren losknallen würde. Ich muß schon ein paar Worte über die großen und wichtigen Absichten und Gesetze euch sagen, die den Hintergrund der Geschichten bilden, in denen die Alkoholschmuggler die Helden sind.

Ob ihr schon von der Alkoholfrage gehört habt, weiß ich nicht. Aber ihr habt alle schon Betrunkene gesehen, und man braucht solche Wesen ja nur anzusehen, um zu verstehen, wie Männer dazu kamen, sich die Frage zu stellen, ob man nicht von Staats wegen den Alkoholausschank verbieten könne. Jedenfalls hat man das in den Vereinigten Staaten im Jahre 1920 durch ein verfassungsänderndes Gesetz wirklich getan. Seitdem gibt es drüben die sogenannte Prohibition, das heißt ein Verbot, Alkohol zu verabreichen, außer zu Heilzwecken. Wie ist es zu diesem Gesetz gekommen? Das hat eine ganze Menge Gründe, und wenn man ihnen nachgeht, erfährt man nebenbei allerhand Wichtiges von den Amerikanern. Vor 300 Jahren landeten mit dem kleinen Schiff Mayflower an einem Dezembertag an dem felsigen Ufer des heutigen Staates Massachusetts, wo Plymouth liegt, die ersten europäischen Ansiedler, die Ahnen der weißen Amerikaner. Heute nennt man sie die Hundertprozentigen, und damit meint man ihre Überzeugungstreue, ihre Strenge, die Unerschütterlichkeit ihrer religiösen und sittlichen Grundsätze. Diese ersten Einwanderer gehörten nämlich der Sekte der Puritaner an. Ihre Nachwirkungen sind noch jetzt in Amerika deutlich spürbar. Eine von diesen Auswirkungen christlich-puritanischen Wesens ist die Prohibition. Die Amerikaner nennen sie das edle Experiment. Für viele von ihnen ist die Prohibition nicht nur eine gesundheitliche oder wirtschaftliche Angelegenheit, sondern gradezu eine religiöse. Sie nennen Amerika Gottes eigene Heimat und sagen, das Land sei sich dies Gesetz schuldig. Einer seiner größten Anhänger ist der Automobilkönig Ford. Der nun nicht, weil er Puritaner wäre, sondern er sagt: ich kann meine Autos so billig nur verkaufen, weil wir die Prohibition haben. Warum? Früher trug der Durchschnittsarbeiter einen großen Teil seines Wochenlohnes in die Kneipe. Jetzt, wo er sein Geld nicht mehr vertrinken kann, muß er sparen. Hat er einmal angefangen zu sparen, so sieht er, es wird bald für ein Auto reichen. So, sagt Ford, habe ich durch die Prohibition meinen Absatz an Autos vervielfacht. Und wie er denken viele amerikanische Fabrikanten. Aber nicht nur, daß die großen amerikanischen Unternehmen durch das Alkoholverbot mehr verkaufen, sie können auch billiger fabrizieren. Ein Arbeiter, der nicht trinkt, ist natürlich viel leistungsfähiger als einer, der es regelmäßig, wenn auch nicht viel, tut. So wird in derselben Zeit von derselben Arbeitskraft mehr hergestellt als früher, und wenn dieses Mehr auch nur ein sehr kleines ist: für die Volkswirtschaft eines Landes multipliziert sich diese winzige Mehrleistung des einzelnen mit der Zahl aller Arbeitenden und aller Arbeitsstunden im Lauf von zehn Jahren.

Nun genug, jetzt wißt ihr, was Prohibition ist, jetzt wißt ihr, warum man sie eingeführt hat, jetzt wollen wir sehen, was es mit den Bootleggers für eine Bewandtnis hat. Diese Leute heißen „die Stiefelschäftler" in Erinnerung an die Goldgräberzeit in Clondyke, wo jeder Mann die Schnapsflasche im Stiefelschaft stecken hatte. Wenn ich euch nun ein paar von den unzähligen Tricks verrate, mit denen die Leute arbeiten, müßt ihr nicht denken, daß es nun deshalb überall in Amerika eine Kleinigkeit sei, Wein, Bier oder gar Schnaps zu kriegen. Das ist es nicht, zumal nach amerikanischem Gesetz nicht nur der Verkäufer, sondern auch der Verbraucher strafbar ist. Natürlich sind aber die Strafen gegen die ersteren die schärferen. Die Grausamkeit dieser Strafen ist sogar einer der Gründe, mit denen die Gegner der Prohibition sich gegen dieses Gesetz wenden. Sie hat zur Folge, daß nur eine Art von Elite unter den Gewissenlosen, die Allerunerschrockensten und Kühnsten, Bootlegger werden. Wir folgen ihnen nun zuerst auf das Meer, wo sie ihre Tätigkeit aufnehmen. Die Gesetze bestimmen, daß kein Schiff, das Alkohol führt, der amerikanischen Küste sich auf mehr als 14 Meilen nähern dürfe. Da beginnen die sogenannten Territorialgewässer, und an dieser Grenze müssen sogar die gewöhnlichen Passagierdampfer, die aus Europa kommen, ihre Alkoholvorräte unter Siegel verschließen. Die großen Exportgeschäfte, die ihren Alkohol in Amerika absetzen wollen, denken nun gar nicht daran, die Gefahren des Schmuggels selber zu übernehmen. Sie schicken ihre Frachtschiffe mit der Ordre, außerhalb der Territorialgewässer sich vor Anker zu legen. Da werden sie von den amerikanischen Zollkuttern zwar gesichtet, tun aber können ihnen die nichts. Doch vor allem werden sie von den kleinen Schmugglerbooten der Bootleggers gesichtet, die Tag und Nacht die Rumstraße, so nennt man wegen des Schmuggels mit Rum diese Grenzlinie, durchschießen. Deren Aufgabe ist es nun, die Aufmerksamkeit der Zollschiffe irrezuführen, jeden kleinsten Umstand, Nebel, mondlose Nächte, aber genausogut die Bestechlichkeit eines Zollbeamten oder besonders stürmischen Seegang, der die Verfolgung erschwert, sich zunutze zu machen, um mit ihrer Ladung einen geheimen Anlegeplatz auf dem Festlande zu erreichen. Polizei und Schmuggler müssen dabei an Geistesgegenwart und List einander ständig zu übertreffen suchen. Hier erzähle ich zwei kleine Schnurren, in denen mit einem ähnlichen Trick einmal die Schmuggler und einmal die Zollwächter Oberwasser bekamen. Ein Kutter der Kriegsmarine verfolgte eines Tages ein Petroleumboot, dessen Ladung ihm verdächtig schien. Als er das Boot, dessen Motoren nicht sehr stark waren, fast erreicht hatte, kamen die Schmuggler auf einen unvorhergesehenen Einfall: sie warfen einen der Ihren über Bord. Und während der Kutter stockte, um den Mann zu retten, entfernte sich das Boot blitzgeschwind und ließ hinter sich nur eine majestätische Furche zurück. Aber nicht immer hat, wie gesagt, die Zollbehörde das Nachsehen. Da gibt es die Geschichte von dem Dampfer Frederic B. aus Southampton, der 100 000 Kisten Liköre und Champagner im Werte von 180 Millionen Francs geladen hatte. Dieses Schiff mit seinem geheimnisvollen, unter dem Namen Jimmy bekannten Kapitän war der Schrecken der schlaflosen Nächte der Zollbeamten. Die amerikanische Verwaltung versprach demjenigen, der sich Jimmys bemächtigen würde, einen hohen Preis. Ein ganz junger Mann, Paddy mit Vornamen, ließ sich auf das Abenteuer ein. Mit einigen Dollars und einem Händedruck im Namen der gesamten Zollbehörde der Vereinigten Staaten fuhr er ab. – Einige Tage darauf stieß ein stattlicher Frachtdampfer, nämlich eben der Frederic B. aus Southampton, der in der Rumstraße in der Nähe des Bahama-Archipels herumlungerte, mit einer Fischerbarke zusammen. Der Dampfer nahm natürlich die Schiffbrüchigen auf, vier Männer und einen Schiffsjungen namens Paddy. Die vier Fischer wurden auf ihren Wunsch gelandet, der Schiffsjunge jedoch erbat und erhielt die Erlaubnis, auf dem Dampfer Dienst zu nehmen. Kaum aber war die zweite Nacht gekommen, so ließ der Schiffsjunge ein Tau herab, das vier energischen Männern als Leiter diente. Mit dem Revolver in der Hand bemächtigten sie sich des Steuerruders und des Telefons. Das Spiel war gewonnen. Im Maschinenraum glaubte man, den Befehlen des Kapitäns Jimmy zu gehorchen, und der Frederic B. aus Southampton fuhr in den Hafen von Miami ein, wo die Zollbehörden ihn in Empfang nahmen und die Ladung von 180 Millionen Franken im Meer versenkten.

Die Rumstraße, die ständig von ungefähr 400 Küstenschiffen kontrolliert wird, ist aber nur eine der Fronten, an denen der Kampf zwischen Alkoholbanditen und Staat sich abspielt. Da gibt es im Innern, an der Grenze zwischen Kanada und den Vereinigten Staaten, die großen Seen. Dort spielt sich die Sache für gewöhnlich folgendermaßen ab: die Zollbehörden haben, sagen wir: drei Schiffe. Dann setzen die Schmuggler zwölf ein. Die drei können im besten Falle vier oder fünf Schmugglerschiffe in Schach halten oder verfolgen. Die Verfolgten kehren, wenn die Sache gefährlich wird, auf halbem Weg um und fahren ganz friedlich wieder nach Kanada zurück. Die sieben oder acht andern dagegen landen unbehelligt irgendwo am Ufer des Staates Illinois. „Ja, warum setzen die Zollbehörden denn nicht ebenfalls zwölf Kutter ein", fragte ich den amerikanischen Freund, der mir diese Geschichte erzählte. Der sah mich an, lächelte und erklärte: „Dann würden die Schmuggler eben 36 einsetzen." Mit andern Worten: die Verdienste der Leute sind so groß, daß sie keine Unkosten zu scheuen haben. Rosig aber darf man sich deshalb ihr Dasein noch lange nicht vorstellen. Ja, wenn die Zollbehörden ihre einzigen Gegner wären, ließe sich's am Ende noch machen. Aber die wahren gefürchteten Feinde stehen woanders. Das sind die Hijackers, so nennt man eine Sorte Banditen, die sich die Alkoholvorräte, mit denen sie ihre Geschäfte machen, nicht wie die Bootleggers von den Schiffen, sondern von den Bootleggers selbst holen. Aber ohne Bezahlung durch Raub. Der Interessengegensatz zwischen Schmugglern und Räubern, denn darauf kommt es im Grunde hinaus, hat jahrelang die berühmte und berüchtigte Unterwelt von Chicago beherrscht. Die meisten Morde, die da auf offener Straße vorfielen, regelten die Privatangelegenheiten zwischen diesen beiden Sorten von Gentlemen. In Chicago spielt auch die abenteuerliche Geschichte, die ein amerikanischer Journalist, ein gewisser Arthur Moss, erzählt hat. Er war grade im Begriff, in seinen Klub zu gehen, als er bemerkte, wie eine Mannschaft anständig aussehender Fischer von einem nach Meersalz riechenden Lastwagen eine ganze Ladung kleiner Haifische ablud. Nun sind zwar Haifischflossen eine beliebte Delikatesse, aber doch eine ziemlich ausgefallene, und Herr Moss wunderte sich, seit wann sie denn so begehrt sei, daß man solchen Vorrat von Haifischen nötig habe. Während er da noch darüber nachdachte, fiel ihm die Sorgfalt auf, mit der jeder einzelne der kleinen Haifische auf einer schiefen Ebene vom Wagen herabgerollt und von aufmerksamen Händen in Empfang genommen wurde. Da trat auch schon ein anscheinend sanfter und harmloser Herr an den Wagen, und trotz des wenig zuvorkommenden, ja mürrischen Wesens der Seeleute bestand er darauf, einen der von ihnen so achtungsvoll behandelten Fische zu betasten. Es stellte sich heraus, daß der Herr Mitglied der Polizei war und daß im Innern jedes Fisches eine Flasche Whisky steckte.

Was sich die Bootleggers alles ausgedacht haben, um ihr Nasses ins Trockne zu bringen, geht ins Blitzblaue. Als Polizisten verkleidet, überschreiten sie die Grenze und haben die Whiskyladung in ihrem Helm. Sie veranstalten Leichenbegängnisse, nur um den Schnaps in Särgen über die Grenze zu kriegen. Sie tragen Unterwäsche aus Kautschuk, der mit Likör gefüllt ist. In Restaurants lassen sie Püppchen oder Fächer verkaufen, die im Innern eine Likörflasche tragen. Es gibt bald keinen noch so harmlosen Gegenstand, Regenschirm, Photoapparat, Stiefelleisten, in dessen Innern die Zollpolizei nicht einen Whiskyvorrat vermuten würde. Die Polizei und schließlich auch die Amerikaner. Man erzählt da eine hübsche Geschichte von einer Eisenbahnstation in der Nähe von New Orleans. Kleine Negerlein gehen an einem Zug, der dort hält, entlang und verbergen unter ihrer Kleidung Gefäße von verschiedenen Formen, auf denen groß „Kalter Tee" zu lesen ist. Ein Reisender macht ein Zeichen und kauft um den Preis eines Anzuges das Gefäß, das er geschickt versteckt. Noch einer, dann zehn, zwanzig, fünfzig. „Vor allem Ladys and Gentlemen", flehen die Negerlein, „trinken

Sie den Tee erst, wenn der Zug fährt." Alle zwinkern, man weiß, was das heißen soll ... Ein Pfiff, der Zug fährt los, im Nu haben alle Reisenden das Gefäß an der Lippe, alle Nasen sind ellenlang geworden, denn was man da trank, war wirklicher, echter Tee.

Vor ein paar Wochen haben die amerikanischen Wahlen zum Repräsentantenhaus stattgefunden. Dabei hat auch die Prohibition eine Rolle gespielt. Die Wahlen haben gezeigt, daß sie viele Gegner hat. Und zwar nicht nur, wie ihr vielleicht denkt, unter den Leuten, die durchaus saufen wollen, sondern unter sehr klugen, nüchternen, nachdenklichen Menschen, die gegen Gesetze sind, die von der Hälfte aller Bewohner eines Landes übertreten werden, die die Erwachsenen zu unartigen Kindern machen, die etwas tun, nur weil es verboten ist, Gesetze, deren Ausführung den Staat ungeheuer viel Geld und deren Übertretung viele das Leben kostet. Unbedingt für die Beibehaltung dieser Gesetze sind die Bootleggers, die an ihnen reich wurden. Wir Europäer aber, die wir uns die Sache aus der Entfernung ansehen, werden uns überlegen, ob die Schweden, die Norweger, die Belgier, die weniger radikal und mit sehr viel milderen Gesetzen den Alkoholverbrauch in ihren Ländern bekämpft haben, nicht weiter gekommen sind als die Amerikaner mit Gewalt und mit Fanatismus.

Neapel

Wenn man Neapel sagt, woran denkt ihr da wohl zuerst? Ich glaube, an den Vesuv. Werdet ihr nun sehr unzufrieden sein, wenn ihr von mir gar nichts über den Vesuv hört? Ja, wenn mein größter Wunsch je in Erfüllung gegangen wäre – ein häßlicher Wunsch, aber ich hatte ihn nun einmal – einen Ausbruch des Vesuvs zu erleben, das wäre natürlich was anderes. Acht Monate habe ich in der Gegend gesessen und immer gewartet. Bin auch auf den Vesuv gestiegen, habe in den Krater hineingeguckt. In Neapel aber war alles, was ich an Aufregendem zu sehen bekam, ein roter Feuerschein, der bisweilen, wenn ich nachts in einem Wirtshausgarten, neben der höchsten Höhe der Stadt, dem Castel St. Elmo saß, am Himmel aufzuckte. Und tagsüber? Ja denkt ihr, in Neapel bleibt einem viel Zeit, sich nach dem Vesuv umzugucken? Man ist ja froh, wenn man mit heiler Haut aus dem Treiben von Autos, Droschken, Motorrädern, mit heilen Nerven aus dem Getöse der Ausrufer, Signalhupen, der rasselnden Klingeln der Elektrischen, dem langgezogenen Schrei der Zeitungsjungen herauskommt. Gar nicht so einfach, da von der Stelle zukommen. Gerade als ich zum ersten Mal in Neapel ankam, wurde die Untergrundbahn eröffnet. Ich dachte mir: fein, da kann ich ja mit meinen Koffern gleich von der Bahn bis in die Gegend von meinem Hotel fahren. Da kannte ich aber Neapel noch schlecht. Wie der U-Bahnzug in die Halle einfuhr, hingen an allen Fenstern und Türen, saßen und standen auf allen Plätzen neapolitanische Straßenbengel. Denen machte das Spaß, daß die Bahn vor zwei oder drei Tagen eröffnet war. Ob für sie oder nicht eher für ernste erwachsene Leute, die ihren Geschäften nachgehen, war ihnen ganz egal. Sie sparten sich die paar Soldi zusammen, und dann ging's immer lustig zwischen den Stationen hin und her. So wimmelten die neuen Züge von Menschen, ohne daß die, denen es eilig war, an ihre Bestimmungsorte gelangt wären.

Ohne wimmelndes Volk können die Neapolitaner das Dasein sich gar nicht vorstellen. Ich will euch ein Beispiel sagen: wenn alte deutsche Maler die Anbetung der heiligen drei Könige malten, so sieht man Melchior, Kaspar, Balthasar, allenfalls ihr Gefolge, mit den Geschenken dem Christkinde nahen. Die Neapolitaner aber stellen sich die Anbetung als riesigen Volksauflauf vor. Ich spreche davon, weil gerade diese Darstellungen in der ganzen Welt berühmt wurden. Aus Neapel stammen nämlich die schönsten Krippen. Dort marschiert am 6. Januar, dem Dreikönigstage, von jeher ein ungeheures Aufgebot von Puppen auf, und die ausgestellten Krippen überbieten einander an Masse und an Lebenswahrheit der Figuren. Dabei muß man freilich nicht an die alten Juden denken: die Neapolitaner interessierte vielmehr die getreue und lebendige Darstellung dessen, was sie alltäglich vor sich hatten, und so sind diese Krippen nach Tracht und Treiben des kleinen Volkes mehr ein lebendiges Abbild der Stadt Neapel als des Morgenlandes. Freilich,

Wasserverkäufer, Hausierer, Gaukler gibt es hier wie dort. Aber die Makkaroniverkäufer, die Muschelhändler, die Fischer, die wir unter dem Krippenvolk finden, sind echt Neapolitaner Erscheinungen. Daß ein solches Menschengewühl nicht nur aus Engeln besteht, aus braven Mustermenschen, werdet ihr euch selbst sagen. Wollt ihr aber wissen, wie die wirklich gefährlichen Leute in Neapel aussehen, so dürft ihr nicht an wilde, schwarzbärtige Banditen, an die Rinaldo Rinaldinis denken. Nein, die schlimmsten neapolitanischen Bösewichte machen den Eindruck von ehrlichen Spießern, haben auch oft ein ganz harmloses Gewerbe. Sie sind nicht Verbrecher auf eigene Faust, sondern Mitglieder einer geheimen Gesellschaft, die nur eine gewisse Anzahl von richtigen Dieben und Mördern ihr eigen nennt und deren übrige Mitglieder nichts zu tun haben, als diese wirklichen Verbrecher vor der Polizei zu schützen, sie bei sich zu beherbergen, sie zu verständigen, wenn ihnen Gefahr droht, Gelegenheit zu neuen Schandtaten ihnen zu melden. Dafür beziehen sie dann einen Anteil der Beute. Diese weitverzweigte Verbrechergesellschaft heißt die Camorra.

Da wir nun einmal bei den schlechten Seiten der Neapolitaner sind, wollen wir uns umsehen, wie sie denn gegen die übrigen Italiener abschneiden. Da gibt es eine alte Liste der sieben Todsünden; wie die sich auf die sieben wichtigsten Städte Italiens verteilen. Habt ihr einmal von den sieben Todsünden gehört? Ihr werdet gleich hören, welche das waren. Die Italiener haben sie nämlich über ganz Italien verteilt. Alle großen Städte haben dabei etwas abbekommen: der Hochmut sollte in Genua wohnen, der Geiz in Florenz, die Üppigkeit in Venedig, der Zorn in Bologna, die Fresserei in Mailand, der Neid in Rom, in Neapel aber die Faulheit. Die treibt nun wirklich in dieser Stadt die merkwürdigsten Blüten. Es ist nicht einfach so, daß die armen Leute, die nichts zu tun haben, in der Sonne liegen und schlafen und, wenn sie aufwachen, sich am Hafen oder in den Gegenden, wo die Fremden verkehren, ein paar Centimes zusammenbetteln. Manchmal passiert es doch auch, daß so ein armer Bursche Arbeit bekommt. Was machen die Neapolitaner dann? Sie verzichten auf zwei Drittel ihres Verdienstes und werben dafür einen anderen an, den sie die Arbeit tun lassen. Ihnen selbst ist es lieber, wenn sie mit fünf Lire in der Sonne liegen können, als daß sie 15 verdienen. Vielleicht kommt es auch von der Faulheit, daß in Neapel das Lottospiel eine so große Leidenschaft ist wie kaum irgendwo sonst. Natürlich meine ich nicht das Bilderlotto: in Italien heißt Lotto das, was wir hier Lotterie nennen. Jeden Sonnabend um vier Uhr drängt man sich auf dem Vorplatz des Hauses, wo die Nummern gezogen werden. Und immer wieder versuchen die Leute ihr Glück, so oft sie auch allen Prophezeiungen der Kartenlegerin, allem Aberglauben an Glücksnummern zum Trotz schon hereinfielen.

Vielleicht hängt es nicht nur mit dem Klima zusammen, daß die Neapolitaner faul sind. Und überhaupt gilt das nur von der körperlichen Arbeit, die machen sie nicht gern. Beim Handeln dagegen, Geschäfte vermitteln, da sind sie ganz in ihrem Element. Die Neapolitaner sind ganz große Handelsleute, und die Bank von Neapel ist über 500 Jahre alt, eine der ältesten von Europa. – Aber das wollte ich sagen: die Neapolitaner arbeiten ungern körperlich, nicht nur weil man des Klimas wegen einen Teil des Jahres ganz gut ohne ein Dach über dem Kopf auskommen kann, nicht nur weil von dem überreichen Vorrat von Früchten und Seetieren, den man auf offener Straße aufgespeichert findet, immer mal etwas abfällt, sondern auch weil die Arbeit, in den Fabriken wenigstens, besonders hart ist. Die Industrie von Neapel ist nämlich heute noch, trotzdem die Stadt bald eine Million Einwohner haben muß, sehr zurückgeblieben. Man darf da nicht an neue, saubere, helle Fabrikgebäude denken, wie es sie in Deutschland in den großen Städten jedenfalls vielerorts gibt. Man muß nur einmal die trostlosen Baracken in Portici, Torre Annunziata, Biscragnano und Nocera, kurz in irgendwelchen der zahllosen Vorstädte angesehen haben, muß die endlosen staubigen Straßen, an denen sie liegen, in der Sonnenhitze selber gegangen sein und den Versuch gemacht haben, sich in einer von ihnen zurechtzufinden, um zu verstehen, daß viele selbst den elendesten Müßiggang der Industriearbeit unter solchen Verhältnissen vorziehen. Fabriziert werden in Neapel vor allem einmal Lebensmittel. Zunächst werden die vielen Früchte, die auf den Abhängen des Vesuv reifen, daneben auch Tomaten zu Konserven verarbeitet. Weiter fabrizieren sie dort Makkaroni in allen Größen und Formen. Diese Erzeugnisse gehen vor allem nach Indien und nach Amerika, weil die anderen Länder am Mittelmeer ähnliches hervorbringen und anbieten. Daneben gibt es vor allem große Webereien; die stellen aber nur die billigsten Stoffe her. Gegründet sind sie auch nicht von Neapolitanern, sondern meistens von Ausländern. Von einem Artikel aber merkt man es nach dem ersten Tag in Neapel, daß er an Ort und Stelle fabriziert wird, so voll sind die Straßen davon: nämlich von Möbeln und vor allem von Betten. Andere Handelsgegenstände dagegen findet man viel mehr in einzelnen ganz bestimmten Straßen beieinander, wo es dann zehn oder 20 Läden gibt, die mit den gleichen Gegenständen handeln. Man sollte meinen, damit schaden die Händler sich gegenseitig, aber das scheint nicht so zu sein, sonst fände man ähnliches nicht auch in anderen Städten. So gibt es besondere Straßen, wo man vor allem Lederhandlungen findet; andere, da werden in jedem dritten Laden alte Bücher verkauft. Wieder in einer anderen sitzen die Uhrmacher aufeinander.

Aus allen diesen Läden drängt die Ware ins Freie: Bücher liegen in kleinen Kästen vor den Buchhandlungen. Betten und Tische stehen zur Hälfte schon auf dem Pflaster. Strümpfe und Kleider hängen im Hausgang und an den Häuserwänden. Ein guter Teil des Neapolitaner Handels kommt aber überhaupt ohne Läden aus und begnügt sich ganz mit der Straße. Ich erinnere mich an einen Mann, der stand auf einer ausgespannten Kutsche an einer Straßenecke. Alles drängte sich um ihn. Der Kutschbock war aufgeklappt, und der Händler entnahm ihm irgend etwas unter beständigen Anpreisungen. Was es eigentlich war, konnte ich gar nicht herauskriegen, denn ehe man es noch zu sehen bekam, verschwand es jedesmal in einem rosa oder grün gefärbten Papierchen. So hielt er es hoch in der Hand, und im Nu war es gegen einige Soldi verkauft. Ich fragte mich, ob da vielleicht Lose in den Papieren waren oder kleine Kuchen, in denen Münzen versteckt waren, oder Wahrsagesprüche. So geheimnisvoll war die Miene des Mannes wie die eines Krämers aus 1001

Nacht. Aber das Geheimnisvollste an dieser Sache war, wie ich schließlich merkte, nicht die Ware, sondern die Kunst des Händlers, der sie so schnell los wurde. Was war in den bunten Papierchen? Was wickelte er in die bunten Papierchen? Nur eine Zahnpasta. – Ein andermal, wie ich gerade früh auf war, sah ich einen Straßenhändler ankommen, der gerade den Koffer mit seinem Kram auspackte. Aber wie er das tat, das war schon eine richtige Theatervorstellung. Regenschirme, Hemdenstoffe, Umschlagtücher, jedes Stück stellte er einzeln seinem Publikum vor, mißtrauisch, als müsse er selbst erst die Ware prüfen – dann begann er scheinbar vor Bewunderung, vor Überraschung, wie schöne Sachen er da hätte, sich zu erhitzen, breitete ein Tuch aus, verlangte 500 Lire – das wäre ungefähr 80 Mark. Dann auf einmal schlug er es gelassen wieder zusammen, mit jedem Faltenschlag ging er im Preis herunter und schließlich, wie es ganz klein in seinem Arm lag, kam er mit seinem letzten Preis heraus: 50 Lire.

Wenn es so schon an einer beliebigen Straßenecke zugeht, dann könnt ihr euch vorstellen, wie in Neapel ein Markt aussieht. Von allen Märkten ist der Fischmarkt der seltsamste. Seesterne, Krebse, Polypen, Schnecken, Tintenfische und vieles andere Gewürm, bei dessen bloßem Anblick euch eine Gänsehaut herunterlaufen wird, wird da als Leckerbissen geschlürft. Ich kann euch sagen, für mich ist es nichts Leichtes gewesen, mir das erste Stück Tintenfisch aus der roten gepfefferten Brühe, in der er schwamm, mit dem Löffel herauszuangeln. Nur war ich immer der Meinung, in fremden Ländern genüge es nicht, die Augen aufzumachen und, wenn man es kann, die Sprache der Leute zu sprechen. Vielmehr muß man versuchen, möglichst sich den Gewohnheiten des Landes in Wohnen, Schlafen, Essen anzupassen. Hat man das eine Weile getan, dann schmeckt einem Tintenfisch jedenfalls wundervoll. Warum sollte es auch nicht? Die Neapolitaner sind sehr große Sachverständige im Essen. Was man in Deutschland nur in den feinsten Restaurants findet: daß man das Fleisch, die Fische usw. zu sehen bekommt, bevor sie zubereitet werden, das findet ihr in Neapel in der ärmlichsten Kneipe. Überall liegt der kleine Vorrat, den der Gastwirt gerade für den Tag eingekauft hat, im Fenster.

Ganz große Fressereien gibt es am 7. September. Da wird in Neapel Piedigrotta, ein altes römisches Fest der Fruchtbarkeit, welches bis auf den heutigen Tag sich erhalten hat, gefeiert. Und wie machen es nun die armen Leute, damit sie und ihre Familie an diesem Tage auch etwas Gutes in ihrer Schüssel haben? Das ganze Jahr zahlen sie Woche für Woche dem Krämer 20 oder 30 Soldi über ihre Wochenrechnung hinaus. Der Überschuß wird am Tage von Piedigrotta zusammengezählt, und dafür haben sie dann ihr Stückchen Ziegenbraten, ihren Käse, ihren Wein. So versichert man sich in Neapel für das Nationalfest, wie man sich bei uns gegen Alter oder Unfall versichert.

Wie das aber bei Piedigrotta im übrigen zugeht, davon kann man wahrhaftig kaum einen Begriff geben. Stellt euch vor, daß in einer Stadt von einer Million Einwohner alle Jungens und Mädels sich verschworen haben, beim Einbruch der Dunkelheit straßauf, straßab in Haustoren, auf Plätzen, unter Brücken und Bogen den erdenklichsten Höllenspektakel zu machen und vor Morgengrauen nicht damit aufzuhören. Stellt euch weiter vor, daß sich die meisten eine von den schauerlichen bunten Tuten, die zu fünf Centimes an allen Straßenecken ausgeboten werden, gekauft haben. Daß sie in Banden herumlaufen und nichts im Kopf haben, als harmlose Leute abzufangen, ihnen den Weg zu versperren, sie in die Mitte zu nehmen und ihnen von allen Seiten die Ohren voll zu tuten, bis die Opfer halbtot umfallen oder bis es ihnen gelingt zu entwischen. Zur Entschädigung dafür gibt es dann allerdings anderswo für die Ohren Süßes und Angenehmes. An diesem Tage ist nämlich in Neapel eine Art Wettsingen der Liederdichter. Die meisten der Lieder, die von Akkordeons und Holzklavieren tagaus, tagein in den Straßen verbreitet werden, kommen zum ersten Male am Piedigrotta-Feste heraus, und die schönsten von ihnen werden von den Sachverständigen preisgekrönt. Schön singen zu können, macht in Neapel einen Mann beinahe ebenso angesehen wie in Amerika gut boxen zu können.

Es gibt aber nicht nur die großen Feiertage. In dieser Stadt ist beinahe jeden Tag etwas los. Jedes Stadtviertel hat nämlich seinen besonderen Heiligen, unter dessen Schutze es steht, und am Namenstag dieses

Heiligen wird von früh an gefeiert. Ja, es beginnt schon einige Tage vorher, wenn die Masten errichtet werden, an denen man dann die grünen, blauen oder roten Glühbirnen anbringt, wenn die Girlanden aus Papier von einer Straßenseite zur anderen gezogen werden. Papier in allen Farben spielt im Straßenbild die größte Rolle; sein Glanz, seine Beweglichkeit und sein schneller Verschleiß entspricht genau dem lebhaft launischen Wesen der Einwohner. Rote, schwarze, gelbe und weiße Fliegenwedel, Altäre aus farbigem Glanzpapier an den Mauern, grüne Papierrosetten an den blutigen rohen Fleischstücken fallen allerorten ins Auge. Die fahrenden Leute, von denen die Straßen hier niemals leer werden, haben schnell ausgekundschaftet, in welcher Stadtgegend gerade gefeiert wird, und wenden sich natürlich am liebsten dorthin. Auf was für Gesellschaft bin ich nicht da gestoßen: vom Feuerfresser, der auf dem Trottoir einer breiten Straße seelenruhig seine brennenden Schüsseln um sich herumbaut, um von einer nach der anderen die Flammen zu schlucken, bis zum Silhouettenschneider, der sich im Schatten einer Torfahrt angesiedelt hat und seine Modelle ins grelle Licht stellt, um ihnen gegen Zahlung einer Lira das sprechend ähnliche Profil in schwarzes Glanzpapier zu schneiden. Ich spreche nicht von den Wahrsagern und Athleten; solche Leute könnt ihr auf Jahrmärkten hier wohl auch treffen. Aber von einer sonderbaren Art Maler will ich erzählen, wie ich ihr außerhalb von Neapel niemals begegnet bin. Zuerst sah ich nicht etwa ihn, den Maler, sondern nur eine Menschenmenge, in deren Mitte es leer zu sein schien. Ich trat näher. Da kniete in der Mitte dieses Menschenknäuels ein kleiner, unscheinbarer Kerl und malte mit bunter Kreide auf den Stein einen Christus, darunter den Kopf der Madonna. Er nimmt sich Zeit. Man sieht, er will seine Arbeit genau machen; er überlegt sich, an welchen Stellen er grüne, gelbe oder braune Kreide anlegt. Nach einer ganzen Weile erhebt er sich und beginnt nun, stumm neben seinem Werk zu warten, eine Viertelstunde, auch eine halbe, bis allmählich Glieder, Kopf, Rumpf seiner Zeichnung mit je zwei oder drei Kupfermünzen, die ihm Bewunderer dahinein geworfen haben, bedeckt sind. Dann sammelt er sein Geld auf, und die Zeichnung ist bald unter den Tritten der Leute verschwunden. – Jedes Fest aber wird bekrönt mit einem Feuerwerk über dem Meere. Genauer müßte man wohl sagen, wurde bekrönt. Damals jedenfalls im Jahre 1924, als ich zum erstenmal da war. Später kam dann die Regierung darauf, welche Unsummen so Jahr für Jahr in die Nachtluft hinausflogen, und man gab den Befehl, die Feuerwerke etwas einzuschränken. An jenen früheren Abenden aber lief ein einziger Feuerstreif von Juli bis September die Küste zwischen Neapel und Salerno entlang. Bald über Sorrent, bald über Minori oder Praiano, immer aber über Neapel standen feurige Kugeln. Und jede Kirchengemeinde suchte das Fest der benachbarten mit neuen Lichteffekten zu übertrumpfen.

Da habe ich euch ein bißchen vom Alltag und ein bißchen vom Festtag Neapels erzählt, und das Merkwürdigste ist, wie beide ineinandergehen, wie an jedem Alltag die Straßen etwas Festliches haben, voll von Musikstücken und von Müßiggängern sind, über denen die Wäsche wie Fahnen flattert, und wie auch noch der Sonntag etwas vom Werktag hat, weil jeder kleine Krämer seinen Laden offen halten kann bis in die Nacht. Um die Stadt ganz kennenzulernen, müßte man wahrscheinlich auf ein Jahr sich in einen Neapolitaner Briefträger verwandeln können. Da würde man mehr Kellerlöcher, Mansarden, Hinterhöfe, Schlupfwinkel kennenlernen als in vielen anderen Städten zusammen. Und doch auch der Briefträger würde Neapel niemals ganz kennenlernen. Wie viele Zehntausende leben da, die im Jahr nicht einen einzigen Brief bekommen, die nicht einmal eine Wohnung haben. Das Elend ist groß in der Stadt und der ganzen Gegend. Aus ihr stammen denn auch die meisten italienischen Auswanderer. Als Zwischendeckpassagiere eines Amerikadampfers haben Zehntausende schon den letzten Blick auf ihre Heimatstadt geworfen, die im Abschied noch einmal so schön mit ihren unabsehbar gestaffelten Treppen, ineinander geschachtelten Höfen, den Kirchen, die im Häusermeer verschwinden, daliegt. Mit diesem Blick auf die Stadt wollen auch wir sie heute verlassen.

Untergang von Herculanum und Pompeji

Habt ihr mal vom Minotaurus gehört? Das war das abscheuliche Ungetüm, das in Theben mitten in einem Labyrinth hauste, in das ihm zum Opfer jedes Jahr eine Jungfrau verstoßen wurde, die sich aus allen den Irrgängen, die sich hundertfach verzweigten und durchkreuzten, nicht mehr herausfand und schließlich von dem Ungeheuer gefressen wurde; bis Theseus von der thebanischen Königstochter ein Knäuel in die Hand bekam; den machte er vorm Eingang fest, so daß er sicher war, den Rückweg wiederzufinden, und da erschlug er den Minotaurus. Die Königstochter von Theben hieß aber Ariadne. So einen Faden der Ariadne könnte man gut brauchen, wenn man das heutige Pompeji betritt. Es ist das größte Labyrinth, der größte Irrgarten der Erde. Wohin das Auge schweift, findet es nichts als Mauern und Himmel. Vor 1800 Jahren, ehe Pompeji verschüttet wurde – schon damals muß es nicht leicht gewesen sein, sich in der Stadt auszukennen. Das alte Pompeji nämlich bestand aus, wie beispielsweise Karlsruhe bei uns, einem regelrechten Netz rechtwinklig sich kreuzender Straßen; die Merkmale aber, an denen man sich ehemals zurechtfinden konnte, Läden und Wirtshausschilder, erhöhte Tempel und Gebäude, das alles ist verschwunden. Wo früher Treppen und Wände die Bauten gliederten, geben heut nach allen Seiten Breschen im Gemäuer den Weg frei. Wie oft ist es mir nicht passiert, wenn ich mit einem meiner Freunde aus Neapel oder Capri durch die tote Stadt ging und ihn auf ein verblaßtes Gemälde an der Wand oder auf ein Mosaikbild zu meinen Füßen aufmerksam machen wollte – daß ich da mit einem Mal mich allein fand und wir mit Rufen uns verständigen mußten, um nach ängstlichen Minuten wieder der eine auf des andern Spur zu kommen. Ihr müßt nicht denken, daß man in diesem toten Pompeji spazieren geht wie in einem Museum für Altertümer. Nein, in der Schwüle, die dort meistens herrscht, in den breiten einförmigen, schattenlosen Straßen, wo das Ohr keinem Laut und das Auge nur matten Farben begegnet, kommt der Besucher bald in eine merkwürdige Verfassung. Er schrickt zusammen, sobald er nur Schritte hört oder ein anderer einsamer Spaziergänger unversehens vor ihm auftaucht. Und die uniformierten Wächter mit ihren neapolitanischen Spitzbubengesichtern machen die Sache auch nicht gemütlicher. Fenster haben die Häuser der alten Griechen und Römer fast nie gehabt; Licht und Luft kamen aus dem Lichthof im Innern, einer Öffnung im Dach, der auf dem Erdboden ein Bassin entsprach, in das der Regen fiel. Die fensterlosen Mauern, die schon immer etwas Strenges hatten, machen jetzt, da alle Farbe von ihnen verschwunden ist, die Straßen doppelt ernst. Der Vesuv aber mit seinen Wäldern am Fuß und den Weinbergen in der Höhe sieht nirgends schöner und lieblicher aus, als wenn er hier über den starren Mauern oder in der Öffnung eines der drei oder vier Tore von Pompeji, die heute noch stehen, erscheint.

So lieblich und gar nicht furchtbar ist der Vulkan auch jahrhundertelang den Pompejanern erschienen, deren Stadt er eines Tages vernichten sollte. Wohl gab es eine uralte Überlieferung, nach der in der Gegend Kampaniens, wo Pompeji und Herculanum liegen, die Eingänge in die Unterwelt zu finden seien. Von einem Ausbruch des Vesuvs aber hatte man, seit es eine Geschichtsschreibung gibt, keine Kunde. Viele Jahrhunderte hat der Vesuv geruht; die Hirten weideten in seinem grünen Krater ihr Vieh, und der Sklavenführer Spartakus hat sich darinnen mit seinem ganzen Heer verborgen. Erdbeben hat es in Kampanien immer gegeben, aber daran war man gewöhnt. Auch scheinen sie lange schwach und auf einen kleinen Umkreis beschränkt gewesen zu sein. Gestört wurde der jahrhundertealte Frieden, den hier die Erde mit den Menschen geschlossen zu haben schien – die Menschen untereinander waren damals vom Frieden ebensoweit entfernt wie heute –, gestört also wurde dieser Frieden zum ersten Male im 64. Jahre nach Christi Geburt durch ein fürchterliches Erdbeben. Damals bereits wurde Pompeji zum großen Teil vernichtet. Und als dann 16 Jahre später die Stadt für mehrere Jahrhunderte völlig von der Erde verschwand, da war es nicht eine Stadt wie andere. Vielmehr war ganz Pompeji zur Zeit des Vesuvausbruchs in völliger Erneuerung und Umgestaltung begriffen. Denn es geschieht ja niemals, daß Menschen eine vernichtete Stadt so wieder aufbauen, wie sie vorher gewesen ist; immer wollen sie dem Unglück wenigstens irgendeinen Nutzen abgewinnen und suchen das Alte sicherer, besser, schöner aufzubauen als vorher. So geschah es auch in Pompeji. Das war damals eine Landstadt mittlerer Größe mit ungefähr 20 000 Einwohnern. Die Samniter, ein kleines italisches Volk, lebten dort bis kurz vor Christi Geburt ganz für sich, und als dann ungefähr 150 Jahre vor dem Untergang der Stadt die Römer die Gegend sich unterwarfen, hatte Pompeji nicht grade viel zu leiden. Es wurde nicht erobert, man siedelte nur eine Anzahl römischer Untertanen dort an, mit denen die Samniter ihre Äcker teilen mußten. Diese Römer begannen nun bald, sich und die Stadt nach ihren Bräuchen und Gewohnheiten einzurichten, und da sie nun schon einmal am Verändern und Umbauen waren, machten sie sich das Erdbeben natürlich zunutze. Kurz, von den alten Samnitern ist in dem untergegangenen Pompeji nicht mehr viel erhalten geblieben, und es gibt wissensdurstige Gelehrte, denen wäre es lieber gewesen, es wäre nicht erst zu dem Erdbeben gekommen, sondern die alte samnitische Stadt wäre gleich vom Vesuv verschüttet und uns damit so wohl erhalten geblieben, wie es mit dem römischen Pompeji der Fall war. Römische Städte kennen wir nämlich auch sonst noch, samnitische aber gar nicht.

Man kann sagen, daß wir über den Untergang von Pompeji so genau Bescheid wissen, als wenn er in unsern Tagen vor sich gegangen wäre. Und zwar wissen wir davon aus zwei Briefen, die ein Augenzeuge des Vesuvausbruchs an den römischen Geschichtsschreiber Tacitus gerichtet hat. Diese Briefe sind wohl die berühmtesten, die je auf der Welt geschrieben wurden. Man erkennt an ihnen nicht nur, was sich damals ereignete, sondern ebenso wie die Menschen es aufnahmen. Die Briefe hat der jüngere Plinius geschrieben, ein großer Naturforscher, der, als das Unglück sich ereignete, 18 Jahre war und damals mit seinem Onkel in Misenum dicht bei Neapel sich aufhielt. Sein Onkel, der ältere Plinius, war Befehlshaber der römischen Flotte und ist bei dem Ausbruch umgekommen. Aus dem einen Brief nun lese ich euch jetzt vor:

„Seit einer Stunde schon mußte es Tag sein, und doch herrschte ringsum nur ein fahles Zwielicht. Die Häuser in unserer Nachbarschaft wankten so, daß der Aufenthalt in dem engen Hof, in den wir geflüchtet waren, gefährlich wurde. Wir entschlossen uns also, die Stadt zu verlassen. Die Menge folgte uns; sie war kopflos vor Angst und hielt es wie in solchen Fällen oft: sie glaubte klug zu handeln, wenn sie sich nach jemand anderm richtete. Es war eine riesige Masse, von der wir gedrängt und gestoßen wurden. Sobald wir aus dem Bezirk der Häuser heraus waren, blieben wir stehen; auch da aber Unerhörtes, neue Schrecken, auf die wir stießen. Die Gegend war völlig eben. Die Wagen aber, die wir hatten kommen lassen, um uns auf ihnen zu flüchten, schwankten von einer Seite auf die andere. Nicht einmal mit Hilfe von Steinen, die wir ihnen unterlegten, gelang es uns, sie an Ort und Stelle zu halten. Das Meer schien in seinen Schoß zurückfluten zu wollen, es war, als stieße der Strand es von sich. Jedenfalls war er viel breiter geworden, und viele Seetiere lagen auf dem trockenen Land. Uns gegenüber aber stand eine grauenhafte schwarze Wolke; große gezackte Feuerströme zerrissen sie zeitweise, dann schloß sie sich und ging von neuem auseinander, und es erschienen wieder Flammen in ihr, die Blitzen ähnelten, nur viel größer waren."

So schreibt Plinius, und gleich werdet ihr mehr von ihm hören. Aber wie ich euch sagte: er sah die Sache von weitem an. Die feurige Wolke, von der er schreibt, stand über dem Vesuv; sie hat Pompeji nicht berührt. Pompeji ist nicht zugrunde gegangen wie Anfang unseres Jahrhunderts die Insel Martinique, die förmlich von einer glühenden Wolke verzehrt wurde. Das Feuer hat Pompeji nicht ergriffen. Ja, nicht einmal Lavaströme, welche die letzten Ausbrüche des Vesuvs so verheerend machten, haben die Stadt berührt, sondern sie ist ganz eigentlich durch einen Regen verschüttet worden. Das war nun ein seltsamer Regen. An einer anderen Stelle seines Briefs erzählt Plinius, wie die Wolke überm Vesuv bald schwarz, bald hellgrau aussah. Die Ausgrabung von Pompeji hat uns gezeigt, woher dieses Schauspiel kam. Der Vulkan nämlich hat abwechselnd schwarze Asche, dann wieder ungeheure Mengen grauen Bimssteins ausgeworfen. Die Schichten kann man in Pompeji genau unterscheiden. Es hat mit ihnen aber eine besondere Bewandtnis. Den Aschenschichten verdanken wir etwas, was auf der ganzen Erde sich nie wieder fand: vollkommen scharfe, lebenswahre Abbilder von

Menschen, die vor 2000 Jahren gelebt haben. Das kam folgendermaßen. Während der Bimsstein die Menschen, auf die er niederging, förmlich erschlug, so sehr sie sich auch mit Tüchern und Kopfkissen, die sie umnahmen, dagegen zu schützen suchten, hat der Aschenregen die Pompejaner erstickt. Zwischen den Bimssteinen faulten die Leichen, und als man nachgrub, stieß man nur auf Skelette. Ganz anders in den Aschenschichten. Sei es, daß die Asche aus dem Innern des Kraters feucht war, wie manche vermutet haben, sei es, daß Wolkenbrüche nach dem Vulkanausbruch sie durchfeuchteten – jedenfalls hat sie sich ganz genau an jede Kleidfalte, in jede Windung der Ohren, überall zwischen Finger, Haare, Lippen der Menschen eingeschmiegt. Dann aber ist sie sehr viel schneller, als die Leichen sich zersetzt hatten, erstarrt, und so besitzen wir heut eine Fülle von lebenswahren Abdrücken der Menschen, wie sie im Laufe niederfielen und gegen den Tod ankämpften oder aber sich friedlich, wie wir es an einem Mädchen sehen, mit unterm Kopf verschränkten Armen niedergelegt hatten, um auf das Ende zu warten. Von den 20 000 Einwohnern sind bei der Katastrophe kaum mehr als der zehnte Teil umgekommen, und bei vielen sehen wir, daß die Sorge um ihr Eigentum es gewesen ist, die sie verhindert hat, zur rechten Zeit für ihre Sicherheit zu sorgen. Sie haben sich mit ihren Gold- und Silberschätzen in den Kellern eingeschlossen, und als der Ausbruch dann zu Ende war, waren sie verschüttet; es gab kein Mittel mehr, die Tür zu öffnen, sie sind verhungert. Andere sind unter den Säcken mit Schmuck und Silbergeschirr, die sie sich aufgeladen hatten, zusammengebrochen. Viele, so auch der Onkel von Plinius, aus dessen Brief ich euch nun weiter vorlese, haben, anstatt landeinwärts sich zu flüchten, am Meer gewartet, um bei der ersten besten Gelegenheit fortzurudern. Das Meer aber blieb, vom Erdbeben aufgewühlt, unnahbar, und so wurden die Wartenden am Strande verschüttet.

„Nur noch kurze Zeit“, schreibt Plinius, „und die Wolke, die über uns stand, sank zur Erde, bedeckte das Meer, sie verhüllte Capri und alle Berge des Festlandes. Ich sah mich um, hinter uns her wälzte sich drohend, wie ein entfesselter Strom, schwarzer Rauch. ›Laß uns querfeldeingehen, solange man noch etwas sehen kann, sagte ich zu meiner Mutter, wenn wir auf der Landstraße bleiben, werden wir in der Finsternis von den Massen erdrückt werden.‹ Kaum aber haben wir halt gemacht, umgibt uns Nacht. Nicht eine mondlose Nacht oder eine von Wolken verfinsterte, sondern die Nacht einer Kammer, die keine Fenster hat. Man hört nichts als die schrillen Schreie der Frauen, das Jammern der Kinder, das Stöhnen der Männer. Die einen rufen nach ihren Eltern, andere nach ihren Kindern, wieder andere nach ihrer Frau, denn nur an den Stimmen erkennt man sich. Manche weinen um ihr eigenes Schicksal, manche wieder um das der Ihren. Aus Angst vor dem Tod wünschen viele den Tod herbei. Wieder andere heben die Hände zu den Göttern auf, aber viele glauben auch, daß es keine Götter mehr gibt und daß jetzt für die ganze Welt die letzte Nacht hereingebrochen ist, die ewige. Als es endlich ein klein wenig heller wurde, meinten wir, das sei nicht das Tageslicht, sondern es seien die Flammen, die näher kämen. Aber sie erreichten uns nicht. Dann wieder Finsternis, wieder ein Regen gewaltiger Aschenmassen. Von Zeit zu Zeit mußten wir aufstehen und sie abschütteln, sonst wären wir unter ihnen begraben, ja unter ihrer Last zerquetscht worden. Von mir darf ich sagen, daß ich in solcher Gefahr nicht eine Klage vernehmen ließ und kein Wort, das als Schwäche hätte erscheinen können. Ich stellte mir vor, nun müsse ich mit allen andern und alle andern müßten nun mit mir umkommen. Und das war ein jammervoller, aber großer Trost.“

Niemand, das kann man aus diesem Brief erkennen, ahnte im Augenblick des Unglücks dessen Ursache; manche meinten, die Sonne sei im Begriff, auf die Erde zu stürzen, andere, die Erde sei in den Himmel davongeflogen, manche glaubten auch, wie ein späterer Geschichtsschreiber uns erzählt, in den feurigen Wolken Giganten zu sehen und meinten, ein Aufstand der alten Götter gegen die herrschenden sei ausgebrochen. Aschenspuren des ungeheuren Ausbruchs gelangten bis nach Rom, Ägypten und Syrien. Und in großem Abstand folgte ihnen die Kunde von dem Naturereignis. Dann kehrten die Überlebenden wieder zurück; nicht um sich dort anzusiedeln, das war auf diesem Boden, wo die Asche 15 bis 30 Meter hoch lag, nicht möglich, wohl aber, um auf gut Glück nach ihrer Habe zu wühlen. Dabei sind von neuem viele ums Leben gekommen, indem sie von herabstürzenden Schottermassen verschüttet wurden. Viele Jahrhunderte ist dann die Stadt aus dem Gedächtnis der Menschen verschwunden. Und als sie endlich im vorigen Jahrhundert mit ihren Läden, Wirtshäusern, Theatern, Ringschulen, Tempeln, Bädern wieder aus der Erde hervortrat, da erschien der Vesuvausbruch von 79 n. Chr., der sie vor zwei Jahrtausenden zerstört hat, in einem ganz neuen Licht. Denn so wahr er für die damaligen Menschen die Vernichtung einer blühenden Stadt gewesen ist, so wahr ist er für die heutigen deren Bewahrung. Eine Bewahrung, die bis ins kleinste und einzelne geht, so daß wir in den Hunderten kleiner Inschriften, mit denen die Pompejaner ihre Wände bedeckten, so wie wir mit Anschlägen die unsern, einen Blick in ihr alltäglichstes Leben tun: ihre Streitigkeiten in der Stadtverordnetenversammlung, ihre Tierkämpfe, ihre Zänkereien mit Vorgesetzten, ihre Gewerbe, ihre Schenken. Unter diesen Hunderten Inschriften aber stoßen wir schließlich auf eine, von der wir uns wohl vorstellen können, es sei die letzte gewesen, und angesichts des drohenden Feuerscheins, der schon über die Stadt fiel, habe ein Jude oder ein Christ, der dahin verschlagen gewesen, sie an die Mauer gemalt. „Sodom und Gomorrha“ heißt diese letzte unheimliche Mauerinschrift Pompejis.

Erdbeben von Lissabon

Habt ihr schon mal beim Apotheker warten müssen und zugeschaut, wie der ein Rezept macht? Auf einer Waage mit ganz feinen Gewichten wiegt er Gramm für Gramm oder Zehntel für Zehntel all die Stoffe und Stäubchen ab, die das fertige Pulver ausmachen. So wie dem Apotheker geht es mir, wenn ich euch in der Funkstunde etwas erzähle. Meine Gewichte sind die Minuten, und ganz genau muß ich's abwiegen, wieviel von dem, wieviel von jenem, damit die Mischung auch richtig wird. – Nanu, werdet ihr da sagen, wieso? Wenn Sie vom Erdbeben von Lissabon erzählen wollen, na, dann fangen Sie doch an, wie es anfing. Und dann erzählen Sie weiter, was da passiert ist. Aber wenn ich's so machte, ich glaube nicht, daß euch das Spaß machen würde. Ein Haus nach dem andern stürzt ein, eine Familie nach der andern kommt um; die Schrecken des um sich greifenden Feuers und die Schrecken des Wassers, die Dunkelheit und die Plünderungen und der Jammer der Verwundeten und die Klagen derer, die auf der Suche nach ihren Angehörigen sind – das zu hören und nichts als das, würde niemandem lieb sein, und gerade das sind ja auch die Dinge, die bei jeder großen Naturkatastrophe mehr oder weniger dieselben sind.

Das Erdbeben aber, das Lissabon am 1. November 1755 vernichtet hat, war nicht nur ein Unheil wie tausend andere, sondern in vielem einzigartig und merkwürdig. Und von dem, worin es das war, will ich euch erzählen. Erstens einmal ist es allerdings eines der größten und vernichtendsten gewesen, die jemals stattfanden. Aber nicht nur darum hat es, wie wenige Dinge, in jenem Jahrhundert die ganze Welt erregt und beschäftigt. Die Zerstörung von Lissabon, das war damals so, als würde man heute sagen, die Zerstörung von Chicago oder von London. Um die Mitte des 18. Jahrhunderts stand Portugal noch auf der Höhe seiner gewaltigen Kolonialmacht. Lissabon war eine der reichsten Handelsstädte der Erde; sein Hafen an der Mündung des Tejo war jahraus, jahrein voller Schiffe und eingesäumt von den gewaltigen Handelshäusern der englischen, französischen, deutschen, vor allem der Hamburger Kaufleute. 30 000 Häuser zählte die Stadt und weit über 250 000 Einwohner, von denen ungefähr der vierte Teil bei diesem Erdbeben umkam. Der Hof des Königs war berühmt durch seine Strenge und seinen Glanz, und in den vielen Beschreibungen, die in den Jahren vor dem Erdbeben von der Stadt Lissabon erschienen sind, kann man die seltsamsten Dinge von der steifen Feierlichkeit lesen, mit der an den Sommerabenden auf dem Hauptplatze der Stadt, dem Rucio, die Höflinge und ihre Familien in ihren Karossen sich ein Stelldichein gaben und, ohne aus ihren Wagen zu steigen, ein Weilchen miteinander plauderten. Vom König von Portugal nun gar hatte man eine so erhabene Vorstellung, daß eines der vielen Flugblätter, welche genaue Beschreibungen des Unglücks in ganz Europa verbreiteten, sich gar nicht darüber fassen kann, daß ein so großer König davon mitbetroffen wurde. „Doch wie das Unglück“, so schreibt dieser seltsame Zeitungsmann, „erst dann in seiner Größe erscheint, wenn es überstanden ist, so kann ein jeder die klägliche Vorstellung von diesem erschrecklichen Fall sich am besten machen, wenn er die Umstände bedenkt, daß ein großer König mit seiner Gemahlin von allen Menschen verlassen in einer Karosse einen ganzen Tag im erbärmlichsten Zustande zugebracht.“ Die Flugblätter, in denen man dergleichen liest, vertraten damals die Stelle der Zeitungen. Von Augenzeugen verschaffte sich, wer es konnte, möglichst vollständige Berichte, die er dann drucken ließ und verkaufte. Und aus einem solchen Bericht, wie er auf Grund der Erlebnisse eines in Lissabon ansässigen Engländers damals entstand, will ich euch nachher auch etwas vorlesen.

Daß aber dies Ereignis die Leute so ungeheuer bewegte, zahllose Flugblätter darüber von Hand zu Hand gingen, ja noch fast 100 Jahre später neue Berichte davon erschienen, das hat nun noch einen besonderen Grund. Dieses Erdbeben nämlich war seiner Auswirkung nach das umfassendste, von welchem man je gehört hat. Über ganz Europa bis nach Afrika hin verspürte man es, und man hat berechnet, daß es mit seinen entferntesten Ausläufern die ungeheure Fläche von zweieinhalb Millionen Quadratkilometern erfaßt hat. Die stärksten Erschütterungen reichten bis zu den Küsten Marokkos einerseits, bis zu den Küsten Andalusiens und Frankreichs andererseits. Die Städte Cádiz, Jerez und Algeciras wurden fast vollkommen vernichtet. In Sevilla zitterten die Türme der Kathedrale nach einem Augenzeugen wie Schilfrohr im Winde. Die gewaltigsten Erschütterungen jedoch pflanzten sich durch das Meer fort. Von Finnland bis Holländisch-Indien spürte man die gewaltige Wasserbewegung und hat berechnet, daß die Erschütterung des Ozeans von der portugiesischen Küste bis an die Elbmündung sich mit ungeheurer Schnelligkeit, nämlich einer Viertelstunde, fortpflanzte. Soviel von dem, was gleichzeitig mit dem Unheil verspürt wurde. Mehr noch als dies aber hat die Phantasie der damaligen Menschen beschäftigt, was in den Wochen vorher an seltsamen Naturereignissen beobachtet wurde, die man dann nachträglich, und wohl nicht immer mit Unrecht, als Vorzeichen des künftigen Unheils ansah. So brachen zwei Wochen vor dem Unglückstage auf einmal in Locarno, in der Südschweiz, Dämpfe aus der Erde, die in zwei Stunden sich in einen roten Nebel verwandelt hatten, der gegen Abend als ein purpurner Regen niederfiel. Von der Zeit an will man fürchterliche Orkane, verbunden mit Wolkenbrüchen und Überschwemmungen, in Westeuropa beobachtet haben. Acht Tage vor der Erschütterung war die Erde bei Cádiz mit einer Menge ausgekrochenen Gewürms bedeckt.

Niemand hat sich damals mit diesen merkwürdigen Vorgängen mehr beschäftigt als der große deutsche Philosoph Kant, von dem manche von euch immerhin vielleicht den Namen schon einmal gehört haben. Der war zur Zeit, als das Erdbeben stattfand, ein junger Mann von 24 Jahren, war weder vorher noch ist er später je aus Königsberg, seiner Heimat, herausgekommen, aber mit einem ungeheuren Eifer hat er alle Nachrichten, die er von diesem Erdbeben bekommen konnte, zusammengestellt, und eine kleine Schrift, die er darüber verfaßte, ist eigentlich der Anfang der wissenschaftlichen Erdkunde in Deutschland gewesen. Bestimmt der Anfang der Erdbebenkunde. Gern würde ich euch etwas über den Weg erzählen, den diese Wissenschaft von jener Schilderung des Erdbebens von 1755 bis heute gemacht hat. Aber da muß ich behutsam sein, damit unser Engländer, von dem ich euch doch noch die Beschreibung seiner Erlebnisse bei dem Erdbeben vorlesen will, nicht ganz ins Gedränge gerät. Er wartet schon ungeduldig, weil er nach 150 Jahren, wo sich niemand um ihn gekümmert hat, wieder einmal zu Wort kommen will, und erlaubt mir, euch von dem, was wir heute über Erdbeben wissen, nur ein paar Worte zu sagen. Eins zuvor: so wie ihr euch die Sache vorstellt, ist sie nicht. Denn ich wette, wenn ich jetzt eine kleine Pause machen könnte und euch dann fragte, wie ihr versuchen würdet, ein Erdbeben zu erklären, ihr würdet zuerst an die Vulkane denken. Wirklich sind ja Vulkanausbrüche oft mit Erdbeben verbunden oder wenigstens von ihnen verkündet worden. So haben denn auch 2000 Jahre lang von den alten Griechen bis Kant und noch weiter bis ungefähr zum Jahre 1870 die Leute geglaubt, die Erdbeben kämen von den feurigen Gasen, Dämpfen im Erdinnern und ähnlichem. Als man dann aber der Sache mit Meßinstrumenten und mit Berechnungen, von deren Schärfe und Feinheit ihr euch keine Vorstellung machen könnt – und von denen auch ich mir kaum eine mache – kurz, als man die Sache nachprüfte, ergab sich etwas ganz anderes, jedenfalls für die großen Erdbeben, wie das von Lissabon eines war. Die entstehen nicht aus dem tiefsten Erdinnern, das man sich auch heute noch flüssig oder besser gesagt schlammartig, wie einen Feuerschlamm, vorstellt, sondern durch Vorgänge in der Erdrinde. Die Erdrinde, das ist eine Schicht von ungefähr 3000 km Dicke. In dieser Schicht ist andauernd Unruhe; andauernd verschieben sich die Massen in ihr, wobei sie immer wieder versuchen, in ein Gleichgewicht miteinander zu kommen. Von den Gründen, die dieses Gleichgewicht stören, kennt man einige, andere ist man in unaufhörlicher Arbeit im Begriff zu erforschen. Soviel steht fest, daß die wichtigsten Veränderungen vor sich gehen durch die andauernde Abkühlung der Erde. Durch sie entstehen ungeheure Spannungen in den Gesteinsmassen, unter deren Einwirkung diese schließlich zerrissen werden und in einer Umlagerung, die wir als Erdbeben spüren, ein neues Gleichgewicht suchen. Andere Veränderungen kommen zustande durch die Verwitterung der Gebirge, die also leichter, durch die Anschwemmungen des Meeresbodens, der also schwerer wird. Stürme, wie sie vor allen Dingen im Herbst um die Erde sausen, erschüttern ihrerseits deren Oberfläche, und endlich ist man dabei festzustellen, welche Kräfte durch die Anziehung fremder Weltkörper auf die Erdoberfläche ausgeübt werden. – Aber, könnt ihr sagen, wenn das so ist, dann kann doch der Erdboden eigentlich niemals zur Ruhe kommen, dann muß es doch fortwährend Erdbeben geben. Ihr habt recht, so ist es. Die ungeheuer feinen Erdbebeninstrumente, die es heute gibt – allein in Deutschland haben wir 13 Erdbebenwarten in verschiedenen Städten –, diese feinen Instrumente stehen nie ganz still, das will sagen: die Erde bebt immer, nur so, daß wir zumeist nichts davon spüren.

Desto schlimmer, wenn plötzlich aus heiterm Himmel dieses Beben verspürbar wird. Aus heiterm Himmel – das ist ganz wörtlich zu nehmen. „Denn", so schreibt unser Engländer, der nun endlich zu Wort kommt, „die Sonne schien in ihrem vollen Glanze. Der Himmel war völlig rein und klar, und nicht das geringste Anzeichen von irgendeinem Naturereignisse zu spüren, als zwischen 9 und 10 Uhr morgens, da ich am Schreibtisch saß, mein Tisch eine Bewegung erlitt, die mich, da ich gar keine Ursache erkannte, ziemlich überraschte. Indem ich eben noch über die Ursache nachdachte, erzitterte das Haus von oben bis unten. Unter der Erde erbebte ein Donner, als ob ein Gewitter in großer Ferne sich entlade. Jetzt legte ich aber doch schnell die Feder weg und sprang auf. Die Gefahr war groß, doch Hoffnung blieb, daß die Sache ohne Schaden ablaufen werde; allein der nächste Augenblick machte dem Zweifel ein Ende. Es ließ sich ein furchtbares Geprassel hören, als ob alle Gebäude in der Stadt zusammenstürzten. Auch mein Haus wurde so erschüttert, daß die oberen Stockwerke auf der Stelle einstürzten, und die Zimmer, in denen ich wohnte, schwankten so, daß alles Gerät über den Haufen fiel. Jeden Augenblick erwartete ich, erschlagen zu werden, denn die Mauern barsten und aus den Fugen stürzten große Steine heraus, während die Dachbalken überall fast schon in der freien Luft schwebten. In dieser Zeit aber verfinsterte sich der Himmel so, daß man keinen Gegenstand mehr erkennen konnte. Es trat eine ägyptische Finsternis ein, entweder als Folge des unermeßlichen Staubes, den die einstürzenden Häuser verursachten, oder weil sich eine Menge schwefliger Dünste aus der Erde entwickelten. Endlich erhellte sich die Nacht wieder, die Gewalt der Stöße ließ nach; ich bekam einige Fassung und blickte umher. Mir wurde klar, daß ich bis dahin mein Leben einem kleinen Zufall verdankte; wäre ich nämlich angekleidet gewesen, so hätte ich mich sicher sofort auf die Straße geflüchtet und wäre von den zusammenstürzenden Gebäuden erschlagen worden. Ich warf mich geschwind in Schuhe und Rock und stürzte nun auf die Straße, nach dem St. Pauls Kirchhof zu, auf dessen Höhe ich am sichersten zu sein glaubte. Niemand war imstande, die Straße, wo er wohnte, noch zu erkennen, viele wußten gar keine Antwort zu geben, wie ihnen geschehen wäre, alles war zerstreut und keines wußte, wo das Seinige oder die Seinigen hingekommen waren. Auf der Höhe des Kirchhofs war ich nun Zeuge eines schrecklichen Schauspiels: soweit das Auge ins Meer hin schweifen konnte, wogten eine Menge Schiffe und stießen miteinander zusammen, als ob der heftigste Sturm wüte. Mit einem Mal versank der mächtige Kai am Ufer und alle Menschen, die sich auf ihm in Sicherheit glaubten. Die Boote und die Fahrzeuge, auf denen so viele Rettung suchten, wurden zu gleicher Zeit eine Beute des Meeres." Es war, wie man aus anderen Berichten weiß, ungefähr eine Stunde nach dem zweiten und verheerendsten Erdstoße, daß jene ungeheure Wasserwoge von 20 m Höhe, die der Engländer von fern sah, auf die Stadt einstürzte. Als die Flutwelle zurücklief, erschien das Bett des Tejo plötzlich ganz trocken; ihr Rückstoß war so gewaltig, daß sie das ganze Wasser vom Flusse mitriß. „Als der Abend", so schließt der Engländer, „sich auf die verödete Stadt niedersenkte, schien sie ganz ein Feuermeer zu werden: es war so hell, daß man einen Brief lesen konnte. An 100 Orten mindestens stiegen die Flammen empor und wüteten sechs Tage lang. Was das Erdbeben verschont hatte, verzehrten sie. Versteinert von Schmerz starrten Tausende nach ihnen hin, indessen Weiber und Kinder alle Heiligen und Engel um Hilfe anflehten. Die Erde bebte zugleich immerfort, mehr oder weniger, oft eine Viertelstunde ununterbrochen."

Soviel von diesem Unglückstage, dem 1. November 1755. Das Unheil, das er brachte, ist eines der ganz wenigen, denen die Menschheit heute noch so machtlos gegenübersteht wie vor 170 Jahren. Doch auch hier wird die Technik Mittel finden, sei es auch nur auf dem Umwege über die Vorhersage. Vorläufig freilich sind, wie es scheint, die Sinnesorgane mancher Tiere unseren feinsten Instrumenten noch überlegen. Besonders Hunde sollen schon tagelang vor dem Ausbruch von Erdbeben eine so unverkennbare Unruhe zeigen, daß man in gefährdeten Gegenden auf den Erdbebenwarten ihrer sich als Helfer bedient. Damit sind meine 20 Minuten um, und ich hoffe, sie sind euch nicht lang geworden.

Theaterbrand von Kanton

Ich habe euch von dem Ausbruch des Vesuv erzählt, der das alte Pompeji verschüttet hat, und das letzte Mal von dem Erdbeben, das im 18. Jahrhundert die Hauptstadt von Portugal zugrunde gerichtet hat. Heute will ich von einem Ereignis sprechen, das sich vor bald 100 Jahren in China zutrug. Wollte ich euch nur von irgendeiner Katastrophe erzählen, deren Schauplatz China gewesen ist, so könnte ich, wie ihr nur allzugut wißt, andere und neuere herausgreifen als jenen Theaterbrand in Kanton. Ihr braucht nur an die Kämpfe zu denken, von denen jetzt tagtäglich die Zeitungen voll sind, oder an die Überschwemmungen des Jangtsekiang im vorigen Jahr, über die wir natürlich viel ausführlichere Berichte als von jenem alten Theaterbrand haben. Aber mir kommt es darauf an, von einer Sache zu sprechen, bei der ihr wirklich die Chinesen ein wenig kennenlernt, und das kann man vielleicht nirgends besser als in einem Theater. Damit meine ich nicht etwa die Stücke, die aufgeführt werden, oder die Schauspieler – die auch, aber das kommt später – sondern vor allem die Zuschauer und den Raum selbst: das chinesische Theater, das mit nichts Ähnlichkeit hat, was wir uns unter einem Theater vorstellen. Wer als Fremder da in die Nähe kommt, der würde sich überall eher als vor einem Theater glauben. Er hört einen wüsten Lärm von Trommeln, Zimbeln und quietschenden Saiteninstrumenten. Erst angesichts eines solchen Theaters oder wenn er eine der Grammophonplatten kennt, auf denen man chinesische Theatermusik aufzeichnete, glaubt der Europäer zu wissen, was Katzenmusik ist. Tritt er dann ins Theater ein, so geht es ihm wie jemandem, der ein Restaurant betritt und dabei zuerst durch eine schmutzige Küche muß: er stößt auf eine Art Waschraum, in dem vier oder fünf Männer über dampfende Bottiche gebeugt stehen und Handtücher waschen. Diese Handtücher spielen im chinesischen Theater die größte Rolle. Mit ihnen wischen sich die Leute vor und nach jeder Tasse Tee, jeder Schüssel Reis ihr Gesicht und die Hände ab, und Diener sind andauernd dabei, die gebrauchten Handtücher heraus-, frische hereinzubefördern, oft mit geschickten Schleuderwürfen über die Köpfe des Theaterpublikums hinweg. Gegessen und getrunken also wird während der Vorstellung und damit kommen die Chinesen leicht über den Mangel an alldem hinweg, was uns Bequemlichkeit und feierliche Stimmung im Theater verschafft. Bequemlichkeit verlangen die Chinesen nicht, weil sie auch zu Haus keine haben. Sie kommen aus der ungeheizten Wohnung ins ungeheizte Theater, sitzen auf Holzbänken, mit den Füßen auf Steinplatten, und das ficht sie nicht an. Auf die Feierlichkeit aber pfeifen sie. Denn dazu sind sie viel zu große Theaterkenner, um nicht die Freiheit zu verlangen, jederzeit ihre Meinung über die Vorstellung kundzugeben. Wollten sie es nur bei der Erstaufführung – wie es bei uns geschieht – da könnten sie lange warten, denn in China gibt es Theaterstücke, die werden vier- oder fünfhundert Jahre hintereinander immer wieder gegeben, und selbst die neuen sind meist nur Bearbeitungen von Geschichten, die jeder kennt und in Form von Romanen, Gedichten oder anderen Stücken halb auswendig kann. Also Feierlichkeit gibt's im chinesischen Theater nicht, und Spannung gibt's auch nicht; wenigstens nicht die auf den Ausgang einer Handlung. Dafür aber eine andere, die wir am besten mit der vergleichen können, die wir fühlen, wenn wir im Zirkus Akrobaten am Trapez sich schwingen oder Jongleure auf einem Stock, den sie auf der Nase tragen, einen Stoß Teller balancieren sehen. Eigentlich muß jeder chinesische Schauspieler Akrobat und Jongleur zugleich und außerdem noch Tänzer, Sänger und Fechter sein. Warum, das werdet ihr gleich verstehen, wenn ich euch sage, daß es auf dem chinesischen Theater keine Dekorationen gibt. Der Schauspieler muß nicht nur seine Rolle, sondern er muß auch die Ausstattung spielen. Wie macht er das? Das werde ich euch erklären. Muß er z.B. eine Schwelle überschreiten, durch eine Tür gehen, die doch gar nicht da ist, so hebt er die Füße etwas über den Boden, so als wenn er über etwas hinübertritt. Dagegen bedeuten langsame Schritte mit Hochheben der Füße z.B., daß er eine Treppe hinaufgeht. Oder wenn ein General einen Hügel besteigen muß, um die Schlacht zu beobachten, so klettert der Schauspieler, der ihn darstellt, auf einen Stuhl. Einen Reiter erkennt man an einer Peitsche, die der Schauspieler in der Hand hält. Ein Mandarin, der in einer Sänfte getragen wird, wird dargestellt von einem Schauspieler, der über die Bühne geht, und um ihn sind vier andere

Schauspieler, die gebückt gehen, als trügen sie eine Sänfte. Machen sie aber plötzlich eine ruckartige Bewegung, so heißt das: der Mandarin ist aus der Sänfte ausgestiegen. Schauspieler, die so viel leisten müssen, haben natürlich auch eine lange Lehrzeit, meist an die sieben Jahre. Da lernen sie nicht nur singen, Akrobatik und all die andern Dinge, sondern auch die Rollen von ungefähr 50 Stücken, in denen sie jederzeit müssen auftreten können. Das ist darum notwendig, weil man selten sich mit der Aufführung eines einzigen Stückes begnügt. Vielmehr wird eine Szene aus dem einen, eine aus dem andern in bunter Folge zusammengestellt, so daß an einem einzigen Abend oft ein Dutzend Theaterstücke an die Reihe kommen. Andererseits würde ein einziges, wenn man es ganz aufführen wollte, oft zwei oder drei Tage in Anspruch nehmen, so lang sind sie. Dagegen gibt es dann auch wieder ganz kurze, in denen nur ein einziger Mann auftritt, und von diesem lese ich euch jetzt eines vor. Es heißt: „Der Traum und ein alter Mann spricht."

„Ich will euch eine schöne Geschichte erzählen. Es ist bedauerlich, wie ungerecht der Himmel ist; er läßt zwar Regen und Schnee herunterkommen, aber keine Silberbarren. Gestern abend lag ich auf dem Ofenbett aus Lehm; ich wälzte mich hin und her und konnte nicht einschlafen. Ich lag von der ersten bis zur zweiten Nachtwache wach und wieder von der zweiten, bis die dritte geschlagen wurde. Als die dritte Nachtwache geschlagen, hatte ich einen Traum. Mir träumte von einem Schatz im Süden des Dorfes. Ich nahm daher Spaten und Hacke und ging aufs Feld hinaus, um den Schatz auszugraben. Ich hatte wirklich Glück; nach einigen wenigen Spaten- und Hackenschlägen grub ich den Schatz aus. Ich grub einen ganzen Keller von Silberschuhen aus; darüber war eine große Binsenmatte gedeckt. Ich hob die auf und sah darunter. Ach, da mußte ich lachen: da war ein Korallenstock, 15 m hoch, echter roter Karneol und weißer Achat. Da nahm ich sieben bis acht Säcke von Diamanten an mich, sechs große Körbe voll Katzenaugenedelsteinen, 33 Schlaguhren, 64 Damenuhren, schöne Stiefel und Mützen, schöne Jacken und Überwürfe, schöne neumodische Täschchen, 72 große Goldbarren und noch dazu 33333 Silberschuhe. Da hatte ich soviel Gold und Silber, daß ich nicht wußte, wo ich es lassen sollte. Sollte ich dafür Land kaufen und bebauen? Da fürchtete ich mich vor Dürre und Überschwemmung. Oder sollte ich eine Getreidehandlung auftun? Da könnten die Mäuse mir alles fressen. Sollte ich Geld auf Zinsen ausleihen? Da fehlte es an Bürgen. Sollte ich ein Pfandgeschäft aufmachen? Da fürchtete ich, ich würde Geld zusetzen müssen; denn wenn mir der Geschäftsführer mit dem Geld durchging, wo sollte ich ihn dann suchen? All diese tausenderlei Schwierigkeiten machten mich so aufgeregt, daß ich vor Aufregung aufwachte: da war es nur ein Traum gewesen! Ich hatte mit beiden Händen nach dem Ofenbett getastet; dabei hatte ich das Feuerzeug erwischt: das waren die Silberschuhe gewesen! Dann hatte ich die messingne Pfeife erwischt: das waren die Goldbarren gewesen! Nachdem ich so eine ganze Weile hin und her getastet hatte, war ich an einen großen Skorpion mit grünem Kopf geraten, und der stach mich, daß ich laut aufheulte."

Natürlich sind es nur die vorzüglichsten Schauspieler, die in solchen kleinen Stücken allein vor das Publikum treten. Der Ruf solcher Schauspieler ist gewaltig. Wo sie sich blicken lassen, werden sie mit den größten Ehren empfangen. Sehr häufig sind es reiche Kaufleute oder Beamte, die sie einladen, mit ihrer Truppe in ihrem Hause zu spielen. Und dennoch würde wohl kein europäischer Künstler mit ihnen tauschen wollen. Denn so groß ist der Ehrgeiz und die Leidenschaft der chinesischen Schauspieler, daß die anerkannten Meister unter ihnen in fortwährender Angst vor den Anschlägen leben müssen, die eifersüchtige Nebenbuhler gegen sie planen. Unmöglich, einen Schauspieler oder eine Schauspielerin zu veranlassen, außerhalb ihrer Wohnung das Geringste zu sich zu nehmen. So überzeugt sind sie, daß die geringste Unachtsamkeit sie zum Opfer eines Giftmordes machen kann. Der Tee, den sie während der Vorstellung trinken, wird im geheimen und jedes Mal in einem anderen Laden besorgt. Das Wasser, in dem er gekocht wird, bringen sie in einem eigenen Teekessel von Hause mit, und das Abkochen darf nur von einem ihrer Angehörigen besorgt werden. Die großen Stars würden auch nie daran denken aufzutreten, wenn nicht ihr eigener

Kapellmeister dirigiert, weil sie die Bosheit eines Nebenbuhlers fürchten, der ihnen durch falsches Dirigieren oder irreführende Bewegungen während der Vorstellung Fallen stellt. Das Publikum aber paßt höllisch auf und hat für die kleinste Entgleisung Hohn und Spott in Bereitschaft. Auch kommt es ihm gar nicht darauf an, mit Teetassen nach den Künstlern zu werfen, wenn es mit ihren Leistungen nicht zufrieden ist.

Der Brand nun, von dem ich euch diesmal erzählen will, war der größte Theaterbrand aller Zeiten. Das war in Kanton am 25. Mai 1845. Das Theater bestand, wie üblich, aus Bambuspfählen, die mit Matten beflochten waren. Es war für die besondere Festvorstellung erbaut, mit der der Kriegsgott Kwan Jü geehrt werden sollte. Zwei Tage sollte die Vorstellung dauern. Das Theater stand in der Mitte eines großen Platzes, auf dem Hunderte von ähnlichen, nur sehr viel kleineren Buden sich befanden. 3000 Personen gingen hinein. Am Nachmittag des zweiten Tages, als alles überfüllt war, sollte die Bühne einen Tempel des Kriegsgotts darstellen. Da es aber, wie ich euch schon erzählte, in China keine Dekorationen gibt, so war das nur an einem Opferfeuer kenntlich, das da offen in der Mitte der Bühne flackerte. Da ließ ein Schauspieler im Abgehen eine von den beiden Türen im Hintergrund offen, und ein starker Windstoß, der so ins Innere des Theaters hineinfuhr, setzte ein paar in der Nähe des Feuers auf der Bühne liegende Matten in Brand. Im nächsten Augenblick stand die ganze Bühne in Flammen, und schon in wenigen Minuten hatte das Feuer den gesamten Bau ergriffen. Nun war das Furchtbare, daß es im ganzen Theater nur einen einzigen Ausgang gab. Wer zufällig in dessen Nähe war, konnte sich retten, wer aber weiter vorn saß, war verloren. Kaum waren einige hundert Menschen ins Freie gelangt, da brannte bereits die Tür. Vergebens rückte man mit Spritzen und Wassereimern heran. In einer Viertelstunde war es vor Hitze schon nicht mehr möglich, sich dem Brandherd zu nähern, und so gingen über 2000 Menschen zugrunde. Der Europäer, der von solchen Dingen hört, denkt natürlich mit Stolz und Befriedigung an seine großen steinernen Theater, die unter strenger Aufsicht der Baupolizei stehen, in denen bei jeder Vorstellung ein paar Feuerwehrleute anwesend sind und alles für die

Sicherheit der Zuschauer getan wird. Wenn doch einmal ein Unglück geschieht, so kann es kaum so schreckliche Formen annehmen, sei es auch nur, weil unsere Theater ja viel weniger Zuschauer fassen. Aber das ist es eben: in China sind alle großen Veranstaltungen, seien es nun Arbeiten oder Feste, auf ungeheure Menschenmassen zugeschnitten. Und das Gefühl, einer aus der Masse zu sein, ist bei den Chinesen viel stärker, als es je bei europäischen Menschen sein kann. Daher die für uns unvorstellbare Bescheidenheit, die die Haupttugend der Chinesen ist und keineswegs mit einer geringen Einschätzung ihrer selbst verbunden zu sein braucht, sondern nur das stete Bewußtsein von der ungeheuren Größe der Volksmasse ist, der sie angehören. In den Lebensregeln und Lehrbüchern ihrer großen Weisen Konfuzius und Laotse ist diese Bescheidenheit streng begründet und in ganz bestimmte Vorschriften des Verhaltens gekleidet worden, die jeder lernen und verstehen kann. Und diese großen Lehrer der Chinesen haben zugleich mit dieser Bescheidenheit ihre Mitbürger angewiesen, so sich zu benehmen, daß sie das Leben der großen Masse, der sie angehören, erleichtern; sie haben ihnen einen ganz ungeheuren Respekt vor dem Staat und vor allem vor dessen Beamten eingeflößt, die wir uns aber nicht wie europäische Beamte vorstellen dürfen. Vielmehr verlangen die Examina, denen chinesische Beamte sich unterziehen mußten, nicht nur wie die unsrigen Fachkenntnisse sondern genaue Vertrautheit mit der ganzen Dichtung und Literatur und vor allem mit den Vorschriften der Weisen, von denen ich sprach. Ja, wenn man will, sind es diese Überzeugungen der Chinesen, die ihre Theater so schäbig und feuergefährlich machen. Wenigstens sagte mir ein Chinese, mit dem ich einmal über diese Dinge gesprochen habe: „Bei uns ist man der Überzeugung, das haltbarste und ansehnlichste Haus jeder Stadt habe das Regierungsgebäude zu sein. Danach kommen bei uns die Tempel. Aber die Vergnügungslokale sollen die Aufmerksamkeit nicht auf sich lenken, denn dann würde man ja denken, Ordnung und Arbeit wären in solcher Stadt nur Nebensache." Und jetzt sind sie wirklich, wie ihr wißt, in vielen Städten Chinas Nebensache. Aber wir müssen hoffen, daß das blutige Theater, vor dem sie zurücktreten, bald sein Ende gefunden hat.

Die Eisenbahnkatastrophe vom Firth of Tay

Als am Anfang des vorigen Jahrhunderts die ersten Versuche in der Eisengießerei, die ersten Experimente mit der Dampfmaschine gemacht wurden, da war das etwas ganz andres, als wenn heute Techniker und Gelehrte an einem neuen Flugzeug, ja selbst an einer Weltraumrakete oder was es sonst immer sein mag, arbeiten. Heute weiß man, was Technik ist. Diese Gelehrten und Ingenieure haben die Aufmerksamkeit der ganzen Erde, Zeitungen geben von ihrer Arbeit Nachricht, große Konzerne geben ihnen das Geld für ihre Untersuchungen. Die Männer aber, die um die Wende des vorigen Jahrhunderts jene Erfindungen gemacht haben, die das Gesicht der ganzen Erde verwandelten – die Erfinder des mechanischen Webstuhls oder der Gasbeleuchtung, der Eisengießerei oder der Dampfmaschine –, von diesen großen Technikern und Ingenieuren wußte im Grunde niemand, was sie machten, ja, ihnen selber war die Tragweite ihrer Arbeit vollkommen unbekannt. Es ist schwer, irgendeine dieser wichtigen Erfindungen wesentlicher zu nennen als andere. Für die heutigen Menschen lassen sie sich für ihre Anwendung getrennt kaum mehr vorstellen. Trotzdem kann man sagen, daß die sinnfälligsten Veränderungen des Erdballs im Lauf des vorigen Jahrhunderts alle mehr oder weniger mit der Eisenbahn zusammenhingen. Von einem Eisenbahnunglück erzähl' ich euch heute. Aber nicht nur so als Schrecken und Graus; sondern ich will es in die Geschichte der Technik, besonders in die des Eisenbaus hineinstellen. Es ist da von einer Brücke die Rede. Diese Brücke stürzt ein. Gewiß ist das schrecklich für die 200 Menschen, die dabei ums Leben kamen, für ihre Angehörigen und viele andere. Aber doch will ich euch dieses Unglück darstellen nur wie einen kleinen Zwischenfall in einem großen Kampfe, in dem die Menschen siegreich geblieben sind und siegreich bleiben würden, wenn sie nicht etwa selbst ihre Arbeit wieder vernichten.

Als ich mir überlegte, wovon ich heut mit euch spreche, holte ich mir wieder einmal eins meiner Lieblingsbücher vor. Es ist ein dickes Buch mit Bildern ungefähr von 1840, eigentlich nur Quatschgeschichten und Ulk. Aber an dem, was die Leute damals im Scherz sich zusammenreimten, können wir heute manches Seltsame ablesen. Kurz und gut, da ist von den Abenteuern eines kleinen phantastischen Kobolds die Rede, der sich im Weltraum zurechtfinden will. Und als er in die Gegend der Planeten kommt, da stößt er auf eine lange Brücke aus Gußeisen, die ungezählte Weltkörper miteinander verbindet. „Eine Brücke, deren beide Enden man nicht zugleich zu überblicken vermochte und deren Pfeiler sich auf Planeten stützten, führte auf wundervoll geglättetem Asphalt von einer Weltkugel auf die andere. Der dreihundertdreiunddreißigtausendste Pfeiler ruhte auf dem Saturn. Da sah unser Kobold, daß der berühmte Ring dieses Planeten nichts anders war, als ein rings um ihn laufender Balkon, auf welchem die Saturnbewohner abends frische Luft schöpften." Seht ihr nun, was ich meinte, als ich sagte, daß die Leute damals eigentlich noch nicht recht wußten, was sie mit der Technik anfangen sollten. Sie hatte für sie noch eine komische Seite. Und daß nun gar, wie es ja besonders bei Eisenbauten der Fall ist, nur noch nach Formen und Berechnungen sollte gebaut werden dürfen, kam den Leuten sehr komisch vor. Die ersten Bauten dieser Art waren denn auch mehr Spiel. Mit Wintergärten und Passagen, also mehr mit Luxusgebäuden begann der Eisenbau. Sehr schnell fand er aber seine richtigen technischen Anwendungsgebiete, und nun kamen ganz neue Konstruktionen zum Vorschein, die in der Vergangenheit kein Vorbild hatten. Nicht nur daß sie auf dieser neuen Technik beruhten, sie dienten auch ganz neuen Bedürfnissen. Damals baute man die ersten Ausstellungspaläste, die ersten Markthallen und vor allem die ersten Bahnhöfe. ›Eisenbahnhöfe‹ pflegte man sie noch damals zu nennen, und man verband mit ihnen die sonderbarsten Vorstellungen. Ein besonders couragierter belgischer Maler, Antoine Wiertz, hat sich um die Mitte des Jahrhunderts sogar drum beworben, die Wände dieser ersten Bahnhöfe mit großen feierlichen Bildern ausmalen zu dürfen.

Nun wollen wir aber, ehe wir uns die große, 3000 Meter breite Mündung des Tay-Flusses im mittleren Schottland, den Firth of Tay, ansehen, ein wenig zurückschauen. 1814 hat Stephenson seine erste Lokomotive gebaut; aber erst das Walzen der Schienen, das 1820 gelang, machte die

Eisen- *Bahn* möglich. Ihr dürft euch das aber nicht so vorstellen, als ob nun planmäßig Schritt für Schritt getan worden wäre. Nein, alsbald entbrannte grade der Schienen wegen ein großer Streit. Unter keinen Umständen, so behauptete man, könne man je für das englische Schienennetz – und damals dachte man doch natürlich nur an ein winziges – Eisen genug auftreiben. Man müsse, so meinten viele Sachverständige ernsthaft, die ›Dampfwagen‹ auf Granitstraßen laufen lassen. 1825 wurde dann die erste Eisenbahnlinie eröffnet, und noch heute gibt es auf der einen ihrer Kopfstationen die „Lokomotive Nr. 1" zu sehen, die ihr sicher, wenn ihr einmal dahin kommt, auf den ersten Blick eher für eine Dampfwalze zur Planierung der Straßen halten würdet als für eine richtige Lokomotive. In Europa, auf dem Festland, baute man zuerst nur ganz winzige Strecken aus, die man ebensogut mit der Pferdepost, ja zu Fuß hätte zurücklegen können. Das habt ihr vielleicht einmal gehört, daß Nürnberg und Fürth die beiden ersten deutschen Städte waren, die eine Eisenbahn verbunden hat; dann kam Berlin und Potsdam usw. Im ganzen hat man das alles eher als eine Kuriosität angesehen. Und als man der Nürnberger Eisenbahn wegen ein Gutachten von den Medizin-Professoren der Universität Erlangen forderte, dann hieß es, man solle doch ja um gar keinen Preis diese Einrichtung zulassen: von der schnellen Bewegung müßten die Passagiere gehirnkrank werden, ja, schon der bloße Anblick dieser sausenden Züge könne die Leute in Ohnmacht versetzen. Zumindest müßten also zu beiden Seiten der Schienen drei Meter hohe Bretterwände errichtet werden. Gegen die zweite deutsche Eisenbahn, die von Leipzig nach Dresden lief, strengte ein Müller einen Prozeß an, weil sie ihm den Wind abfange, und als sie einen Tunnel erforderte, gaben die Ärzte wieder Gutachten dagegen ab, weil ältere Leute durch den plötzlichen Luftdruckwechsel vom Schlage gerührt werden könnten. Wie die Leute so in der ersten Zeit über die Eisenbahn dachten, das seht ihr vielleicht am besten an dem, was ein großer englischer Gelehrter, der in andern Dingen nicht auf den Kopf gefallen war, vom Eisenbahnfahren sagte: das sehe er überhaupt nicht mehr als Reisen an, das hieße einfach, an einen Ort verschickt werden, nicht viel anders, als wäre man ein Paket.

Und neben diesen Kämpfen um Nutzen oder Schaden der Eisenbahn liefen nun immer die mit dem Material. Nur schwer machen wir uns heut eine Vorstellung von der Ausdauer dieser ersten Eisenbahningenieure, von den riesigen Zeiträumen, mit denen sie für ihre Arbeiten rechnen mußten. Als man im Jahre 1858 den zwölf Kilometer langen Tunnel durch den Mont Cenis anlegte, machte man sich auf eine Arbeitsdauer von sieben Jahren gefaßt. Und nicht anders war es bei der Brücke über den Tay. Dazu kam hier noch ein besonderer Umstand. Man mußte nicht nur an die Lasten denken, die diese Brücke zu tragen hatte, sondern auch an die furchtbaren Stürme, die vor allen Dingen im Herbst und Frühjahr über die schottische Küste rasen. Während des Baus an dieser Brücke, der von 1872 bis 1878 dauerte, gab es Monate, wo die Orkane kaum aussetzten, so daß man nicht mehr als fünf bis sechs Tage in vier Wochen nutzen konnte. Als endlich die Brücke schon fast ganz fertig war, im Jahre 1877, riß ein Sturmwind von unerhörter Wucht zwei 45 m lange Eisenträger von ihren steinernen Pfeilern und machte jahrelange Arbeit von neuem zunichte. Um so größer war der Triumph, als dann im Mai 1878 die Brücke unter großen Feierlichkeiten eingeweiht wurde. Nur eine einzige Stimme warnte: das war allerdings einer der größten englischen Brückenbauingenieure, J. Towler. Der meinte, daß sie die großen Stürme nicht lange aushalten werde, und nur allzu früh werde man wieder von der Brücke am Tay hören.

Anderthalb Jahre später, am 28. Dezember 1879, nachmittags 4 Uhr, ging der fahrplanmäßige Personenzug, sehr stark besetzt, von Edinburgh nach Dundee ab. Es war Sonntag, in den sechs Waggons waren 200 Passagiere untergebracht. Es war wieder einer jener schottischen Sturmtage. Um 7 Uhr 15 abends hätte der Zug in Dundee ankommen sollen, aber 7 Uhr 14 war es schon, da signalisierte ihn erst das Bahnwärterhaus im südlichen Brückenturm. Und was man nach diesem letzten Signal als allerletztes von dem Zug hörte, das werde ich euch jetzt mit den Worten von Theodor Fontane sagen. Es ist ein Stück aus einem Gedicht, das „Die Brück' am Tay“ heißt.

„Und es war der Zug. Am Süderturm
Keucht er vorbei jetzt gegen den Sturm,
Und Johnie spricht: ›Die Brücke noch!
Aber was tut es, wir zwingen es doch.
Ein fester Kessel, ein doppelter Dampf,
Die bleiben Sieger in solchem Kampf.
Und wie's auch rast und ringt und rennt,
Wir kriegen es unter, das Element.

Und unser Stolz ist unsre Brück';
Ich lache, denk' ich an früher zurück,
An all den Jammer und all die Not
Mit dem elend alten Schifferboot;
Wie manche liebe Christfestnacht
Hab' ich im Fährhaus zugebracht
Und sah unsrer Fenster lichten Schein
Und zählte und konnte nicht drüben sein.

Auf der Norderseite, das Brückenhaus –
Alle Fenster sehen nach Süden aus,
Und die Brücknersleut' ohne Rast und Ruh'
Und in Bangen sehen nach Süden zu;
Denn wütender wurde der Winde Spiel,
Und jetzt, als ob Feuer vom Himmel fiel',
Erglüht es in niederschießender Pracht
Überm Wasser unten ... Und wieder ist Nacht.“

Augenzeugen dessen, was an diesem Abend geschehen war, gab es nicht. Keiner von denen, die im Zuge waren, wurde gerettet. So weiß bis heute niemand, ob nicht der Sturm, schon ehe der Zug auf der Brücke war, die Mitte einfach weggerissen hat, ob nicht die Lokomotive ins Leere raste. Der Sturm jedenfalls soll ungeheuerlich getobt haben, daß alle Geräusche in ihm untergingen. Trotzdem behaupteten andere Ingenieure damals und gewiß vor allem diejenigen, die die Brücke gebaut hatten, es sei der Zug gewesen, den der Sturm aus den Gleisen gehoben und gegen das Geländer geschleudert hätte. So sei die Brustwehr gerissen, und die Brücke selber sei erst sehr viel später in sich zusammengefallen. – Nicht das Krachen des stürzenden Zuges war also das erste, was auf das Unheil schließen ließ, sondern ein Feuerschein, der damals drei Fischern auffiel, ohne daß sie ahnen konnten, er sei aus der stürzenden Lokomotive hervorgeschossen. Als diese Männer dann die südliche Brückenstation alarmierten und diese Verbindung mit der nördlichen suchte, da meldete diese sich nicht mehr. Die Drähte waren gerissen. Nun benachrichtigte man den Stationsvorsteher von Tay, der sofort mit einer Lokomotive aufbrach. In einer Viertelstunde war er zur Stelle. Vorsichtig fuhr er auf die Brücke hinaus. Kaum aber hatte er nach einem Kilometer ungefähr den ersten Mittelpfeiler erreicht, als der Lokomotivführer mit einer solchen Plötzlichkeit die Bremse zog, daß die Maschine fast aus den Gleisen sprang. Er hatte im Mondlicht eine klaffende Lücke entdeckt. Der mittlere Teil der Brücke war fort.

Wenn ihr die „Funkstunde“ aufschlagt, findet ihr ein Bild von der eingestürzten Brücke, das damals in der Leipziger Illustrierten Zeitung erschienen ist. Diese Brücke hat, wenn man ihr auch die Eisenkonstruktion gleich ansieht, dennoch mit einer hölzernen mancherlei Ähnlichkeit. Die Eisenkonstruktion war eben noch in den Anfängen, hatte ihr ganzes Vertrauen zu sich noch nicht gefunden. Nun kennt ihr aber alle, wenigstens aus Bildern, den Bau, in dem das Eisen zum erstenmal mit stolzestem Selbstbewußtsein sich aufreckt, den Bau, in dem zugleich die Berechnung des Ingenieurs sich ein Denkmal gesetzt hat. Das ist der Turm, den Eiffel grade zehn Jahre nach dem Einsturz der Tay-Brücke für die Pariser Weltausstellung beendet hat. Der Eiffelturm, der, als er entstand, eigentlich zu gar nichts nütze war, nur ein Wahrzeichen, wie man sagt, ein Weltwunder. Dann aber kam die Erfindung der Radiotelegraphie. Mit einem Schlage hatte der große Bau seinen guten Sinn. Heute ist der Eiffelturm der Pariser Sender. In 17 Monaten hatten Eiffel und seine Ingenieure den Turm aufgebaut. Bis auf ein zehntel Millimeter war jedes Nietloch in den Werkstätten vorbereitet worden.

Jedes der 12 000 Metallstücke war vorher auf den Millimeter genau bestimmt, jeder der zweieinhalb Millionen Niete. Auf diesem Werkplatz ertönte kein Meißelschlag, selbst dort im Freien herrschte, wie im Atelier des Konstrukteurs, der Gedanke über die Muskelkraft, die er auf sichere Gerüste und Krane übertrug.

Die Mississippi-Überschwemmung 1927

Wenn ihr eine Landkarte von Mittelamerika aufschlagt und euch darauf den Mississippi, diesen riesenhaften 5000 km langen Strom betrachtet, so steht da eine etwas krause und windungsreiche, im ganzen aber doch ziemlich eindeutig von Norden nach Süden verlaufende scharfe Linie, auf welche man, wie man glauben sollte, sich so sicher müßte verlassen können wie auf irgendeine Chaussee oder eine Eisenbahnlinie. Die Menschen aber, die am Ufer dieses Stroms leben, Farmer, Fischer, ja auch die Städter, wissen, daß dieser Schein trügt. Der Mississippi ist in ununterbrochener Bewegung, nicht etwa nur seine Wassermassen, die sich von der Quelle zur Mündung bewegen, sondern ebenso seine Ufer, die sich fortwährend verändern. Zahllose Seen, Lagunen, Sümpfe und Gräben liegen auf zehn bis 50 Meilen Entfernung von dem gegenwärtigen Strom und zeigen doch durch ihre Gestalt, daß sie nichts anderes als Abschnitte des früheren Flußbettes sind, das sich inzwischen westlich oder östlich verschoben hat. Solange der Strom durch festes Gestein fließt, ungefähr bis zur Südspitze des Staates Illinois, ist auch sein Lauf ziemlich gerade. Später aber tritt er ins Schwemmland über, und in diesem lockeren Boden zeigt sich seine Unzuverlässigkeit und Unruhe. Nie behagt ihm das Bett, das er sich selber gegraben hat. Und nicht genug damit: die im Frühjahr hoch angeschwollenen Nebenflüsse des unteren Mississippi wie der Arkansas, der Red River, der Quachitafluß fallen mit ihren Wassermassen dem zum Überfließen gefüllten Mississippi in die Flanken und verdrängen durch ihr eigenes Wasser nicht nur das des Hauptstroms sondern bilden sozusagen eine Barriere, die das Wasser im Mississippi anstaut und ebenfalls zur Überschwemmung seiner Uferstaaten beiträgt. So kam es, daß jahrhundertelang alljährlich alles

Land auf Hunderte von Meilen überschwemmt war. Die Plantagen, Felder, Siedlungen, Urwälder, Gärten standen meterhoch unter Wasser, und die Umgebung des Stromes glich einem Ozean, dessen Inseln die Wipfel waren. Anfang des vorigen Jahrhunderts hat man damit begonnen, einzelne Uferstrecken gegen die jährlich wechselnden Launen des Stroms zu sichern. Damals wurden auf Kosten der betreffenden Ufereigentümer an vielen Stellen Dämme aufgeführt, die natürlich das dahinter gelegene Land schützten, aber dies auch nur wieder auf Kosten des Nachbars, der darunter nur noch mehr zu leiden hatte. So schützten sich denn allmählich die meisten der tiefer gelegenen Plantagen auf diese Art. Und um den Pflanzern die Kosten zu erleichtern, gab ihnen der amerikanische Kongreß alles hinter ihren Pflanzungen gelegene Marschland als Entschädigung. Nun könnt ihr euch denken, was es für diese Pflanzer, die nichts als ihr Land besaßen, bedeuten mußte, wenn eines Tages von ihnen gefordert wurde, sie sollten mit eigener Hand die Dämme niederreißen und ihre Pflanzungen der zerstörenden Gewalt des Wassers öffnen. Das aber ist wirklich einmal geschehen, und damit komme ich gleich zu der schrecklichsten und trostlosesten Begebenheit der großen Überschwemmung von 1927. An der Mündung des Mississippi liegt, wie ihr vielleicht wißt, die große wichtige Handelsstadt New Orleans. In weniger als zwei Wochen waren die Wasser so hoch gestiegen, daß dieser entscheidende Mündungshafen des Mississippi der Zerstörung preisgegeben schien. Wenn man New Orleans retten wollte, mußte man zu dem letzten Mittel der Verzweiflung greifen: die Schutzdämme oberhalb der Stadt mußten gesprengt werden, um so dem Wasser einen Ausgang auf die Felder zu geben. Das war das Signal zu einem erbitterten Bürgerkriege, der die Schrecken der Naturkatastrophe noch vermehrte. Die Farmer, deren Länder da geopfert werden sollten, um die Hauptstadt zu retten, gehörten zu den ärmsten des Landes. Sie bildeten unter der Leitung eines der vielen amerikanischen Sektenführer bewaffnete Truppen, die es verhindern wollten, daß die Dämme gesprengt würden. Tausende von Farmern waren entschlossen, lieber zu kämpfen, als mit dem Untergang ihrer Felder die Rettung der Stadt zu erkaufen. Die Regierung griff zu den letzten Mitteln, ein General mußte zum Diktator des Überschwemmungsgebiets ernannt, der Belagerungszustand verhängt werden. Die Farmer ihrerseits machten sich mit Maschinengewehren auf, um dem Militär Widerstand zu leisten. Gegen den jetzigen Präsidenten der Vereinigten Staaten, Hoover, der damals als Staatssekretär sich ins Überschwemmungsgebiet begab, wurde ein Attentat verübt. Aber die Regierung ließ sich nicht einschüchtern, die Sprengungen wurden durchgeführt. New Orleans wurde gerettet, aber 100 000 Quadratmeilen standen unter Wasser; die Zahl der Obdachlosen in jenen Gegenden betrug eine halbe Million.

Die Flutdämme des Mississippi, die damals, soweit der Strom sie nicht durchbrochen hatte, gesprengt wurden, gehören zu den größten staatlichen Unternehmen in Amerika. 2500 km lang ziehen sich diese Dammbauten zu beiden Seiten des Stroms bis zum Golf von Mexiko herunter. Nicht selten messen sie bei einer Dicke von 50 Metern 10 Meter Höhe. Tausende und Abertausende Arbeiter haben Jahr für Jahr neue Dämme zu bauen und die alten instand zu halten. Ein elektrischer Meldedienst verbindet alle Stationen untereinander. Jede Woche werden die Dämme geprüft und viele Millionen werden alljährlich auf sie verwendet. So hatten sie sich mehr als zehn Jahre lang zur vollkommenen Beruhigung der Umwohnenden bewährt, bis die Hochwasser vom Frühjahr 1927 auf sie hereinbrachen.

Am 16. April meldete der Telegraph zum ersten Mal, daß der Strom über die Ufer getreten sei. Diese ersten Meldungen aber klangen recht unschuldig, und in Washington hoffte man, es würde bei kleineren Störungen sein Bewenden haben. Das aber stellte sich als Irrtum heraus. Zwei Tage später waren bereits sieben Staaten zum Teil vollkommen überschwemmt. Große Teile von Missouri, Arkansas, Kentucky, Tennessee, Louisiana und Texas standen unter Wasser. Sieben bis acht Meter erreichte die Flut auf den Feldern. Dutzende von Städten, Hunderte von Ortschaften mußten geräumt werden, und wehe denen, die dabei säumig oder schwer von Entschluß waren. So kennen wir die Geschichte von drei Brüdern, kleinen Farmern aus der Umgegend von Natchez. Die glaubten sich zur Rettung ihres Viehs noch die Zeit nehmen zu können.

Während die andern alles im Stich ließen, um das nackte Leben zu retten, machten sie sich in den Ställen zu schaffen, und ehe sie sich's versahen, war der Weg ihnen von einer gewaltigen Wasserzunge verlegt: sie waren abgeschnitten und blieben es. Nur einer von den dreien kam mit dem Leben davon, und von dem haben wir die schauerliche Beschreibung der Stunden, die sie auf dem First ihres Daches zubrachten, mit immer sinkender Hoffnung in die immer steigenden Fluten starrend. Hört ein Stück aus dem Bericht des Überlebenden:

„Das Wasser ließ uns nur noch einen schmalen Streifen vom First frei. Der eine Schornstein war schon weggerissen. Von der zerstörten Siedlung ringsum sah man nichts mehr. Nur von dem Kirchturm, der unversehrt gen Himmel ragte, tönten die Stimmen von Geretteten zu uns herüber. In der Ferne hörte man das Wasser rauschen. Wir hörten keine Häuser mehr zusammenstürzen. Es war wie ein Schiffbruch mitten im Ozean, Tausende von Meilen vom Lande entfernt. ›Wir werden fortgetrieben‹, murmelte John, der sich krampfhaft an den Ziegeln festhielt. Es war tatsächlich ein Gefühl, als ob das Dach sich in ein Floß verwandelt hätte, das die Strömung mit sich forttrieb. Aber als wir auf den Kirchturm blickten, der unbeweglich dastand, sahen wir, daß es Einbildung gewesen war. Wir waren immer noch auf demselben Fleck mitten in den tosenden Wogen. – Nun jedoch setzte der Kampf ein. Der Strom war anfangs der Straße gefolgt, aber jetzt versperrten die Trümmer ihm den Weg und trieben ihn zurück. Es war ein regelrechter Ansturm. Der Strom faßte jeden Balken oder Baumstamm, der in seinen Bereich kam, und schleuderte ihn wie ein Wurfgeschoß gegen das Haus. Und selbst dann gab er ihn nicht los, er riß ihn wieder an sich, um ihn von neuem loszuschleudern. Die Mauern zitterten unter diesen unaufhörlichen regelmäßigen Stößen. Es dauerte nicht lange, so wurden wir von zehn bis zwölf Balken auf diese Weise bombardiert. Die aufgewühlten Wassermassen tobten und brüllten, und der Schaum netzte unsere Füße. Aus dem Hause unter uns klang es wie ein dumpfes Stöhnen, und wir hörten es in seinen Fugen krachen. Manchmal, wenn wieder ein Balken mit furchtbarer Gewalt dagegenstieß, dachten wir, es sei vorbei, die

Mauern würden weichen und uns dem wilden Strom preisgeben. Manchmal, wenn wir ein Heubündel oder eine leere Tonne auf uns zutreiben sahen, winkten wir freudig mit dem Taschentuch, bis wir unseres Irrtums inne wurden und in unsere stumme Angst zurücksanken. ›Ah, seht ihr dort‹, schrie John plötzlich, ›ein großes Boot!‹ Mit ausgestrecktem Arm wies er auf einen dunklen Punkt in der Ferne hin. Ich konnte nichts sehen, Bill ebensowenig, aber er blieb dabei. Und es war auch wirklich ein Boot. Die Ruderschläge kamen immer näher, bis auch wir es schließlich entdeckten. Es glitt langsam vorwärts, es schien uns zu umkreisen, ohne jedoch näherzukommen. Ich weiß nur noch, daß wir in diesem Moment wie toll waren. Wir reckten die Arme und schrien aus vollem Halse. Wir stießen Schmähungen gegen das Boot aus und schalten es feige, während es stumm und schwarz weiterglitt. War es wirklich ein Boot? – ich weiß es heute noch nicht. Als wir es endlich entschwinden sahen, nahm es unsere letzte Hoffnung mit weg. – Von nun an erwarteten wir jeden Augenblick, daß das Haus einstürzen und uns verschlingen würde. Es mußte schon völlig unterwühlt sein, irgendeine besonders starke Mauer schien das Ganze noch zu halten, aber wenn sie einstürzte, riß sie alles mit sich. Ich zitterte vor allem in dem Gedanken, daß das Dach unser Gewicht nicht mehr tragen würde. Das Haus konnte vielleicht noch die ganze Nacht widerstehen, aber das Dach fing unter dem fortwährenden Anprall der Balken an nachzugeben. Wir hatten uns auf die linke Seite geflüchtet, wo die Dachsparren noch ziemlich unversehrt waren. Aber dann fingen sie auch hier an zu schwanken, es war vorauszusehen, daß sie nicht lange mehr halten würden, wenn wir alle drei auf demselben Fleck zusammengedrängt blieben. – Mein Bruder Bill hatte ganz mechanisch seine Pfeife wieder in den Mund gesteckt. Er drehte an seinem Schnurrbart, runzelte die Brauen und brummte vor sich hin. Die steigende Gefahr, die er vor Augen sah und gegen die all sein Mut nichts vermochte, fing an, ihn ungeduldig zu machen. Mit zorniger Verachtung spuckte er ein paar Mal ins Wasser. Dann, als das Gebälk unter ihm immer mehr nachgab, faßte er einen Entschluß und stieg vom First herunter.

›Bill, Bill‹, rief ich. Ich ahnte voller Entsetzen, was er wollte. Er wandte sich um und sagte ruhig: ›Leb wohl, Louis ... siehst du, es dauert mir zu lange. Ich will euch Platz machen.‹

Dann warf er zuerst seine Pfeife weg und sprang danach selbst in die Flut. ›Lebt wohl‹, sagte er noch, ›ich habe genug davon.‹ Er kam nicht wieder zum Vorschein. Er war ein schlechter Schwimmer, und wahrscheinlich machte er gar nicht erst den Versuch, sich zu retten. Er wollte unsern Ruin und den Tod unserer Lieben nicht überleben." – Soweit die Erzählung des dritten Bruders, des einzigen, der aus dieser Familie durch eines der Boote, die das Wasser absuchten, noch geborgen wurde.

Mehr als 50 000 Schiffe, Motorboote und Dampfer waren mobilisiert worden. Selbst die Luxusjachten wurden von der Regierung für die Rettungsarbeiten beschlagnahmt. Ganze Flugzeuggeschwader waren Tag und Nacht unterwegs, so wie man ja im vorigen Jahre auch den verhungernden, von jedem Verkehr vollständig abgeschnittenen Chinesen im Flußtal des Jangtsekiang durch Flugzeuge unter Führung von Charles Lindbergh Lebensmittel und Arzneien gebracht hat. Auch damals am Mississippi kampierten Hunderttausende von Flüchtlingen unter freiem Himmel, ohne Dach, ohne warme Kleidung, dem Hunger, dem Regen und den schrecklichen Wirbelstürmen preisgegeben, welche um diese Zeit das Überschwemmungsgebiet verheerten.

Soviel von den entfesselten Elementen des Mississippi. Ein andermal aber wollen wir uns an seinen Ufern umsehen, wo es auch zu den Zeiten, da der Strom friedlich in seinem Bette getrieben hat, keineswegs immer friedlich gewesen ist. Schon lange hatte ich vor, euch einmal die Geschichte des größten und gefährlichsten Geheimbundes von Amerika zu erzählen, gegen den alle Banden von Whiskyschmugglern und alle Verbrecherklubs von Chicago ein Kinderspiel sind: die Geschichte des Ku-Klux-Klan. Da werden wir uns wieder an den Ufern des Mississippi befinden, diesmal aber dem entfesselten Element menschlicher Grausamkeit und Gewalttat gegenüber. Und die Dämme, die das Gesetz gegen sie erbaut hat, haben nicht besser standgehalten als die wirklichen aus Erde und Stein. Davon also, vom Ku-Klux-Klan und vom Richter Lynch und anderen unheimlichen Figuren, die die Menschenwildnis am Mississippi bevölkert haben oder noch heut bevölkern, ein andermal.

Wahre Geschichten von Hunden

Sicher glaubt ihr, ihr kennt den Hund. Ich meine aber, wenn ich euch jetzt die berühmteste Beschreibung des Hundes vorlese, wird es euch genau gehen wie mir, als ich sie kennenlernte. Ich sagte mir nämlich, wenn das Wort Hund oder Hündin in dieser Beschreibung nicht vorkäme, so hätte ich vielleicht nicht erraten, auf was für ein Tier sie geht. So neu und sonderbar sehen die Dinge aus, wenn ein großer Forscher, als sei es vorher noch nie geschehen, den Blick auf sie richtet. Dieser Forscher ist Linne. Derselbe, den ihr alle in der Botanik kennengelernt habt und nach dem die Pflanzen noch heute bestimmt werden. Bei ihm heißt es also vom Hund:

„Frißt Fleisch, Aas, mehlige Pflanzenstoffe, kein Kraut, verdaut Knochen, erbricht sich nach Gras; lost auf einen Stein: Griechisch Weiß, äußerst beizend. Trinkt leckend; wässert seitlich, in guter Gesellschaft oft hundertmal, beriecht des Nächsten After; Nase feucht, wittert vorzüglich; läuft der . Quere, geht auf den Zehen; schwitzt sehr wenig, in der Hitze läßt er die Zunge hängen; vor dem Schlafengehen umkreist er die Lagerstätte; hört im Schlafe ziemlich scharf, träumt. Die Hündin ist grausam gegen eifersüchtige Freier; in der Laufzeit treibt sie es mit vielen; sie beißt diese; in der Begattung innig verbunden; trägt neun Wochen, wölft vier bis acht, die Männchen dem Vater, die Weibchen der Mutter ähnlich. Treu über alles; Hausgenosse des Menschen; wedelt beim Nahen des Herrn, läßt ihn nicht schlagen; geht jener, so läuft er voraus, am Kreuzweg sieht er sich um; gelehrig, erforscht Verlorenes, macht nachts die Runde, meldet Nahende, wacht bei Gütern, wehrt das Vieh von den Feldern ab, hält Renntiere zusammen, bewacht Rinder und Schafe vor wilden Tieren, hält Löwen im Schach, treibt das Wild auf, stellt Enten, schleicht im Sprunge an das Netz, bringt das vom Jäger Erlegte, ohne zu naschen, zieht in Frankreich den Bratspieß, in Sibirien den Wagen. Bettelt bei Tische; hat er gestohlen, kneift er ängstlich den Schwanz ein; frißt gierig. Zu Hause Herr unter den Seinigen. Feind der Bettler, greift ungereizt Unbekannte an. Mit Lecken heilt er Wunden, Gicht und Krebs. Heult zur Musik, beißt in einen vorgeworfenen Stein; bei nahem Gewitter unwohl und übelriechend. Hat seine Not mit dem Bandwurm. Verbreitung der Tollwut. Wird zuletzt blind und benagt sich selbst."

Soweit Linné. Nach solcher Beschreibung kommen einem doch die meisten Geschichten, die tagaus, tagein von Hunden erzählt werden, ein bißchen langweilig und gewöhnlich vor. Jedenfalls können sie es an Seltsamkeit und Einprägsamkeit mit dieser Schilderung nicht aufnehmen; und am allerwenigsten können daneben sich die meisten von den Geschichten hören lassen, mit denen die Leute die Klugheit der Hunde beweisen wollen. Ist es nicht überhaupt eher eine Beleidigung für die Hunde, von ihnen immer nur Geschichten zu erzählen, die etwas beweisen wollen? Sind sie denn nur als Gattung interessant? Und hat nicht vielmehr jeder einzelne sein eigenes, sonderbares Wesen?

„Kein einziger Hund ist dem anderen körperlich oder geistig gleich. Jeder hat eigene Arten und Unarten. Oft sind sie die ärgsten Gegensätze, so daß die Hundebesitzer an ihren Hunden einen unersetzlichen Stoff zu gesellschaftlichen Gesprächen haben. Jeder hat einen noch gescheitern! Doch erzählt etwa einer von seinem Hunde hundsdumme Streiche, dann ist jeder Hund ein großer Stoff zu einer Charakteristik, und wenn er ein merkwürdiges Schicksal erlebt, zu einer Lebensbeschreibung. Selbst in seinem Sterben kommen Eigenheiten vor."

Von solchen Eigenheiten wollen wir nun gleich einige hören. Gewiß ist es ja auch bei den anderen Tieren so, daß jedes einzelne viel Merkwürdiges für sich allein hat, das sich genau gleich in der ganzen Gattung nicht wiederfindet. Aber so deutlich und so vielfältig wie beim Hunde kann der Mensch diese Wahrnehmung nirgends machen, weil er mit keinem andern – es sei denn vielleicht dem Pferd – sich gleich eng verbunden hat. Am Anfang von alledem steht das eine: der große Sieg, den der Mensch vor Jahrtausenden über den Hund davontrug; oder richtiger gesagt über Wolf und Schakal. Denn indem diese in seine Botmäßigkeit gerieten und sich von ihm zähmen ließen, entwickelten sich aus ihnen die ersten Hunde. Man darf freilich bei diesen ältesten Hunden, die gegen Ende der Steinzeit auftraten, nicht an unsere heutigen Haus- und Jagdhunde denken, vielmehr nur an die halbwilden Hunde der Eskimos, die monatelang ihre Nahrung ausschließlich sich selber suchen und in jeder Hinsicht dem arktischen Wolf gleichen; oder nur an die furchtsamen, tückischen und bissigen Hunde der Kamtschadalen, die nach dem Bericht eines Reisenden nicht die geringste Liebe und Treue zu ihrem Herrn haben, sondern ihn allezeit umzubringen suchen. Von solcher Art muß anfangs der menschliche Haushund gewesen sein. – Schlimm genug, daß später durch Züchtung in manchen Fällen die Hunde, und vor allem die Doggen, sich wieder zu der alten Wildheit zurück entwickelten, ja, in ihrem Blutdurst schrecklicher wurden, als sie es im Urzustand waren. Hier die Geschichte des berühmtesten unter den Bluthunden, des sogenannten Bezerillo. Diesen hatten die Spanier von Fernando Cortez bei ihrer Eroberung Mexikos vorgefunden und in der abscheulichsten Weise abgerichtet.

„Einen mexikanischen Bullenbeißer benutzte man in früheren Zeiten in der scheußlichsten Weise. Man richtete ihn ab, Menschen einzufangen, niederzuwerfen oder sogar umzubringen. Schon bei der Eroberung von Mexiko wandten die Spanier derartige Hunde gegen die Indianer an, und einer von ihnen, namens Bezerillo, ist berühmt oder berüchtigt geworden. Ob er zu der eigentlichen Kubadogge gehört hat, welche man als einen Bastard von Bullenbeißer und Bluthund ansieht, ist nicht mehr zu bestimmen. Er wird beschrieben als mittelgroß, von Farbe rot, nur um die Schnauze bis zu den Augen schwarz. Seine Kühnheit und Klugheit waren gleich außerordentlich. Er genoß unter allen Hunden einen hohen Rang und erhielt doppelt soviel Fressen wie die übrigen. Beim Angriffe pflegte er sich in die dichtesten Haufen der Indianer zu stürzen, diese beim Arme zu fassen und sie so gefangen wegzuführen. Gehorchten sie, so tat der Hund ihnen weiter nichts, weigerten sie sich aber, mit ihm zu gehen, so riß er sie augenblicklich zu Boden und erwürgte sie. Indianer, die sich unterworfen hatten, wußte er genau von den Feinden zu unterscheiden und berührte sie nie. So grausam und wütend er auch war, bisweilen zeigte er sich doch viel menschlicher als seine Herren. Eines Morgens, so wird erzählt, wollte sich der Hauptmann Jagn de Senadza den grausamen Spaß machen, von Bezerillo eine alte gefangene Indianerin zerreißen zu lassen. Er gab ihr ein Stückchen Papier mit dem Auftrage, den Brief zu dem Statthalter der Insel zu tragen, in der Voraussetzung, daß der Hund, der nach dem Abgehen der Alten gleich losgelassen werden sollte, die alte Frau ergreifen und zerreißen werde. Als die arme schwache Indianerin den wütenden Hund auf sich losstürzen sah, setzte sie sich schreckerfüllt auf die Erde und bat ihn mit rührenden Worten, ihrer zu schonen. Dabei zeigte sie ihm das Papier vor und versicherte ihm, daß sie es zum Befehlshaber bringen und ihren Auftrag erfüllen müsse. Der wütende Hund stutzte bei diesen Worten, und nach kurzer Überlegung näherte er sich liebkosend der Alten. Dieses Ereignis erfüllte die Spanier mit Erstaunen und erschien ihnen als übernatürlich und geheimnisvoll. Wahrscheinlich deshalb wurde auch die alte Indianerin von dem Statthalter freigelassen. Bezerillo endete sein Leben in einem Gefechte gegen die Karaiben, welche ihn durch einen vergifteten Pfeil erlegten. Daß solche Hunde den unglücklichen Indianern als vierbeinige Gehilfen der zweibeinigen Teufel erscheinen mußten, ist leicht zu begreifen."

Von einer Doggenart, die sich in Rudeln wild auf Madagaskar herumtreibt, wird folgende merkwürdige Geschichte erzählt:

„Auf der Insel Madagaskar treiben sich große Scharen von Hunden wild umher. Ihr erbittertster Feind ist der Kaiman, von dem sie sehr häufig verschlungen wurden, wenn sie von Ufer zu Ufer schwammen. In jahrelangem Kampfe gegen das Untier haben die Hunde einen Trick erfunden, dessen Anwendung es ihnen ermöglicht, dem Rachen des Kaimans fernzubleiben. Sie sammeln sich, bevor sie ihre Schwimmtour unternehmen wollen, in großen Mengen am Ufer und erheben ein lautes Gebell. Dadurch angelockt, tauchen alle in der Nähe befindlichen Alligatoren mit ihren riesigen Köpfen aus dem Wasser an den Stellen auf, wo die Meute steht. In diesem Augenblick galoppieren die Hunde eine Strecke am Ufer weiter und durchschwimmen dann ungefährdet das Wasser, weil die schwerfälligen Alligatoren ihnen so schnell nicht zu folgen vermögen. Interessant ist es auch, zu beobachten, daß Hunde, die durch Einwanderer fremd nach der Insel kamen, dem Kaiman zum Opfer fielen, deren Nachkommen sich aber später durch den Trick der eingeborenen Hunde ebenfalls vor dem sichern Tode retten."

So wissen die Hunde sich selbst zu helfen. Aber wie hilfreich sind nicht die Hunde auch im großen dem Menschen gewesen. Ich denke an die uralten menschlichen Verrichtungen, die Jagd, die Nachtwache, die Wanderung, den Krieg, in denen allen der Hund in den verschiedensten Epochen der Geschichte und den entlegensten Ländern der Erde mit den Menschen zusammenwirkt. So unterhielten manche der alten Völker, wie z.B. die Kolophonier, ihrer Kriege wegen große Hundeherden. In allen ihren Schlachten griffen die Hunde zuerst an. Aber nicht nur an die Heldenrolle der Hunde in der Geschichte denke ich, sondern genauso an die Gesellschaft oder die Hilfe, die sie dem Menschen in den tausend Dingen des täglichen Lebens leisten. Da fände man mit Geschichten kein Ende. Ich erzähle nur drei ganz kleine vom Stiefelhund, dem Kutschenpudel und dem Totenhund. "Beim Pont-Neuf in Paris war ein kleiner Stiefelputzer, der eine Pudelhündin dressiert hatte, ihre dicken haarigen Pfoten ins Wasser zu tauchen und sie dann auf die Füße der Vorübergehenden zu legen. Schrien dann die Leute, so präsentierte sich der Stiefelputzer und erlangte auf diese Weise gesteigerte Einnahmen. Solange er mit jemand beschäftigt war, verhielt sich der Hund ruhig, wurde aber der Schemel frei, so ging die Geschichte von neuem an."

„Brehm erzählt, er habe einen Pudel gekannt, welcher durch seine Verständigkeit viel Vergnügen machte. Er war auf alles Mögliche abgerichtet und verstand sozusagen jedes Wort. Sein Herr konnte ihn zum Beispiel nach mancherlei Dingen aussenden, er brachte sie gewiß. Sagte er: ›Geh, hole eine Kutsche!‹ so lief er auf den Warteplatz der Lohnfuhrwerke, sprang in einen Wagen hinein, und bellte so lange, bis der Kutscher Anstalt machte, fortzufahren; fuhr er nicht richtig, so begann der Hund von neuem zu bellen und unter Umständen lief er wohl auch vor dem Wagen her, bis vor die Tür seines Herrn."

„Ein englisches Blatt erzählt: In Campbelltown in der Provinz Argyllshire wird mit sehr wenigen Ausnahmen jeder Leichenzug, der seinen Weg von der Kirche zum Friedhof nimmt, von einem stillen Leidträger in Gestalt eines großen, schwarzen Hundes begleitet. Immer nimmt er seinen Platz neben den, dem Sarge zunächst folgenden Personen und gibt dem Kondukt das Geleite bis zum Grabe. Dort angelangt, verweilt er noch, bis die letzten Worte der Grabrede verhallt sind, wendet sich dann gravitätisch um und verläßt langsamen Schrittes den Gottesacker. Dieser merkwürdige Hund scheint instinktiv zu wissen, wann und wo ein Leichenbegängnis stattfinden wird, denn immer taucht er im rechten Augenblicke auf, und da er schon seit Jahren dieser selbst gewählten Pflicht obliegt, so wird seine Gegenwart als etwas ganz Selbstverständliches erachtet; es würde sogar auffallen, wenn er nicht mitginge. Anfangs wurde der Hund vom offenen Grabe, wo er sich aufstellte, immer verjagt, aber trotzdem gesellte er sich immer wieder bei nächster Gelegenheit zu den Trauernden. Schließlich gab man den Versuch auf, den stillen Beileidträger zu verscheuchen und seither nimmt er an jedem Trauerzuge offiziell teil. Der merkwürdigste Fall war aber der, daß der Trauerhund, als ein Separatdampfer mit einer Leiche und den Trauergästen im Hafen einlief, richtig am Landungsplatze sich als Wartender einfand und den Trauerzug in gewohnter Weise auf den Friedhof hinaus begleitete."

Wißt ihr übrigens, daß es ein Lexikon der berühmten Hunde gibt? Es ist von einem Mann gemacht worden, der sich auch sonst mit den schrulligsten Sachen befaßt hat, z.B. ein Lexikon berühmter Schuhmacher hat er verfaßt, ein ganzes Buch mit dem Titel „Die Suppe" und ähnliche recht ausgefallene Schriftchen. Das Hundebuch ist ganz nützlich. Alle Hunde, von denen man je in der Geschichte gehört hat, stehen drin und dazu noch die, die die Dichter sich ausgedacht haben. In diesem Buch habe ich die schöne und wahre Geschichte vom Hund Medor gefunden, der die Pariser Revolution von 1831, die Erstürmung des Louvre, mitmachte und dort seinen Herrn verlor. Ich erzähle sie jetzt zum Schluß so, wie der Dichter Ludwig Börne sie aufschrieb.

„Von Napoleons Krönung weg ging ich zu einem andern Schauspiel, das meinem Herzen wohler tat. Ich besuchte den edlen Medor. Wenn man auf dieser Erde die Tugend mit Würden belohnte, dann wäre Medor der Kaiser der Hunde. Vernehmen Sie seine Geschichte. Nach einer Bestürmung des Louvres im Juli begrub man auf dem freien Platze vor dem Palaste, auf der Seite wo die herrlichen Säulen stehen, die in der Schlacht gebliebenen Bürger. Als man die Leichen auf Karren legte, um sie zu Grabe zu führen, sprang ein Hund mit herzzerreißendem Jammer auf einen der Wagen, und von dort in die große Grube, in die man die Toten warf. Nur mit Mühe konnte man ihn herausholen; ihn hätte dort der hineingeschüttete Kalk verbrannt, noch ehe ihn die Erde bedeckt. Das war der Hund, den das Volk nachher Medor nannte. Während der Schlacht stand er seinem Herrn immer zur Seite, er wurde selbst verwundet. Seit dem Tode seines Herrn verließ er die Gräber nicht mehr, umjammerte Tag und Nacht die hölzerne Wand, welche den engen Kirchhof einschloß, oder lief heulend am Louvre hin und her. Keiner achtete auf Medor, denn keiner kannte ihn und erriet seinen Schmerz. Sein Herr war wohl ein Fremder, der in jenen Tagen erst nach Paris gekommen, hatte unbemerkt für die Freiheit seines Vaterlandes gekämpft und geblutet und war ohne Namen begraben worden. Erst nach einigen Wochen ward man aufmerksamer auf Medor. Er war abgemagert bis zum Gerippe und mit eiternden Wunden bedeckt. Man gab ihm Nahrung, er nahm sie lange nicht. Endlich gelang es dem beharrlichen Mitleid einer guten Bürgersfrau, Medors Gram zu lindern. Sie nahm ihn zu sich, verband und heilte seine Wunden, und stärkte ihn wieder. Medor ist ruhiger geworden, aber sein Herz liegt im Grabe bei seinem Herrn, wohin ihn seine Pflegerin nach seiner Wiederherstellung geführt, und das er seit sieben Monaten nicht verlassen. Schon mehrere Male wurde er von habsüchtigen Menschen an reiche Freunde von Seltenheiten verkauft; einmal wurde er dreißig Stunden weit von Paris weggeführt; aber er kehrte immer wieder zurück. Man sieht Medor oft ein kleines Stück Leinwand aus der Erde scharren, sich freuen, wenn er es gefunden, und dann es wieder traurig in die Erde legen und bedecken. Wahrscheinlich ist es ein Stück von dem Hemde seines Herrn. Gibt man ihm ein Stück Brot, Kuchen, verscharrt er es in die Erde, als wollte er seinen Freund im Grabe damit speisen, holt es dann wieder heraus, und das sieht man ihn mehrere Male im Tage wiederholen. In den ersten Monaten nahm die Wache von der Nationalgarde beim Louvre jede Nacht den Medor zu sich in die Wachtstube. Später ließ sie ihm selbst auf dem Grabe eine Hütte hinsetzen. Medor hat schon seinen Plutarch gefunden, seine Rhapsoden und Maler. Als ich auf den Platz vor dem Louvre kam, wurde mir Medors Lebensbeschreibung, Lieder auf seine Taten und sein Bild feilgeboten. Für zehn Sous kaufte ich Medors ganze Unsterblichkeit. Der kleine Kirchhof war mit einer breiten Mauer von Menschen umgeben, alle arme Leute aus dem Volke. Hier liegt ihr Stolz und ihre Freude begraben. Hier ist ihre Oper, ihr Ball, ihr Hof und ihre Kirche. Wer nahe genug herbei kommen konnte, Medor zu streicheln, der war glücklich. Auch ich drängte mich endlich durch. Medor ist ein großer, weißer Pudel, ich ließ mich herab, ihn zu liebkosen; aber er achtete nicht auf mich, mein Rock war zu gut. Aber nahte sich ihm ein Mann in der Weste, oder eine zerlumpte Frau und streichelte ihn, das erwiderte er freundlich. Medor weiß sehr wohl, wo er die wahren Freunde seines Herrn zu suchen hat. Ein junges Mädchen, ganz zerlumpt, trat zu ihm. An diesem sprang er hinauf, zerrte es, ließ nicht mehr von ihm. Er war so froh, es war ihm so bequem, er brauchte um das arme Mädchen etwas zu fragen, es nicht wie eine vornehme geputzte Dame, sich erst niederlassend, am Rande des Rockes zu fassen. An welchem Teile des Kleides er zerrte, war ein Lappen, der ihm in den Mund paßte. Das Kind war ganz stolz auf Medors Vertraulichkeit. Ich schlich mich fort, ich schämte mich meiner Tränen."

So, nun sind wir für heute mit den Hunden zu Ende.

Literarische Rundfunkvorträge

Kinderliteratur

Verehrte Unsichtbare!

Sie haben gewiß schon häufig sagen hören: „Ach Gott, in meiner Jugend hatten wir's nicht so gut. Wir mußten noch vor den Zensuren bangen, wir durften noch nicht barfuß am Strand gehen.“ Aber haben Sie schon einmal jemand gehört, der sagte: Ach Gott, in meiner Jugend spielten wir noch nicht so schön. Oder: Als ich klein war, gab es noch keine so schönen Geschichtenbücher. – Nein. Was jeder in seiner Kindheit las oder spielte, das scheint ihm in der Erinnerung nicht allein das Schönste und Beste, es kommt ihm oft und fälschlich genug sogar einzig vor. Und es ist eine ganz alltägliche Sache, Erwachsene das Verschwinden von Spielsachen beklagen zu hören, die sie im nächsten besten Laden kaufen könnten. Im Gedanken an *diese* Dinge wird jeder ein laudator temporis acti, ein Reaktionär. Darum muß es mit ihnen eine besondere Bewandtnis haben. Und ohne für den Augenblick davon zu reden, wollen wir im folgenden nicht vergessen, daß für Kinder wie in allen Dingen so auch in Büchern sehr anderes liegen kann als der Erwachsene darinnen findet.

Wie vieles könnte man – um mit der Fibel zu beginnen – nicht über das Verhältnis des Kindes zum Buchstaben ausspinnen? Von den frühesten Stadien, in denen jedes Zeichen ein Joch ist, durch das Hand und Zunge gedemütigt schlüpfen müssen, bis zu den späten, wo das Kind die Laute spielend behandelt und im Dickicht der Räuber – und Erbsensprache seinen ersten Geheimbund gründet. Sicher rückt dem herangewachsnen Knaben keine Seefahrer- oder Gespenstergeschichte so auf den Leib wie es die Fibel tat als er klein war. Zwar kamen die frühesten deutschen Fibeln den Kindern noch, mit naivem pädagogischen Geschick entgegen. Diese „Stimmenbüchlein“ waren onomatopoetisch eingerichtet. Das O erscholl im Munde eines Fuhrmanns, der auf dem Bilde die Pferde antreibt, das Seh kommt von der Frau, die auf einem andern Blatte die Hühner scheucht, das R ist das Knurren des Hundes und das S wird der Schlange in den zischenden Rachen gelegt. Aber bald tritt dies

Lautwesen zurück und seit der Gegenreformation begegnen wir Fibeln, in welchen sich die Majestät des Schriftzeichens mit Wolken von Floskeln und Arabesken vor dem erschreckten Kinderauge darstellt. Dem folgte dann das Fächer- und Kastensystem des 18ten Jahrhunderts, in welchen die Lesewörtchen in soldatische Kaders gepreßt freudlos und eng beieinanderstanden und die Buchstaben die Sergeanten waren, die als Majuskeln ihre Substantive befehligten. Aus dieser Zeit stammen dann etwa Fibeln, auf deren Titelblatt dem Abc-Schützen 248 Abbildungen versprochen werden. Sieht man näher zu so hat das ganze acht Seiten und die Abbildungen stehen eine neben der andern in winzigen Rähmchen. Freilich kann keine Fibel so schrullig sein, daß nicht das Kind zuletzt von ihr sich das Seine nähme, wie Jean Paul es so schön von der des Schulmeisters Wuz zeigt. „Er schrieb das Abc in schöner Kanzleischrift, lustig und ungestört herab. Zwischen alle schwarzen Buchstaben steckte er rote auf, um allgemeine Aufmerksamkeit zu erregen; daher die meisten Kinder Deutschlands sich noch der Freude entsinnen, mit welcher sie aus den schwarzen die rot gekochten wie gare Krebse herausfischten und genossen."

Die Schulmeister sind natürlich schnell dahintergekommen, daß nicht nur das Kind mit der Fibel sondern, von allen Büchern, die Fibel es mit dem Kinde am schwersten hat. Das Naheliegendste war, die Anschauung so weit wie nur möglich vom Wort, geschweige vom Buchstaben zu emanzipieren. 1658 erschien als der erste Versuch auf diesem Wege der „Orbis pictus" des Amos Comenius. Er bringt alle Gegenstände des täglichen Lebens, aber auch die übersinnlichen, in einfachen, rohen Darstellungen auf mehreren hundert Tafeln von Kartenblattgröße. Der Text war auf ein deutsch-lateinisches Inhaltsverzeichnis beschränkt. Dieses Werk ist einer der großen und seltenen Erfolge im Reiche des pädagogischen Kinderbuches gewesen und wenn man es recht bedenkt, so erscheint es als Anfang einer überaus folgenreichen und noch heute, nach zweieinhalb Jahrhunderten nicht abgeschlossenen Entwicklung. Ja: heute weniger denn je. Die außerordentliche Aktualität, die alle Versuche eines Anschauungsunterrichtes besitzen, beruht ja darauf, daß ein neues, ein genormtes und wortloses Zeichensystem heute auf den verschiedensten Lebensgebieten – in Verkehr, Kunst, Statistik – im Andringen scheint. Es berührt sich an diesem Punkt gerade jetzt ein pädagogisches Problem mit einem ganz umfassenden kulturellen, das man in die Parole fassen könnte: für das Zeichen gegen das Wort! Vielleicht werden bald Anschauungsbilderbücher kommen, die das Kind in die neue Zeichensprache des Verkehrs oder gar der Statistik einführen. Was die alten betrifft so bezeichnen der „Orbis pictus" des Comenius, das „Elementarwerk" von Basedow und endlich Bertuchs „Bilderbuch für Kinder" die Marksteine seiner Entwicklung. Dieses letzte umfaßt zwölf Bände mit je hundert kolorierten Kupfertafeln und erschien unter Bertuchs Leitung in Weimar von 1792 bis 1847. In seiner sorgfältigen Ausführung beweist es, mit welcher Hingabe damals für Kinder gearbeitet wurde. Das Anschauungsbilderbuch auch textlich zu durchdringen, es textlich elementar zu gestalten, ohne es der Fibel zu nähern, das ist freilich eine schwierige, fast unlösbare Aufgabe. Sie ist selten bewältigt worden. Um so bemerkenswerter das geniale Anschauungsbuch von Wich: „Steckenpferd und Puppe", das 1843 in Nördlingen erschienen ist. Ihm entnehmen wir die folgenden Verse.

„Vor dem Städtlein sitzt ein Zwerglein,
Hinterm Zwerglein steht ein Berglein,
Aus dem Berglein fließt ein Bächlein,
Auf dem Bächlein schwimmt ein Dächlein,
Unterm Dächlein steckt ein Stüblein,
In dem Stüblein sitzt ein Büblein,
Hinterm Büblein steht ein Bänklein,
Auf dem Bänklein ruht ein Schränklein,
In dem Schränklein steht ein Kästlein,
In dem Kästlein liegt ein Nestlein,
Vor dem Nestlein sitzt ein Kätzlein,
Merken will ich mir das Plätzlein."

Wenn es irgendein Gebiet auf der Welt gibt, wo das Spezialistentum immer wird versagen müssen, so ist es das Schaffen für Kinder. Und der Anfang des Elends in der Kinderliteratur läßt sich mit einem Worte bezeichnen: es war der Augenblick da sie in die Hände der Spezialisten fiel. Das Elend der Kinder *literatur*, das nun freilich durchaus nicht das Elend des Kinder *buchs* ist. Denn das große Glück war eben, daß die Pädagogen dem illustrativen Teile der Bücher lange nur eine geringe Beachtung schenkten, zumindest ihm mit Normen nicht beikommen konnten. So erhielt sich hier, was in der Literatur immer seltner wurde: der reine Ernst der Meisterschaft und die reine Spielfreude des Dilettanten, die beide *ohne es zu wissen* für Kinder schaffen. Rochows „Kinderfreund" von 1772, das erste Lesebuch, ist zugleich der Beginn der eigentlichen „Jugendschriftstellerei". Man muß da zwei Epochen unterscheiden, die moralisch-erbauliche der Aufklärung, die dem Kinde entgegentrat und die sentimentale des vorigen Jahrhunderts, die sich ihm insinuierte. Die erstere war gewiß nicht immer so langweilig und die zweite nicht immer so verlogen wie die arrivierte Pädagogik von heute es wahrhaben will, aber beide sind durch einen Durchschnitt von trostloser Mittelmäßigkeit charakterisiert. Ein schönes, vor allem sprachlich höchst mißglücktes Probestück, das auf der Wasserscheide der beiden Gattungen steht, mag hier folgen.

„Zu Hause angekommen, machte sich *Emma* gleich wieder an die Arbeit, denn sie hatte *Augusten* versprochen, ihr in sechs Schnupftücher die Buchstaben A. v. T. zu sticken ... *Auguste* und *Wilhelmine* setzten sich ihr zu beiden Seiten; *Charlotte* und *Sophie*, die ihre Arbeiten mitgebracht hatten, thaten das ebenfalls. Es war ein erfreulicher Anblick, wenn man die vier jungen Mädchen so emsig beschäftigt sah; Jede voll Eifer, die Andere zu übertreffen.

Während der Arbeit wollte *Auguste* die Zeit zu anderer Belehrung benutzen. Sie fragte daher *Emma*:

›Was ist heute für ein Tag?‹

Ich glaube, es ist Dienstag.

›Du irrst Dich, Kind! gestern war ja Sonntag.‹

Es ist also heute Montag.

›Richtig, Montag. Wie viele Tage giebt es in einer Woche?‹

Sieben.

›Wie viele aber in einem Monate? – Weißt Du das?‹

Wie viele? – Mir ist es so erinnerlich, als hättest Du es mir schon mehrmals gesagt, daß in Ansehung der Tage die Monate nicht gleich sind.

›Das hab' ich auch. Vier Monate haben dreißig Tage, sieben einunddreißig, und ein einziger acht- und zuweilen neunundzwanzig.‹

Dreißig Tage, das ist sehr lang.

›Kannst Du bis so weit zählen?‹

Nein!

›Wie viel Finger hast Du?‹

Zehn.

›Zähle diese Finger dreimal und Du bekommst dann dreißig, also so viel, als vier Monate im Jahre Tage haben.‹

Das ist ja ein Säculum.

›Ein Säculum? – Wo hast Du das Wort aufgeschnappt. – Weißt Du denn, was ein Säculum ist?‹

Nein, das weiß ich nicht.

›Und doch nennst Du ein Wort, das Du nicht verstehst? – das schmeckt nach Prahlerei! Man will für klüger gehalten werden, als man ist. Ein Säculum besteht aus hundert Jahren, ein Jahr aus zwölf Monaten, die Monate bestehen, wie ich Dir schon gesagt, zum Theil aus dreißig, zum Theil aus einunddreißig Tagen, mit Ausnahme eines in jedem Jahre. Ein Tag besteht aus vierundzwanzig Stunden, die Stunden werden wieder in Minuten und diese in Secunden getheilt. Die Zahl der Letztern beläuft sich in einer Stunde auf sechszig.‹

Nicht wahr? Eine Secunde ist etwas sehr Geringfügiges?

›Eine Secunde entfliegt wie der Blitz, es ist ein Augenblick.‹

Da besteht denn wohl des Menschen Leben aus unendlich vielen Secunden? ›Und doch enteilt es sehr rasch. Wir sollten bei dieser Flüchtigkeit nie den Uebergang in eine andere Welt vergessen, das will so viel sagen, wir sollten immer die Pflichten gegen Gott, gegen unsere Nebenmenschen und uns selbst zu erfüllen suchen, damit wenn der Schöpfer und Regierer des Weltalls nach seinem allweisen Rath uns abzurufen beschlossen hat, wir würdig befunden werden, in den Himmel einzugehen, wo uns dafür der Lohn erwartet, wenn wir auf Erden fromm und rechtschaffen gehandelt haben.‹ Was wird aber mit den kleinen Mädchen, die sich böse aufgeführt haben?

›Die kommen in die Hölle.‹

Sind sie denn dort unglücklich?

›Ei freilich! Sie empfinden die Qualen der Reue für ihre Vergehen in Ewigkeit.‹

In Ewigkeit? – O ich werde mich wohl hüten, böse zu handeln.

Auguste sah wohl ein, daß *Emma* dies nicht so deutlich verstehen konnte, wie sie, die es in ihrem Catechismus gelesen hatte, und der es gründlich erklärt worden. Sie hätte klüger gehandelt, wenn sie ihre kleine Schülerin statt mit der Hölle, mit der Ruthe oder dem Knecht Ruprecht in Furcht gesetzt hätte."

Skurrileres mag es kaum geben, wohl aber gibt es Besseres. Immerhin ist es bezeichnend, daß trotz Johanna Spyris schönen, mit Recht berühmten „Geschichten für Kinder und solche die Kinder liebhaben", die spätere Richtung der Jugendliteratur kein Meisterwerk aufweist. Wohl aber besitzen wir ein Meisterwerk des moralisch-erbaulichen Schrifttums, das zugleich ein Meisterwerk der deutschen Sprache schlechthin ist: Hebels „Schatzkästlein". Eine Jugendschrift im strengsten Sinne ist es bekanntlich nicht; immerhin ist es ganz aus dem philanthropischen Anteil an den breiten, besonders den ländlichen Lesermassen hervorgegangen. Es ist nun, wenn man überhaupt versuchen darf, diesen unvergleichlichen Prosaisten, der die Weitschweifigkeit des Epikers mit der Kürze des Gesetzgebers zu einer nahezu unergründlichen Einheit zusammenschmolz, mit einem Wort zu bezeichnen, das Entscheidende, in Hebel die Überwindung der abstrakten Moral der Aufklärung durch die politisch-theologische zu erkennen. Wie aber das bei ihm nie anders als kasuistisch, von Fall zu Fall vor sich geht, so ist es auch kaum möglich, davon auf andere als ganz konkrete Art einen Begriff zu geben. In einem Bilde. Es ist, wenn er seine Geschichten erzählt, als ob der Uhrmacher uns ein Uhrwerk weist und die Federn und die Rädchen einzeln erklärt und erläutert. Plötzlich (seine Moral ist immer plötzlich) dreht er sie um und wir sehen wie spät es ist. Und auch darin gleichen diese Geschichten der Uhr, daß sie unser frühestes kindliches Staunen wecken und nicht aufhören uns das Leben lang zu begleiten.

Vor einigen Jahren kam, wie das von Zeit zu Zeit zu geschehen pflegt, eine literarische Zeitschrift auf den Gedanken, einer Anzahl bekannter Leute die Frage nach dem Lieblingsbuch ihrer Kindheit vorzulegen. Es wurden in den Antworten gewiß auch Jugendschriften genannt. Merkwürdig aber war: die große Mehrzahl nannte Werke wie: „Lederstrumpf", „Gulliver", „Schatzinsel", „Münchhausen", „Tausendundeine Nacht", Andersen, Grimm, Karl May, Wörishöffer, manche verschollnen, von denen sie den Autor gar nicht mehr wußten. Wenn man in die vielgestaltigen Angaben einige Ordnung bringt, dann stellt sich heraus: fast nie ist hier von Büchern die Rede, die für die Kinder oder für die Jugend verfaßt wurden. Immer wieder sind es die großen Werke der Weltliteratur, Kolportagebücher, die Märchen. Unter denen, die auf diese Umfrage geantwortet haben, ist auch Charlie Chaplin. „David Copperfield". Und hier nun läßt sich einmal an einem großen Falle studieren, was es um ein Kinderbuch sein kann, soll heißen, um ein Buch, das ein Kind sich vornimmt. David Copperfield hat der großen Intuition dieses Mannes den Ort bereitet. In der Tat hat ein französischer Kritiker mit vielem Glück eine Parallele zwischen der Kunst von Dickens und Chaplin gezogen. Und Chaplin „selbst hat erzählt, wie der Gedanke, den

Typ des Mannes mit der Melone, den Hackschrittchen, dem kleinen kurzgeschnittnen Schnurrbart und dem Bambusstäbchen in die Welt zu setzen, ihm zum erstenmale beim Anblick der kleinen Angestellten des Londoner Strand kam". Aber wie nahe stehen nicht auch die andern Typen seiner Filme dem dunklen London des Oliver Twist oder David Copperfield, „das junge, schüchterne, gewinnende Mädchen, der vierschrötige Flegel, der immer drauf und dran ist, mit den Fäusten um sich zu schlagen, und wenn er sieht, daß man vor ihm nicht Angst hat, Reißaus zu nehmen, und der anmaßende Gentleman, den man am Zylinder erkennt".

Nur denke man nicht, die substantielle, kräftige Nahrung könne dem Heranwachsenden nur aus den Meisterwerken eines Cervantes oder Dickens, Swift oder Defoe kommen. Sie liegt genauso in gewissen, freilich durchaus nicht allen, Werken der Kolportage, wie sie gleichzeitig mit dem Aufschwung der technischen Zivilisation und jener Nivellierung der Kultur auftrat, die nicht ohne Zusammenhang damit war. Der Abbau der alten sphärisch gestuften Lebensordnungen war damals vollendet. In ihm waren gerade die feinsten, edelsten Substanzen oft zuunterst geraten und so kommt es, daß der tiefer Blickende gerade in den Niederungen des Schrift- und Bildwerks die Elemente findet, die er in den anerkannten Kulturdokumenten vergeblich sucht. Erst kürzlich hat Ernst Bloch in einem schönen Essay aus solchen Überlegungen heraus die Rettung des verrißnen Karl May vorgenommen. Und wie viele Bücher wären nicht hier zu nennen, die man am Ausleihtage in der Klassenbibliothek oder gar in der Papierhandlung nur mit leiser Scham zu verlangen wagte: „Die Regulatoren in Arkansas", „Unter dem Äquator", „Nena Sahib". Wenn aber gerade diese Bücher an manchen Stellen über den Horizont ihrer jungen Leser hinausgehen, so machte sie das nur eindrucks- und lebensvoller. Denn sie schienen mit solchen Redewendungen und Begriffen den Talisman zu enthalten, der glücklich über die Schwelle des Jugendalters in das gelobte Land der Mannheit geleiten mußte. Und darum werden sie seit jeher von allen verschlungen.

Bücher verschlingen. Eine merkwürdige Metapher. Sie gibt zu denken. In der Tat, keine Formenwelt wird im Genuß in solchem Grade mitgenommen, zersetzt und zerstört wie die erzählende Prosa. Vielleicht kann man wirklich Lesen und Verzehren vergleichen. Vor allem muß man freilich sich dabei gegenwärtig halten: warum wir uns ernähren müssen und warum wir essen hat nicht so ganz identische Gründe. Die ältere Ernährungstheorie ist darum so lehrreich, weil sie vom Essen ausgeht. Sie sagte: wir ernähren uns durch Einverleibung der Geister der gegessenen Dinge. Nun ernähren wir uns zwar nicht dadurch, aber wir essen doch um einer Einverleibung willen, die mehr ist als ein Bedürfnis der Lebensnotdurft. Einer solchen Einverleibung wegen lesen wir auch. Also nicht, um unsere Erfahrung, unsern Gedächtnis- und Erlebnisschatz zu erweitern. Solche psychologischen Substitutionstheorien sind die Theorien der Ernährung, die da behaupten: aus dem Blut, das wir verzehren, wird unser Blut, Tierknochen würden unsere Knochen usw. So einfach ist es nicht. Wir lesen nicht um unsere Erfahrungen sondern um uns selber zu mehren. Ganz besonders aber und immer lesen die Kinder so: einverleibend, nicht sich einfühlend. Ihr Lesen steht im innigsten Verhältnis viel weniger zu ihrer Bildung und Weltkenntnis als zu ihrem Wachstum und ihrer Macht. Darum ist es etwas ebenso Großes als alles Genie, das in den Büchern steckt, die sie vornehmen. Und das ist die besondere Bewandtnis, die es mit dem Kinderbuch hat.

Gides Berufung

Vielleicht wäre es an der Zeit, einmal das Verfahren zu revidieren, was wir bei Jubiläen der Lebenden zu beobachten pflegen und ein wenig mehr Vernunft dahinein zu bringen. Zeit, anstelle jener „Würdigungen“, bei denen nur der Kritiker sich selber wichtig nimmt, einige substantielle Überlegungen anzustellen. Läge es nicht sehr im Sinn solcher Daten, wenn sie nun einmal bemerkt werden sollen, an die Kindheit des Gefeierten, seine Herkunft zu denken, seine ersten Spiele und Schriften, die Dokumente seiner frühen Jahre zu sammeln, ihn da zu erfassen, wo er liebenswert, unbekannt und bedeutend zugleich erscheint. Anderseits ließe sich für einige unter ihnen, die Größten, auch die Darstellung ihres Einflusses, ihrer erzieherischen Absichten oder Wirkungen denken. Der seltene Glücksfall aber, der uns das möglich macht, was wir im folgenden für Andre Gide zur Feier seines 60ten Geburtstags im November vorhaben, ist dies: daß so wie sich in den Gedanken, den Erfahrungen der frühesten Jugend die Züge des Werkes schon ankündigen, im spätesten Werke des Dichters noch immer die Treue zu den Eingebungen und den Schicksalen seiner Jugend sich ausprägt. Das ist Gides Fall, darin liegt es begründet, daß die ganze Geisteswelt dieses Mannes in unendlich präziser Verkleinerung in die Figur seiner Berufung eingeht. Wie diese Berufung in früher Kindheit vernehmbar wird, wie sie nicht aufhört, den Jüngling, den Mann zu begleiten, nicht immer großes und pathetisches Geheiß war, sondern oft wie die gefährliche wandernde Stimme des Berggeists aus labyrinthischen Massiven heraus ihn rief, wie seine Dichtungen in aller ihrer Vollendung ihm nie Besitztum sondern Ballast waren, den er abwarf, um seine ständige Bereitschaft zu steigern, das gedenken die folgenden, den verschiedensten Werken entnommenen Stellen so eindrücklich zu bekunden, daß sie am Ende wie ein einheitlicher Text in Ihrem Gedächtnis stehen bleiben mögen. Im übrigen wird Ihnen eine eminente Nüchternheit, fast möchte ich sagen Verschlossenheit, an dem folgenden auffallen. Gide entwickelt in seinen Schriften eigentlich nur dieses: die Linie. Und zwar die sichtbare so gut wie die tastbare. Es ist das Seltene an seiner Künstlerschaft, daß sie die höchste sinnliche Konkretion hat ohne die Fülle des sinnlich Genießbaren, Lustvollen mitzunehmen, daher der Adel seiner Schriften, in dem er kaum mit einem der Lebenden zu vergleichen ist. Die Sprache des folgenden Fragmentes entspricht den klassischen Linien der Landschaft, in der der Redende, Menalque, gedacht ist. In einem Garten auf einem Hügel nahe Florenz, Fiesole gegenüber, spricht er zu seinen Freunden. Das geistige Drama, das er vor ihnen entspinnt, werden wir später in einer palästinensischen Landschaft sich weiterentwickeln sehen.

„Mein ganzes Dasein war ein dauerndes herrliches Warten, gleichviel auf welche Zukunft. Mein Glück kam daher: jede Quelle offenbarte mir einen Durst, und in der wasserlosen Wüste, wo der Durst nicht zu stillen ist, war ich mit meinem brennenden Fieber unter der glühenden Sonne noch immer glücklich. Gab es doch abends bezaubernde Oasen, die davon, daß ich sie den ganzen Tag ersehnt, nur erfrischender wurden. Ich habe in der sandigen Einöde, wenn die Sonne mich wie ein maßlos tiefer Schlummer betäubte, so groß war die Hitze, so flimmerte alles, eben darin noch das Zittern des Lebens gefühlt, des Lebens, das nicht entschlummern kann, und der Horizont flimmerte vor Schwäche, und meine Füße schwollen vor Liebe.

Ich suchte Tag für Tag nichts anderes als immer schlichtere Versenkung in die Natur. Ich besaß die kostbare Gabe, mir selber nicht zu sehr im Wege zu sein. Meine Seele war die Herberge, die am Kreuzwege offensteht; was eintreten wollte, trat ein. Ich machte mich gefügig, lenkbar, allen meinen Sinnen gab ich Einfluß auf mich. Aufmerksam gab ich mich hin, bis ich keinen einzigen eigenen Gedanken mehr hatte. Jede Regung fing ich im Fluge auf und so wenig setzte ich ihr entgegen, daß ich lieber nichts mehr für schlecht hielt, als gegen gleichviel was Protest zu erheben. Im übrigen wurde ich bald inne, wie wenig Haß gegen das Häßliche meine Liebe zum Schönen stützte. Es gab eine Zeit, da wurde meine Freude so groß, daß ich sie mitteilen, jemandem lehren wollte.

Die Abende sah ich in unbekannten Dörfern die Hausgenossenschaften, die am Tage verstreut waren, sich wieder ums Herdfeuer sammeln. Der Vater kam müd von der Arbeit nach Haus, die Kinder kamen von der Schule zurück. Die Haustür ließ einen Augenblick lockendes Licht, Wärme und Lachen durch einen Spalt dringen; dann schloß sie sich vor der Nacht. Nichts von all den schweifenden Dingen, vom Wind, der draußen stoßweise zitterte, konnte mehr eindringen. – Ich hasse euch, ihr Familien, trauliche Herdfeuer, verschlossene Türen, unduldsame Gehege des Glücks – manchmal habe ich unsichtbar in der Nacht lange gegen ein Fenster gedrückt gestanden und das Treiben im Hause beobachtet. Da war bei der Lampe der Vater. Die Mutter nähte. Der Platz eines Ahnen blieb leer. Ein Kind arbeitete neben dem Vater, und mein Herz wurde schwer von der Sehnsucht, es auf die Landstraße mit mir mitzunehmen.

Am nächsten Morgen sah ich es wieder, wie es zur Schule ging. Am übernächsten Morgen sprach ich es an. Vier Tage später verließ es alles, um mir zu folgen. Ich öffnete ihm die Augen für die Herrlichkeiten des Landes ringsum, und es verstand, daß es für ihn offenlag. Ich lehrte seine Seele schweifender, froher zu werden, endlich auch von mir selbst fortzugehen, seine Einsamkeit kennenzulernen."

Hier halten wir inne. Aus dieser Stelle – die „Nourritures terrestres", aus denen dieses Stück stammt, erschienen 1897 – entstand zehn Jahre später Gides berühmteste Dichtung: „Die Rückkehr des verlorenen Sohnes". Von ihr lese ich den letzten Abschnitt der fünf, die das Buch bilden. Es sind die Gespräche mit dem versöhnten Vater, dem unerbittlichen älteren Bruder, der erbarmenden Mutter. Und hier das letzte mit dem jüngeren Bruder, in der Übersetzung von Rilke, die im Insel Verlag erschien. Wir haben übrigens das Glück, auch die übrigen Schriften Gides in selten zuverlässigen und glücklichen Verdeutschungen zu besitzen oder erwarten zu können. Die Gesamtausgabe der Werke, die von der Deutschen Verlagsanstalt unternommen ist und der alle späteren Stücke entnommen sind, liegt in den ausgezeichneten Händen von Ferdinand Hardekopf.

„Es ist die Kammer neben der des Verlorenen, nicht gerade klein, mit leeren Wänden. Eine Lampe in der Hand, nähert sich der Verlorene dem Bett, wo sein jüngerer Bruder ruht, das Gesicht gegen die Wand gekehrt. Er beginnt mit leiser Stimme, um das Kind, wenn es schläft, nicht in seinem Schlummer zu stören.

›Ich möchte mit dir sprechen, mein Bruder.‹

›Was hindert dich daran?‹

›Ich glaubte, du schliefst.‹

›Man braucht nicht zu schlafen, um zu träumen.‹

›Du träumtest; wovon denn?‹

›Was kümmerts dich. Wenn schon ich meine Träume nicht versteh, so wirst du, glaub ich, kaum imstande sein, sie mir auszulegen.‹

›Sie sind also sehr eigen. Wenn du sie mir erzählst, ich wills versuchen.‹

›Kannst du dir deine Träume wählen? Die meinen sind, was ihnen einfällt, und haben mehr Freiheit als ich ... Was willst du übrigens hier? Was störst du mich in meinem Schlaf?‹

›Du schläfst nicht, und ich komme im Guten mit dir sprechen.‹

›Was hast du mir zu sagen?‹

›Nichts, wenn du diesen Ton anschlägst.‹

›Dann lebwohl.‹

Der Verlorene geht auf die Türe zu, aber er stellt nur die Lampe auf die Erde, die das Zimmer so nur noch schwach erleuchtet, dann kommt er zurück, setzt sich auf den Bettrand, im Halbdunkel, und streichelt lange die abgewendete Stirn des Kindes.

›Du antwortest mir schärfer, als ich je deinem Bruder geantwortet habe. Und ich war doch auch voller Widerspruch gegen ihn.‹

Das trotzige Kind hat sich heftig aufgerichtet.

›Sag: schickt dich unser Bruder?‹

›Nein, mein Kleiner, nicht er, unsere Mutter.‹

›Ah, von selbst wärst du nicht gekommen.‹

›Aber ich komme dennoch als Freund.‹

Halb aufgesetzt in seinem Bett, starrt das Kind den Verlorenen an.

›Wie brächte es einer von den Meinigen zuwege, mein Freund zu sein?‹

›Du irrst dich in unserem Bruder ...‹

›Sprich mir nicht von ihm. Ich hasse ihn ... Von ganzem Herzen ist er mir

zuwider. Er ist der Grund, daß ich dir hart geantwortet habe.‹ ›Aber wie denn?‹

›Du wirst das nicht begreifen.‹

›Trotzdem, sprich ...‹

Der Verlorene zieht den Bruder an sich und wiegt ihn leise, und das halberwachsene Kind hält sich nicht länger zurück:

›Am Abend, da du heimkehrtest, war es mir nicht möglich zu schlafen. Die ganze Nacht dachte ich: Ich hatte noch einen Bruder und ich wußte es nicht ... Deshalb hat mir das Herz so stark geklopft, als ich dich hereinkommen sah, in den Hof des Hauses, ruhmbedeckt.‹

›Ach! bedeckt mit Lumpen, wie ich war.‹

›Ja, ich habe dich gesehen, und doch schon ruhmvoll. Und ich habe gesehen, was unser Vater tat: er hat an deinen Finger einen Ring gesteckt, einen solchen, wie ihn unser Bruder nicht besitzt. Ich wollte niemanden über dich befragen. Ich wußte nur, daß du von sehr weit kamst, und dein Blick, bei Tisch ...‹

›Warst du denn dabei?‹

›O, ich weiß wohl, daß du mich nicht gesehen hast. Während des ganzen Essens war dein Blick in der Ferne, ohne etwas zu sehen. Auch, daß du am zweiten Abend mit dem Vater gesprochen hast, war gut – aber am dritten ...‹

›Sprich ...‹

›Ach, wenn es nur *ein* liebes Wort gewesen wäre, du hättest wohl kommen können und es mir sagen.‹

›Hast du mich denn erwartet?‹

›Und wie! Glaubst du, ich würde unseren Bruder so hassen, wenn du nicht an jenem Abend so endlos mit ihm gesprochen hättest. Was könnt ihr euch denn zu sagen gehabt haben? Du weißt wohl, wenn du Ähnlichkeit mit mir hast, so kannst du mit ihm nichts gemein haben.‹

›Ich hatte schweres Unrecht gegen ihn begangen.‹

›Ist es möglich?‹

›Wenigstens gegen unseren Vater und unsere Mutter. Du weißt, daß ich aus dem Haus geflohen war.‹

›Ja, ich weiß. Es ist lange her, nicht wahr?‹

›Ungefähr als ich so alt war wie du.‹

›So. Und das nennst du dein Unrecht.‹

›Ja, das war mein Unrecht, meine Sünde.‹

›Als du weggingst, fühltest du da, daß du schlecht handeltest?‹

›Nein; ich fühlte in mir etwas wie eine Verpflichtung, fortzugehen.‹

›Und was ist denn seither geschehen, daß aus deiner Wahrheit von damals Irrtum wurde?‹

›Ich habe gelitten.‹

›Und deshalb sagst du: ich hatte unrecht?‹

›Nein, nicht gerade deshalb; aber das hat mich zur Besinnung gebracht.‹ ›Früher also bist du nie zur Besinnung gekommen?‹

›Doch, aber meine schwache Vernunft war nachgiebig gegen meine Begierden.‹ ›Wie später gegen das Leiden. So daß du heute zurückkehrst ... überwunden.‹

›Nein, nicht eigentlich; – ergeben.‹

›Mit einem Wort, du hast darauf verzichtet, der zu sein, der du sein wolltest.‹ ›Der, der ich, meinem Hochmut nach, zu sein glaubte.‹

Das Kind verharrt eine Weile schweigend, dann schluchzt es auf und schreit:

›Mein Bruder, ich bin der, der du warst, als du weggingst. O, sag: War alles Trug auf deinen Wegen? Meine Ahnung von dem da draußen, das anders ist als das hier, ist also nichts als Täuschung? Was ich Neues in mir fühle – Wahnsinn? Sprich: Was hast du denn so völlig Entmutigendes auf deinem Weg getroffen? Was war schuld, daß du umkehrtest?‹

›Die Freiheit, die ich suchte, ging mir verloren; einmal in Gefangenschaft, mußte ich dienen.‹

›Ich bin hier in Gefangenschaft.‹

›Ja, aber schlimmen Herren dienen. Hier dienst du deinen Eltern.‹

›Ach, dienen ist dienen; hat man nicht wenigstens die Freiheit, sich seine Knechtschaft zu wählen?‹

›Das hoffte ich. So weit meine Füße mich trugen, wanderte ich, auf der Suche nach meiner Sehnsucht, wie Saul auf der Suche nach seinen Eselinnen. Aber dort, wo ein Königreich auf ihn wartete, dort hab ich das Elend gefunden. Und dennoch …‹

›Hast du auch nicht den Weg verfehlt?‹

›Mein Ich ging vor mir her.‹

›Bist du sicher? Und doch gibt es andere Königreiche und Länder ohne König, die noch zu entdecken sind.‹

›Wer hat dir das gesagt?‹

›Ich weiß es. Ich fühle es. Ich seh mich schon dort herrschen.‹

›Hochmütiger!‹

›Sieh, da ist das Wort, das dir unser Bruder gesagt hat. Wie kommst du jetzt dazu, es mir zu sagen? Hättest du dir nur diesen Hochmut bewahrt! Du wärst nicht zurückgekehrt.‹

›Dann hätte ich dich nie gekannt.‹

›Doch, doch, dort draußen, wohin ich dir nachgekommen wäre, dort würdest du mich schon erkannt haben als deinen Bruder. Ja, mir ist noch jetzt zumut, als wärs, um dich wiederzufinden, daß ich fortgehe.‹

›Daß du fortgehst?‹

›Hast du es nicht begriffen? Ermutigst du mich nicht selbst, fortzugehen?‹

›Ich möchte dir die Rückkehr sparen ... aber dadurch, daß ich dir den Aufbruch erspare.‹

›Nein, nein, sag mir das nicht; nein, das willst du ja gar nicht sagen. Du bist doch auch – nicht wahr? – du bist wie ein Eroberer ausgezogen?‹

›Darum empfand ich meine Knechtschaft nur um so härter.‹

›Warum hast du dich dann unterworfen? Warst du schon müde?‹

›Nein, noch nicht; aber ich war im Zweifel.‹ ›Was meinst du damit?‹

›Im Zweifel an allem, an mir selbst. Ich wollte bleiben, mich irgendwo anschließen. Der Halt, den mir dieser Meister versprach, war eine Versuchung für mich. Ja, jetzt sehe ich es wohl ein: ich bin schwach gewesen.‹

Der Verlorene neigt das Haupt und verbirgt den Blick in seinen Händen.

›Aber im Anfang?‹

›Ich war lange gewandert über die große, noch ungebändigte Erde.‹

›Die Wüste?‹

›Nicht immer war es die Wüste.‹

›Was hast du da gesucht?‹

›Ich versteh es selber nicht mehr.‹

›Steh auf von meinem Bett. Sieh auf den Tisch dort hinter meinem Kissen, bei dem altmodischen Buch.‹

›Ich seh einen offenen Granatapfel.‹

›Den hat mir der Schweinehirt gebracht neulich abends; drei Tage war er nicht nach Haus gekommen.‹

›Ja, das ist ein wilder Granatapfel.‹

›Ich weiß. Er ist von einer Bitterkeit, beinah furchtbar; und doch, ich fühle, wenn ich nur genügend Durst hätte, ich würde hineinbeißen.‹

›Ah, so kann ich es dir jetzt sagen: Was ich suchte in der Wüste, war dieser Durst.‹

›Ein Durst, den nur diese Frucht löscht, die ohne Süße ist ...‹

›Nein, aber man liebt diesen Durst um ihretwillen.‹

›Weißt du, wo man sie holt?‹

›Ein kleiner verlassener Garten ist da; man kommt gegen Abend hin. Keine Mauer schließt ihn mehr ab nach der Wüste. Ein Bach floß dort vorbei. Ein paar Früchte, halbreif, hingen an den Zweigen.‹

›Was für Früchte?‹

›Die gleichen, wie in unserm Garten, nur wild. Es war den ganzen Tag über sehr heiß gewesen.‹

›Hör zu. Weißt du, warum ich dich heute abend erwartete? Eh die Nacht um ist, geh ich. Diese Nacht; diese Nacht, sowie sie anfängt zu verblassen ... Mein Gürtel ist geschnallt, ich habe die Sandalen anbehalten.‹

›Was! Du willst tun, was ich nicht konnte?‹

›Du hast mir den Weg aufgetan. Der Gedanke an dich wird mir beistehn.‹

›Ich kann dich nur bewundern. Du dagegen mußt mich vergessen. Was nimmst du mit?‹

›Du weißt wohl, ich, als der Jüngere, habe keinen Anteil am Erbe. Ich gehe ohne alles.‹

›Besser so.‹

›Was siehst du denn nach dem Fenster?‹

›Den Garten seh ich, wo unsere Toten ruhen.‹

›Mein Bruder ... (und das Kind, das vom Bett aufgestanden ist, schmiegt den Arm um den Hals des Verlorenen, und es legt dieselbe Zärtlichkeit in diese Gebärde und in seine Stimme) ... komm mit mir!‹

›Laß mich, laß mich; ich will bleiben und unsere Mutter trösten. Ohne mich wirst du tapferer sein. Es ist Zeit jetzt. Der Himmel bleicht. Geh, ohne Lärm. Komm! Küß mich, mein junger Bruder. Du nimmst alle meine

Hoffnungen mit dir. Sei stark. Vergiß uns, vergiß mich. Mögst du nicht wiederkommen ... Steig leise hinab. Ich halte die Lampe.‹

›Gib mir wenigstens noch die Hand bis an die Tür.‹

›Achtung bei den Stufen auf dem Vorplatz ...‹“

Wenn wir nun das vorhin unterbrochne Stück von neuem aufnehmen, so erfassen wir ganz, mit welchen Wünschen der vierzigjährige Gide diesen jüngeren Bruder auf seinem Wege begleitet. Es ist, als spräche er in seinem Namen von dieser Wanderung, auf der sich erfüllte, was der verlorne Sohn vergebens gesucht hatte.

„Allein durchkostete ich die wilden Freuden des Hochmuts. Gern stand ich vor Morgengrauen auf. Ich rief die Sonne auf die Strohdächer nieder. Das Lied der Lerche war meine Erfindung und der Tau meine Reinigung in der Morgendämmerung. Übertriebene Askese verhängte ich über mich, aß so wenig, daß mein Kopf davon leicht ward und jedes Gefühl mir berauschend wurde. Seither habe ich manche Weine getrunken, keiner aber, ich weiß es, gab diesen Taumel der Nüchternheit, wenn ich im Frühesten durch die Ebene schwankte, ehe ich nach Sonnenaufgang in einer Mulde mich schlafen legte.

Meine Brotration sparte ich manchmal, bis ich halb hinfällig war. Mir schien seine Substanz dann weniger fremd. Mir war, sie durchdringe mich inniger, sie überflutete mich von draußen, all meine Sinne taten sich ihrer Gegenwart auf. Alles an mir fühlte sich zu Gaste geladen.

Meine Seele ward voller Überschwang. Die Einsamkeit ließ sie außer sich kommen, gegen Abend aber machte sie mich müde. Aus Hochmut erhielt ich mich auf den Füßen, aber ich bekam Sehnsucht nach Hilarius, der voriges Jahr mir meine zu wilden Stimmungen hatte erleichtern helfen. Mit ihm sprach ich des Abends. Er war selbst Dichter, er verstand alle Harmonien. Jede Naturerscheinung war eine Sprache, deren Schlüssel wir hatten; wir konnten ihre Ursache lesen. Wir lernten die Insekten an ihrem Flug, die Vögel an ihrem Lied, die Schönheit der Frauen an der Spur ihrer Schritte im Sand erkennen. Alles atmeten wir mit Wonne. Vergebens suchten wir unser Sehnen matter zu machen, jeder unserer Gedanken war eine einzige Glut."

Soweit. Denn hier schließen wir jenes merkwürdige Wort von Gide an, das lautet: Die Melancholie ist nur eine erkaltete Glut. Dies Wort beschwört die Erinnerung an den erstaunlichsten Agenten, der im Augenblick der Peripetie die Bühne von Gides Lebensdrama betritt. Es ist der Satan, welcher plötzlich mit der Stimme des Engels der Berufung vor ihn tritt. Der Satan freilich ganz und gar nicht als der Versucher des Fleisches, sondern als Fürst der Traurigkeit, als schöner, tiefsinnig in die Seelen blickender Dämon, der ihnen die drei großen trügenden Verheißungen zuflüstert: der unbegrenzten Freiheit, unbegrenzten Tiefe, unbegrenzten Geistigkeit. Er hat im Dasein Gides die Züge Oscar Wildes getragen. Immer wieder, von seinem schönen Beitrag „In memoriam Oscar Wilde" an, in den „Prétextes", zuletzt noch in der Autobiographie „Stirb und werde", hat Gide diesen entscheidenden Augenblick seines Lebens, das Auftauchen Oscar Wildes, zu fassen gesucht. Ohne daß sein Name zum Vorschein käme, ist Wilde wohl auch der Partner des folgenden Zwiegesprächs, das wir dem „Tagebuch der Falschmünzer" entnehmen.

„›Aber jetzt, wo wir allein sind, sagen Sie mir, bitte: woher nehmen Sie diese absonderliche Lust, zu glauben, es lauere Gefahr oder Sünde in allen Dingen, deren Sie sich erdreisteten?‹

›Was liegt daran?! ... Hauptsache bleibt, daß mich das noch nie gehindert hat.‹

›Ich habe bisher vermutet, es verrate sich darin ein Rest Ihrer puritanischen Erziehung. Doch jetzt beginne ich, an irgendeinen weltschmerzlichen Hang a la Byron zu glauben ... Oh! protestieren Sie nicht: ich weiß, daß alle Romantik Ihnen verhaßt ist; wenigstens pflegen Sie das zu behaupten; aber Sie lieben knisternde Spannungen ...‹

›Ich liebe das Leben. Wenn ich die *Gefahr* suche, so, weil ich unbedingt darauf vertraue, ihrer Herr zu werden. Und was mir an der *Sünde* verlockend erscheint … ach, glauben Sie, bitte, nicht, es sei jenes Raffinement, das die, den würzig-kühlen Reiz des Sorbett schlürfende Italienerin sagen ließ: ›*Peccato che non sia un peccato*‹. Nein, es ist vielleicht in erster Linie Verachtung und Haß und Abscheu gegen alles, was ich in meiner Frühzeit ›Tugend‹ nannte; und es ist fernerhin … wie soll ich es nur ausdrücken … erst ganz kürzlich bin ich mir darüber klar geworden … es beruht darauf, daß ich *den Teufel mit im Spiele habe*.‹

›Ich habe, offen gesagt, nie begriffen, welches Interesse man haben könne, an Sünde, Hölle oder irgendwelche Manifestationen des Teufels zu glauben.‹

›Erlauben Sie; erlauben Sie; aber *ich* glaube auch nicht an ihn, an den Teufel! Nur … (und das ist für mich das Irritierende): während man dem lieben Gott nur dienen kann, wenn man an ihn glaubt, hat der Teufel seinerseits nicht nötig, daß, wer ihm dient, an ihn glaube. Im Gegenteil, man dient ihm niemals besser, als wenn man ihn gar nicht ahnt. Er hat stets ein Interesse daran, sein Da-sein nicht zu verraten. Und das, was mich irritiert, sage ich, liegt eben darin: daß ich einsehen muß, daß, je weniger ich an ihn glaube, umsomehr ich seiner Macht Vorschub leiste.

Es irritiert mich, denken zu müssen, daß es von allen Dingen einzig *dies* ist, was er *wünscht*: daß man *nicht* an ihn glaube. Er hat ja Routine darin, nicht wahr?, sich in unsere Herzen einzuschmuggeln, und er weiß, daß er zunächst unbemerkt bleiben muß, wenn er hineingelangen will.

Ich habe viel über diese Fragen nachgedacht, das kann ich Ihnen sagen. Selbstverständlich (und trotz allem, was ich soeben geäußert habe) glaube ich, in voller Aufrichtigkeit, *nicht* an den Teufel. Ich nehme alles, was mit diesem Begriff zusammenhängt, als naive Vereinfachung und als Mittel zu *scheinbarer* Deutung gewisser psychologischer Probleme – denen mein Geist sich sträubt, andere Auslegungen zu geben, als völlig natürliche, wissenschaftliche, der Vernunft entsprechende. Aber, noch einmal: der

Teufel selbst würde nicht anders reden; er ist *entzückt*; er weiß, daß er sich nirgends so ausgezeichnet verstecken kann, wie hinter solchen rationalistischen Erklärungen, die ihn in das Gebiet der willkürlichen Hypothesen verweisen. Satan, oder die ›willkürliche Hypothese‹ – in dieser Pseudonymität tritt er wohl am liebsten auf … Nun, trotz allem, was ich Ihnen darüber sage, trotz allem, was ich darüber denke und Ihnen *nicht* sage, bleibt folgende Tatsache bestehen: mit dem Augenblick, wo ich die Realität des Teufels annehme – und gelegentlich passiert mir das immerhin, wenn auch eben nur für einen Augenblick – mit diesem Augenblick scheint mir alles klar und durchsichtig zu werden; es scheint mir, als hielte ich plötzlich den Sinn meines Lebens in Händen, die Deutung all des Undeutbaren, all des Verworrenen und Gespenstischen in meinem Leben. Vielleicht werde ich eines Tages Lust verspüren zur Abfassung eines … oh, das ist nicht ganz leicht zu sagen – es stellt sich meinem Geiste dar in Form eines Dialogs, aber es würde noch etwas anderes dabei sein … na, es könnte vielleicht den Titel haben: ›Gespräch mit dem Teufel‹ – und wissen Sie, wie es anfinge? … Ich habe *seinen* ersten Satz gefunden; den ersten Satz, den *er* zu sprechen hätte, verstehen Sie; aber um ihn zu finden, diesen Satz, muß man den Teufel schon recht gut kennen … Ich lasse ihn also zum Eingang sagen: ›*Warum solltest du dich vor mir fürchten? Du weißt doch sehr genau, daß ich nicht existiere.*‹ – Ja, ich glaube, so wird es richtig sein. Das faßt alles zusammen: von diesem Glauben an die Nicht-Existenz des Teufels hängt es ab, inwieweit … Aber sagen Sie doch ein Wort; ich liebe es, mich unterbrechen zu lassen.‹

›Ich wüßte nicht, was ich Ihnen entgegnen sollte. Sie sprechen da von lauter Dingen, über die ich nie in meinem Leben nachgedacht habe. Allerdings erinnere ich mich, daß eine Anzahl der größten Geister an die Existenz und Bedeutung des bösen Dämons geglaubt – und ihm sogar ein warmes Plätzchen in sich selbst eingeräumt haben. Wissen Sie, was Goethe gesagt hat? Des Menschen innere Gewalt und vorherbestimmte Macht seien erkennbar an dem Quantum Dämonie, das er in sich trage.‹

›Ja, von dieser Stelle hat man mir schon gesprochen. Könnten Sie vielleicht so freundlich sein, sie für mich ausfindig zu machen?‹“

Einen nachgeborenen Griechen liebte Wilde sich zu nennen. Von Gide hat sein ausgezeichneter Kommentator Du Bos gesagt: „Gide ist ein nachgeborener Grieche in ganz anderem Sinne als Wilde. Das Gidesche Griechentum entstand in dem natürlichen Treibhaus von Algier (in Algier fanden die entscheidenden Begegnungen mit Wilde statt), sein Griechentum ist Produkt einer höchst intensiven Kultur." Nichtsdestoweniger wird man es in einer zwiefachen Auswirkung nicht verkennen können: im Künstlertum und in dem pädagogischen Genie des Mannes. Es gibt Künstler, über denen wir jeden Augenblick vergessen, daß wir es in ihren Werken mit Kunst zu tun haben. Dabei braucht keine Illusion im Spiel zu sein. Wir können Dostojewskis „Dämonen" lesen und uns durchaus bewußt sein, daß wir uns da in einen Roman vertiefen. Dennoch will es uns nicht in den Sinn, Dostojewski hätte das als Künstler geschrieben. Es liegt eher so: Dostojewski hat es geschrieben, und für uns ist es Kunst. Bei Gide gibt es dagegen keine Zeile, von der wir nicht das zwingende Gefühl haben, die hat er als Künstler geschrieben. Daher der besondere und man darf wohl sagen: griechische Charme. Denn diese farblose, licht- und wärmelos im unaussprechlichsten Formenspiel um das Kunstwerk flammende Aura ist griechischer Art. Griechisch auch, wie gesagt, die pädagogische Grundhaltung seines Geistes. Wie immer aller innere und äußere Besitz für ihn nur gut war, davon abzustoßen, so schärft er es auch den Jüngeren ein, und sei das, was sie fliehen, auch er selber. Es konnte darum nicht fehlen, daß sie in ihren Besten ihn umworben haben. Als die Surrealisten ihre erste Revue „Littérature" gründeten, haben sie unter allen Vertretern der älteren Generation nur Gide zu sich gerufen. Nun kann er ihnen nichts Besseres als die strenge, kompromißlose Durchgestaltung seiner Jugenderfahrung geben. Das hat er in seinem letzten großen Roman, den „Falschmünzern", getan. Das Kapitel „Bernard und der Engel" würde dies Werk, in unserm Zusammenhange, am besten vertreten. Wir aber wollen zum Schluß, wie Gide selber es vor einigen Jahren getan hat, zu seiner Jugend zurücklenken. Gewiß hat sich der große Dichter André Gide viel später als der große Mensch bekundet, zum mindesten ist er sich selber viel später vernehmbar geworden. Nirgends erscheint er in seinem großen autobiographischen Werk als Wunderkind. Wohl aber ist wunderbar, wie er an vielen Stellen und am merkwürdigsten in der folgenden die bestimmenden Rufe, die in jede Kindheit hineintönen, im Entschlusse ihnen zu folgen und nur darum auch im Gedächtnis festhielt.

„Ich liege schon zu Bett. Aber ein seltsamer Lärm, ein Rauschen und Brausen durch das ganze Haus, mit Musik untermengt, lassen mich nicht einschlafen. Zweifellos hatte ich im Laufe des Tages allerlei Vorbereitungen bemerkt; und zweifellos hatte man mir auch gesagt, heute Abend werde ein Ball stattfinden. Aber, ein ›Ball‹: weiß ich denn, was das ist? Ich hatte der Sache keinerlei Bedeutung beigemessen und war zu Bett gegangen, wie jeden andern Abend auch. Aber nun dieses Lärmen ... Ich höre aufmerksam hin; ich versuche, irgendeine Einzelheit zu unterscheiden und zu erkennen, was da passiere. Ich lausche gespannten Ohres. Schließlich kann ich mich nicht länger halten, springe aus dem Bett und öffne leise die Tür. Barfuß, vorsichtig tastend, schleiche ich mich in dem dunklen Corridor weiter und gelange bis zur Treppe, die hell erleuchtet ist. Mein Schlafzimmer liegt im dritten Stock. Die Tonwellen dringen aus der ersten Etage empor; ich muß unbedingt sehen, was da vor sich geht; und indem ich mich von Stufe zu Stufe näher heranwage, unterscheide ich nunmehr Geräusche von Stimmen, Rascheln von Kleidern, Geflüster und Gelächter. Alles scheint mir so merkwürdig verwandelt; ich habe das Gefühl, als solle ich plötzlich in ein unbekanntes Leben eingeweiht werden, in ein geheimnisvolles, auf neue Art reales, glänzenderes und bedeutsameres Leben, das erst beginnt, wenn die kleinen Kinder zu Bett gebracht sind. Die Corridore des zweiten Stockes liegen dunkel und verlassen; das Fest ist weiter unten. Soll ich noch weiter vordringen? Man wird mich entdecken! Man wird mich bestrafen, weil ich nicht artig zu Bett geblieben, sondern auf diese Forschungsreise gegangen bin. Ich stecke meinen Kopf durch die Stäbe des Treppengeländers. Eben erscheinen neue Gäste: ein Offizier in Uniform; eine Dame ganz in

Bändern, ganz in Seide; sie hält einen Fächer in der Hand. Der Diener, mein Freund Victor, den ich wegen seiner Kniehosen und seiner weißen Strümpfe nicht gleich wiedererkenne, steht vor der geöffneten Tür des ersten Salons und geleitet die Gäste hinein. Plötzlich huscht eine Gestalt auf mich zu; es ist Marie, meine Bonne, die sich ein paar Stufen unterhalb meines Verstecks, am ersten Treppenabsatz, verborgen gehalten hatte, um ebenfalls zu spähen. Sie preßt mich in ihre Arme; und zuerst fürchte ich, sie werde mich in meine Kammer zurückbringen und dort einschließen; doch nein, sie nimmt mich mit hinunter bis zu ihrem Auslug, von dem man ein kleines Stück des Festes überblicken kann. Und jetzt höre ich auch die Musik in aller Deutlichkeit. Beim Klange von Instrumenten, die ich nicht sehe, drehen sich Herren im Tanze mit geschmückten Damen, die viel schöner sind als die Damen des Alltags. Die Musik bricht ab; die Tänzer halten inne; und ein Stimmengewirr folgt dem Lärm der Instrumente. Schon will Marie mich wegziehen, da werde ich in meinem Hinterhalt entdeckt von einer wunderschönen Dame, die, an den Türrahmen gelehnt, dagestanden und sich gefächelt hatte. Sie kommt auf mich zu, schließt mich in die Arme und lacht, weil ich sie nicht gleich erkenne. Offenbar ist sie dieselbe Freundin meiner Mutter, die ich heute Morgen noch gesehen habe. Immerhin bin ich mir nicht ganz sicher, ob es wirklich ganz und gar die gleiche sei: dieselbe Dame in aller Realität … Und als ich wieder in meinem Bett liege, verwirrt sich mir alles Denken, und vorm Einschlafen empfinde ich dumpf: es giebt eine Wirklichkeit und es giebt Träume; und außerdem giebt es eine *zweite Wirklichkeit*."

Es gibt ein Wort von Sainte-Beuve, das wie eine bildliche Prophezeiung auf André Gide ist. Er spricht einmal vom Unterschiede der intelligence glaive und der intelligence miroir, der Schwerter- und Spiegelklugheit. Gide zeigt die beiden in ihrer vollendeten Einheit. Das Ich ist sein Schwert, und sein Schild ist so blank, daß auf ihm die ganze Welt vorkommt, wie auf dem des Achill.

Bücher von Thornton Wilder und Ernest Hemingway

Das Thema, über das ich zu sprechen gedenke – die Bücher des Amerikaners Thornton Wilder –, war längst vereinbart, als mir vor wenigen Tagen eine Neuerscheinung in die Hände fiel, die mich veranlaßt, es zu modifizieren. In der Tat, ich möchte nicht über neue amerikanische Bücher sprechen und das jüngst verdeutschte Werk Hemingways „Männer" (Verlag Ernst Rowohlt) mit Stillschweigen übergehen. Um so mehr als es nicht nur heißt, einem starken erfrischenden freudigen Eindruck gerecht werden, sondern zugleich zwei amerikanische Autoren in ein Verhältnis setzen, dessen Polarität einige Gewähr gibt, den kritischen Funken zwischen ihnen zum Überspringen zu bringen.

Wir werden uns also, was Wilder angeht, an sein neuestes Buch halten, das neueste erschienene meine ich, denn jünger der Entstehungszeit nach ist das für Deutschland ältere: die im Vorjahr erschienene Romandichtung „Die Brücke von San Luis Rey". Nun hat der Verleger Tal in Wien diesem reifen und späteren Buche nachträglich das erste seines Verfassers deutsch folgen lassen: „Die Cabala". Kein Zweifel, dichterisch ist diese Neuerscheinung minder ausgeglichen. Dafür hat sie jedoch, nicht für den Kritiker allein, auch für den Leser, der mehr als pure Zerstreuung hier sucht, den Vorzug, die ganze ungeschiedene Gedankenmasse, das Ineinander von Stimmungen, Motiven, Tendenzen in voller Gärung zu zeigen, und diese Masse ist von einer Art, der wir bei einem amerikanischen Autor nicht ohne Erstaunen begegnen. Grundmotiv des Werkes ist das Nachleben der antiken Götter.

Das Buch spielt in Rom. Reisewerke gewiß, jedoch nur wenige Romane wird es geben, die so wie dieser die Atmosphäre der Stadt erfassen. Das glückt, weil der Verfasser alles Antike nicht anders als spielerisch streift. Wenig Pleinair ist in diesem Werke, und wenn einmal die Stadt unter freiem Himmel erscheint, so ist es keine piranesische Feerie, sondern eine geringfügige akustische Note, die sie unvergleichlich vergegenwärtigt. „Als ich nun endlich ankam – heißt es auf einer der ersten Seiten –, lag der Bahnhof verlassen da; es gab keinen Kaffee, keinen Wein, keinen

Mond, keine Geister; bloß eine Fahrt durch schattendunkle Straßen beim Klange plätschernder Brunnen und des ganz eigenartigen Echos travertinischen Pflasters." Nun aber zurück zu den Göttern. Diese Cabala, ihrem Rufe nach ist sie nur die betriebsame snobistische, reichlich beargwöhnte Gruppe römischer Aristokratinnen, angelsächsischer Milliardärswitwen, spleeniger Kardinäle, liebestoller Patriziersöhne, deren Intrigen durch eine Reihe von Fehlschlägen die Gruppe in ein lächerliches Licht zu setzen beginnen. Was vorher war, wie diese Cabala zu ihrem Namen kam, ob der Verfallszeit, in welcher sie der Berichterstatter betrifft, je eine Blüte voranging, ob jemals ein Herrscherwille ihre Geschäftigkeit sinnvoll erscheinen ließ, von alledem erfahren wir nichts.

Wenn das die Schwäche in der Komposition dieses Buches ausmacht, so bedeutet es zugleich die kompromißlose Gestaltung seiner Idee. Beides kommt im Übergewicht des Schlusses zum Ausdruck, der mehr vom glücklichen Ausgang eines Experiments, einer Meditation, als vom harmonischen Ausklang eines reinen Kunstwerkes hat. Die Menschen dieses Buches, das ist die Quintessenz dieses Schlusses, sind Götter. Das ist aber nicht nur späte Erkenntnis des Lesers, es ist die späte Erkenntnis der Menschen selbst, die Hauptfiguren dieses Werkes sind. Nicht etwa maskiert sich zu Beginn des Buches der Gott als Mensch, sondern am Ende demaskiert sich der Mensch als Gott. Und der ihm die Menschenlarve von den Augen herunterreißt, der nicht nur für die andern, für den Leser das moralische Inkognito dieser Helden lüftet, sondern auch für sie, diese Helden selbst, ist der Schmerz. Jedem einzelnen reißt er die Maske herunter, jeder einzelne kommt erst im tiefsten Stand seines Leidens, seiner Erniedrigung dem göttlichen, eingreifenden Gestus nahe. So erkennen sie sich erst in der Erinnerung, die Schauplatz ihrer Offenbarung ist, als Götter. Die offenbarten Erlebnisse sind nicht, da sie eintreten, Offenbarung, vielmehr dem Erlebenden selbst verborgen. Sie werden Offenbarung erst, da mehrere sich ihrer Analogie bewußt werden, rückschauend.

Ich lese nun das abschließende Gespräch, das diese Vorgänge an den Tag bringt. Es ist der Erzähler selber, der Held, der es, nachdem die Glieder dieses Kreises verschollen oder verschieden sind, mit dessen ehemaligem Haupte, einer Lady, führt.

„Ich fand Miß Grier um Mitternacht in der Bibliothek sitzen, die Blair katalogisiert hatte. Ihr kleiner, feingeformter Kopf sah müde aus, und nach einigen bedeutungslosen Worten traf ich Anstalten zu gehen. Sie erinnerte mich daran, daß ich beabsichtigt hatte, sie etwas zu fragen.

›Meine Fragen sind schwerer zu stellen als zu beantworten.‹

›Versuchen Sie es.‹

›Miß Grier, wußten Sie, daß Sie und Ihre Freunde die Cabala genannt werden?‹

›Ja, selbstverständlich.‹

›Ich werde nie wieder solch eine Gesellschaft kennen lernen. Und doch scheint da irgend ein letztes Geheimnis zu sein, das ich nie erfassen konnte. Wissen Sie mir gar nichts zu sagen, das mir zeigen könnte, was Ihr alle beabsichtigtet, wie Ihr einander fandet und was euch so verschieden von allen anderen Menschen machte?‹

Miß Grier nahm sich einige Minuten Zeit, dies zu überdenken. Sie saß mit einem seltsamen Lächeln da und strich mit den Fingerspitzen dem Haaransatz ihrer linken Schläfe entlang. ›Ja‹, sagte sie schließlich, ›aber es wird Sie bloß ärgerlich machen, wenn ich es Ihnen sage. Überdies ist es eine lange Geschichte.‹

›Sie ist sicher nicht lang, Miß Grier, aber Sie beharren darauf, sie lang zu machen, weil Sie es nicht leiden können, wenn Ihre Gäste Sie vor dem Morgengrauen verlassen. Ich will Ihnen jedoch stundenlang zuhören, wenn Sie mir versprechen, ein wenig Licht auf die Cabala und die Nachtmähler in der Villa Horaz zu werfen.‹

›Nun, vor allem müssen Sie wissen, Samuele, daß die Götter der Antike nicht gestorben sind beim Aufkommen des Christentums. – Worüber lächeln Sie?‹

›Sie sind köstlich. Sie haben beschlossen, Ihre Erklärung ewig währen zu lassen. Ich fragte nach dem Kardinal, und Sie gehen bis auf Jupiter zurück. Was wurde aus den Göttern der Antike?‹

›Als sie ihre Anbeter zu verlieren begannen, verloren sie natürlich auch einige ihrer göttlichen Attribute. Sie fanden sogar, daß sie zu sterben fähig wären, wenn sie es wollten. Aber wenn einer von ihnen starb, ging seine Gottheit auf jemand anderen über: Kaum ist Saturn tot, fühlt irgendwo irgendwer eine neue Persönlichkeit auf sich herabgleiten wie eine Zwangsjacke, verstehen Sie?‹

›Aber, Miß Grier …!‹

›Ich sagte Ihnen ja, es würde Sie ärgern.‹

›Sie wollen doch nicht behaupten, dies sei wahr?‹

›Ich werde Ihnen nicht sagen, ob es wahr ist oder eine Allegorie oder einfach Unsinn. – Zunächst werde ich Ihnen ein merkwürdiges Dokument vorlesen, das mir in die Hände geriet. Es ist von einem Holländer geschrieben, der im Jahre 1912 der Gott Merkur wurde. Wollen Sie zuhören?‹

›Hat es etwas mit der Cabala zu tun?‹ ›Ja. Und auch mit Ihnen. Denn manchmal glaube ich, daß Sie der neue Gott Merkur sind. Schenken Sie sich von diesem Bordeaux ein und hören Sie hübsch still zu!‹

Ich wurde 1885 auf einem holländischen Pfarrhof geboren. Ich war die Verzweiflung meines Elternhauses und der Schrecken des Dorfes, ein kleiner Lügner und Dieb, und erfreute mich bester Gesundheit und Laune. Mein wirkliches Leben begann an einem Morgen meines siebenundzwanzigsten Lebensjahres, als ich den ersten einer Reihe von heftigen Schmerzanfällen im Zentrum meines Kopfes verspürte. Dies war meine Gottwerdung. Eine unzarte Hand entleerte die Schale meines

Schädels ihrer dummen grauen Substanz und füllte sie mit dem göttlichen Gas der Intuition. Auch mein Körper nahm an dieser Veränderung teil; jede kleinste Zelle mußte verwandelt werden; ich durfte nicht krank oder alt werden oder sterben, ohne es zu wünschen. Als Geschichtsschreiber der Götter bewahre ich die Aufzeichnungen über einen Unfall, durch den, zufolge einer Ungeheuerlichkeit in den überweltlichen Gesetzen, ein Apoll des 17. Jahrhunderts keine vollkommene Vergöttlichung erlangte: ein Arm blieb verderblich.

Damals entdeckte ich das erste große Kennzeichen unseres Wesens, nämlich, daß ein Ding wünschen schon ein darüber Verfügen ist. Es fällt nicht plötzlich in deine Hand oder senkt sich in einem rosigen Nebel auf deinen Teppich herab. Sondern die Umstände des Lebens beginnen ein heimliches Ballett um dich zu tanzen, und das begehrte Ding kommt unter denkbar säuberlichster Nachahmung natürlicher Gesetzmäßigkeit und Wahrscheinlichkeit deines Weges. Wissenschaftler werden dir erzählen, sie hätten niemals die Folge von Ursache und Wirkung durch ein Gebet oder göttliche Belohnung oder Vergeltung unterbrochen gesehen. Glauben diese Narren wirklich, daß ihr Beobachtungsvermögen scharfsinniger ist als die Ratschlüsse eines Gottes? Die armseligen Gesetze von Ursache und Wirkung sind so oft außer Kraft gesetzt worden, daß man ruhig sagen kann, sie seien bloß annähernde Schätzungen. Ich bin nicht nur ein Gott, sondern auch ein Planet, und ich spreche von Dingen, die ich kenne. Ich stahl also meiner Mutter ihre Ersparnisse unter dem Kopfkissen hervor und ging nach Paris.

Aber Rom ist die Stätte, wo wir zuletzt unter unseren eigenen Namen verehrt wurden, und dorthin werden wir unwiderstehlich gezogen. Während der Reise entdeckte ich allmählich weitere Züge meines neuen Wesens. Ich wachte des Morgens auf, um zu bemerken, daß Brocken Wissens über Nacht in meinem Geiste abgelagert worden waren, zum Beispiel das beneidenswerte Wissen, daß ich die Kraft besaß, ohne Reue zu ›sündigen‹. Ich durchschritt die Porta del Popolo in einer Mitternacht des Juni 1912. Ich lief den ganzen Corso hinab, übersprang das Geländer, mit dem das Forum umgeben ist, und stürzte mich auf die Ruinen meines

Tempels. Die ganze Nacht, indessen ein feiner Regen niederfiel, zerriß ich meine Kleider vor Freude und Qual, während das Tal herauf ein nicht endenwollender geisterhafter Zug kam, der meine Hymnen sang und mich in einem Turm von Weihrauch verbarg. Mit Tagesanbruch verschwanden meine Anbeter, und keine Flügel flatterten mehr an meinen Fersen. Ich kletterte aus den eingesunkenen Ruinen hervor und ging durch die nebeligen Straßen auf die Suche nach einem heißen Kaffee.

Göttergleich, überlege ich niemals; alle meine Handlungen kommen von selbst. Wenn ich innehalte, um nachzudenken, verfalle ich in Irrtum. Während des nächsten Jahres gewann ich eine Menge Geld bei den Rennen in Parioli. Ich spekulierte in Filmen und afrikanischem Weizen. Ich widmete mich dem Journalismus, und die falschen Darstellungen, die ich aussäte, werden Europas Genesung vom großen Kriege wohl um viele Dezennien verzögern. Ich liebe Uneinigkeit zwischen Göttern und zwischen Menschen. Ich war stets glücklich. Ich bin der Glücklichste der Götter.

Ich war nach Rom berufen worden, um den Göttern als Bote und Sekretär zu dienen, aber mehr als ein Jahr verging, ehe ich auch nur einen einzigen erkannte. Die Kirche von Santa Maria sopra Minerva ist über den Ruinen eines alten, dieser Göttin geweihten Tempels erbaut, und hier fand ich sie eines Tages. So ungeduldig war ich, die anderen zu entdecken, daß ich den Gesetzen meines Wesens zuwiderhandelte und nach ihnen auf die Jagd ging. Ich verbrachte Stunden auf dem Bahnhof mit der Suche nach neu angekommenen Gottheiten. Eines Nachts schritt ich den Bahnsteig auf und ab und wartete auf den Pariser Expreß. Ich zitterte in Vorahnung. Ich hatte einen Zylinderhut und was dazu gehört angelegt, eine korallenfarbene Kamelie und ein blondes Schnurrbärtchen. Von blauem Rauch befiedert und herrliche Schreie ausstoßend, raste der Zug in die Halle. Die Reisenden stiegen aus ihren Abteilen in ein Meer von *Fachini* und Verwandten. Ich verneigte mich vor einem skandinavischen Diplomaten und einer Wagnersängerin. Sie erwiderten meinen Gruß nur zögernd; ein Blick in ihre Augen zeigte mir, daß sie hervorragend, aber nicht übernatürlich seien. Kein angehender Bacchus befand sich unter den Oxforder Studenten, die auf ihrer Ferienreise waren; die belgischen Nonnen auf ihrer Pilgerfahrt enthüllten mir keine Vesta. Ich suchte eine halbe Stunde in allen Gesichtern, bis der ganze Bahnsteig verlassen dalag und eine lange Reihe alter Weiber mit Scheuereimern erschien. Ich blieb bei der Lokomotive stehen, um einen Schaffner zu fragen, ob noch ein Nachtrain folge. Als ich mich umwandte, gewahrte ich ein seltsames Gesicht, das mich aus dem Fensterchen der Lokomotive anblickte: Mißgestaltet, schwarz von Kohlenstaub, strahlend von Schweiß und Zufriedenheit und grinsend von einem Ohr bis zum andern, stand dort oben Vulkan.

Hier hob Miß Grier den Kopf: ›Es folgen noch fünfzig Seiten, die seine Begegnungen mit den andern beschreiben. Haben Sie etwas dazu zu bemerken? Erkennen Sie etwas?‹

›Aber liebe Miß Grier, ich habe keine Kopfschmerzen gehabt! Meine Wünsche gehen nie in Erfüllung!‹

›Nein?‹

›Wie soll ich das verstehen? Sie haben es noch verworrener gemacht. Erklären Sie es näher!‹

›Er sagt dann weiter, daß die Götter fürchteten, der Dinge wegen, die sie eingebüßt hatten, verlacht zu werden: des Vermögens, zu fliegen, zum Beispiel, der Unsichtbarkeit und Allwissenheit und Sorgenlosigkeit. Die Leute würden vergessen, daß ihnen noch ein paar beneidenswerte Kräfte verblieben; ihre seltsame Hochstimmung, ihre Beherrschung des Materiellen; ihr Vermögen, zu sterben, wann es ihnen paßt, und jenseits von Gut und Böse zu leben. Und so weiter.‹

›Was wurde aus Ihrem Holländer?‹

›Er beschloß endlich, wie sie alle es tun, zu sterben. Alle Götter und Heroen sind von Natur die Feinde des Christentums – eines Glaubens, der seine Sehnsüchte und Gewissensbisse nach sich zieht, und in dessen Augen jeder Mensch ein Versager ist. Nur ein gebrochener Wille kann in das himmlische Königreich eingehen. So geben sie schließlich nach; schließlich, erschöpft von Selbstverehrung, gehen sie zum Feinde über. Sie schwören sich selbst ab.‹

Ich war erstaunt über den trostlosen Klang ihrer Stimme. Er hinderte mich, sie um die Nutzanwendung des Ganzen auf die Cabala zu bitten. Wir gingen ins nächste Zimmer, wo ihre Musikanten warteten, um uns einige englische Madrigale darzubieten. Heute aber fallen Nutzanwendungen mir ein, besonders wenn ich mich niedergeschlagen fühle. ›Sie geben nach. Sie gehen zum Feinde über.‹"

Sie haben gehört, hier bezeichnet sich der Erzähler selber als Gott und zwar ist er Merkur. Man *stößt* also, so paradox das klingt, bei Wilder auf die gleiche Neigung, Christentum und Antike in einer Theologie der antiken Götter miteinander zu verschmelzen, die der europäischen Literatur mit Cocteau einige ihrer bedeutendsten neuen Werke geschenkt hat. Heurtebise (der Engel in Cocteaus „Orpheus") und Merkur haben einerlei Gestalt.

Und vielleicht ist der jugendliche angelsächsische Held bei Wilder ein Schwellenkundiger wie Merkur noch in anderem Sinne als dem sakraler und profaner römischer Binnenräume. Vielleicht versteht er sich auf die Schwellen zwischen den Zeiten. Wir zumindest glauben, noch nie so wie in diesen wenigen hundert Seiten gefühlt zu haben, daß eine heimliche Tür aus der Cella des Apollo-Tempels zu Chalkis in die Zeichenklasse des amerikanischen College führt, aus welchem dieser junge Merkur hervorkam. Und nun steht er in dem alten Rom auf der Schwelle zwischen den Zeiten, wie Griechengötter schon einmal vor tausend Jahren ähnlich schemenhaft, schattenschnell, angsterweckend in der Weltwende des Jahres 1000 auftauchten.

Verborgener und intensiver als in diesem Jugendwerk Wilders kann das Gefühl von einer Krisis zwischen den Zeiten nicht Ausdruck finden. Daß es aber gleich sehr verborgen und gleich intensiv einen völlig anderen gewinnen kann, das zeigen die Schriften von Wilders Landsmann Ernest Hemingway. Dort die Zeit, ein Medium, erfüllt von hundertfach einander überschneidenden schemenhaften fremdartigen Wesen, die Atmosphäre der Katalaunischen Schlacht. Und nun die Atmosphäre der Werke von Hemingway: der „Fiesta“ oder seines letzten Buches „Männer“, eine brausende Leere, eine wahre Windhose von Zeit, von nichts als leerer Zeit, die den Menschen in sich schlingt, um ihn zu vernichten. Und der ingrimmige, versteckte, verbissene Kampf dieser Hemingwayschen Figuren ist der Kampf mit der Zeit: schlagen wir die Zeit tot! Wenn nicht, schlägt sie uns tot. Hemingway gibt die unscheinbarsten Vorfälle seines Alltags, Forellenfangen, Bummeln, Zeitunglesen, Saufen, so passionierend, mit so beispielloser sinnlicher Fülle wieder, weil er in ihnen allen den Kampf um Leben und Tod, das Ringen des Menschen mit Sekunden wie mit Jahren spürt, und wenn er „Männer ohne Frauen“ (das ist der Titel seines letzten Buches) oder in der „Fiesta“ einen, der die Frau nicht besitzen kann, darstellt, so ist es, weil er im Mann den heroischen Bezwinger oder Bezwungenen der Zeit sieht, dem er vor allem sein Narkotikum, die Liebe, nimmt und dem er im Alkohol den Geheimagenten seines Gegners zur Seite gibt. „Mehr tut man ja schließlich überhaupt nicht, nicht wahr? Sachen angucken und die verschiedensten Alkoholarten durchkosten?“ Nur im Stierkampf, da scheint die Zeit ihm mit einem Mal kompakt zu werden, scheint Formen anzunehmen, Farbe zu bekennen. Ist sie nicht selbst ein Stier? Altern und Einsamkeit seine Hörner? Hören wir ihn. So kann nur einer Schlaflosigkeit beschreiben, der Auge um Auge, Zahn um Zahn, mit der Zeit rechtet.

„Eines Nachts lagen wir auf dem Fußboden unseres Zimmers, und ich lauschte dem Fressen der Seidenraupen. Die Seidenraupen fraßen Maulbeerblätter auf den Hürden. Die ganze Nacht über hörte man sie fressen und daneben ständig das Geräusch von fallenden Blättern. Ich für mein Teil wollte allerdings gar nicht schlafen, weil ich schon eine ganze Zeit von der fixen Idee besessen war, daß meine Seele sofort meinen Körper verlassen würde, falls ich je im Dunkeln die Augen zumachte und mich gehen ließe. In diesem Zustand befand ich mich schon eine ganze

Zeit, eigentlich ständig, seitdem ich nachts in die Luft gesprengt worden und meine Seele aus mir herausgefahren und dann wieder zurückgekehrt war. Ich versuchte, nicht daran zu denken, aber es ging immer wieder nachts los, gerade wenn ich einschlafen wollte, und ich konnte sie nur mit großer Mühe halten. Und während ich heute ziemlich sicher bin, daß sie meinen Körper nicht verlassen hätte, verspürte ich damals im Sommer nicht den geringsten Wunsch, es auf einen Versuch ankommen zu lassen.

Ich hatte verschiedene Arten, mich, während ich so wach dalag, zu beschäftigen. Zum Beispiel dachte ich an einen Forellenbach, in dem ich als Junge geangelt hatte. Ich fischte ihn in Gedanken seiner ganzen Länge nach sorgfältig entlang, sehr sorgfältig unter all den Blöcken, allen Wendungen der Ufer folgend, in allen tiefen und allen klaren, flachen Stellen. Manchmal fing ich Forellen, manchmal auch nicht. Mittags machte ich eine Pause, um mein Lunch zu essen, manchmal auf einem Baumstamm über dem Strom, manchmal an hohem Ufer unter einem Baum, und ich aß mein Lunch immer sehr langsam und beobachtete, während ich so aß, den Fluß unter mir. Oft ging mir der Köder aus, weil ich immer nur zehn Würmer in einer alten Tabaksblechbüchse mitnahm, wenn ich losging. Hatte ich sie aufgebraucht, mußte ich mir neue Würmer suchen, und manchmal war es sehr schwierig, am Ufer des Flusses zu graben, wo die Zedern die Sonne abhielten und es kein Gras, sondern nur kahle, feuchte Erde gab, und oft fand ich gar keine Würmer. Aber ich fand immer irgendeine Art Köder, nur eines Tages im Sumpf konnte ich überhaupt keinen Köder finden und mußte eine Forelle, die ich gefangen hatte, zerschneiden und als Köder benutzen.

Manchmal fand ich in den sumpfigen Wiesen, im Gras, oder unter den Farrenkräutern Insekten und verwendete sie. Es waren Käfer und Insekten, deren Beine wie Grashalme aussahen, und manchmal fand ich Larven in alten morschen Baumstämmen, weiße Larven mit braunen kneifenden Köpfen, die nicht am Haken blieben und sich im kalten Wasser in nichts auflösten, und Holzwürmer unter Blöcken, wo ich manchmal Angelwürmer fand, die im Boden verschwanden, sobald ich den Block hochhob. Einmal benutzte ich einen Salamander, den ich unter einem Baumstamm gefunden hatte. Der Salamander war sehr klein und sauber und behende und von wunderbarer Farbe. Er hatte winzige Füße, mit denen er sich am Haken festzukrallen suchte, und nach diesem einenmal benutzte ich nie wieder einen Salamander, obschon ich sehr viele fand. Auch Grillen benutzte ich nicht, und zwar auch wegen der Art und Weise, wie sie sich am Haken benahmen.

Manchmal lief der Fluß durch eine offene Wiese, und ich konnte im trockenen Gras Grashüpfer fangen und sie als Köder benutzen, und manchmal fing ich Grashüpfer und warf sie in den Strom und beobachtete, wie sie schwimmend den Fluß entlang trieben, und wenn die Strömung sie ergriff, Kreise beschrieben und dann, wenn eine Forelle sichtbar wurde, verschwanden. Manchmal fischte ich so vier und fünf verschiedene Ströme in einer Nacht durch. Ich begann so nah wie irgend möglich an der Quelle und fischte stromabwärts. Wenn ich zu schnell fertig war und die Zeit nicht rumging, fischte ich den Fluß noch einmal durch, indem ich da, wo er sich in den See ergoß, begann und den Strom hinaufging und all die Forellen zu bekommen suchte, die ich vorher verpaßt hatte. In manchen Nächten erfand ich auch Flüsse, und manche waren sehr aufregend, und es erschien mir alles wie ein Wachtraum. Manche dieser Ströme sind mir noch deutlich im Gedächtnis, und ich glaube, daß ich tatsächlich in ihnen gefischt habe, und sie verschwimmen in meiner Erinnerung mit den Flüssen, die ich wirklich kenne. Ich gab ihnen allen Namen und fuhr mit der Eisenbahn und ging manchmal Meilen und Meilen noch zu Fuß, um hinzugelangen. Aber in manchen Nächten konnte ich nicht angeln, und in diesen Nächten war ich frierend wach und betete wieder und wieder und versuchte für alle Leute, die ich je gekannt hatte, zu beten. Das nahm eine Menge Zeit in Anspruch, denn wenn man versucht, sich an alle Leute, die man je gekannt hat, zu erinnern, indem man zu den frühesten Dingen, an die man sich erinnern kann, zurückgeht – was bei mir die Dachstube in meinem Geburtshaus war und der Hochzeitskuchen meiner Eltern, der in einer Blechbüchse von einem Dachsparren herabhing, und dann in der Bodenkammer unzählige Gläser mit Schlangen und anderem Zeug, die mein Vater als

Junge gesammelt und in Alkohol präpariert aufgehoben hatte – der Alkohol war in manchen Gläsern so weit gesunken, daß die Rücken einiger Schlangen und anderer Tiere freilagen und weiß geworden waren – wenn man sich so weit zurückerinnert, besinnt man sich auf eine Menge Leute. Um für sie alle ein Ave Maria und ein Vaterunser zu beten, brauchte man viel Zeit, und schließlich war es dann hell und man konnte einschlafen, wenn man sich an einem Ort befand, wo man im Tageslicht schlafen konnte." Man hat diese Kunst nackten Realismus, literaturfremd, genannt. Ich denke, sie ist es nicht. Ist einer stundenlang auf der Jagd oder auf der Flucht in den Bergen umhergelaufen, kommt er dann hungrig, gesund, mit geröteten Backen nach Hause, so mag man das wohl als primitive, realistische Lebensführung künstlichem Training, etwa der Massage, gegenüberstellen. So mag man Tolstoi, der alle literarischen Bravourstücke im Zusammenhang großer epischer Pläne nebenher und wie unabsichtlich zuwege brachte, trotz seiner gewaltigen Meisterschaft vielleicht primitiv, realistisch, literaturfremd nennen; Hemingways Verfahren aber ist es ebensowenig wie das eines Masseurs, der durch seine Kunst einen Körper in die gesundeste, beste Verfassung bringt. Diese Bücher, deren erstes Tiefe mit nüchterner scharfer Zeichnung, deren zweites die vollste Sinnlichkeit der Schilderung mit nüchternstem Wissen verbindet, haben, damit schließen wir, neben allem, was sie den Leser genießen lassen, ihn dies zu lehren: Amerika, wo es auf der Höhe der Form-Kultur steht, hat unsere Probleme, und wir sollen seine besten Autoren nicht suchen, um diesen Problemen uns zu entziehen, sondern um der beispielgebenden Situation inne zu werden, die das europäische Schrifttum gerade für die größten unter den amerikanischen Dichtern noch heute behauptet.

Pariser Köpfe

Jeder, der auf Reisen gewesen ist, wird sich schon einmal über die verschiedenen Grade von Fremdheit und Gewöhnung, Nähe und Ferne, Erschlossenheit und Spröde, die er im Verhältnis zu Städten gekannt hat, klar geworden sein. Gott sei Dank gibt es eine große Anzahl von Stufen zwischen der Existenz eines Vergnügungsreisenden oder Touristen und eines Menschen, der ansässig ist und arbeitet. Gewiß hat die Einteilung der Leute in solche, die in einer Stadt Geld ausgeben und die es in ihr verdienen, einiges Berechtigte, und sie trifft ja auch für dieses große Fremden- und Vergnügungszentrum Paris viel weitgehender zu als für andre Städte. Der Schriftsteller aber ist ihr jedenfalls – und das ist eine seiner großen Chancen – enthoben. Ihm wird bei einiger Konzentration jeder Ort, an dem er eine Weile gelebt hat, zur Arbeitsstätte. Und es erstaunt ihn vielleicht – mir jedenfalls war es unerwartet –, wie nach langer Abwesenheit selbst im Rahmen eines flüchtigen und programmatisch wenig belasteten Aufenthalts die strengeren Arbeits- und Lebensgewohnheiten sich schnell wieder herstellen. Ich werde Ihnen darum weniger von Neuigkeiten des Theater- und Kunstlebens als von zufälligen Konstellationen des Alltags, vor allem von Begegnungen und Menschen zu sprechen haben, dem wenigen Neuen und dem vielen Alten, das mich frappierte. Es gibt vielleicht keinen größeren Glücksfall für ein Wiedersehen mit der Stadt als lange dort gelebt und gelernt zu haben, noch länger fortgewesen zu sein und dann nach vielen vereitelten Reiseprojekten beinah überrascht eines Morgens wieder in ihr zu erwachen. Im übrigen ist es für mich ein etwas snobistischer aber schöner Trost gewesen, beim Zeitunglesen die Entdeckung zu machen, daß meine halb freiwillige Abwesenheit von der Stadt beinah auf Jahr und Tag mit der erzwungenen eines ihrer interessantesten Bewohner zusammenfiel. Léon Daudet, der Sohn des berühmten Tartarin-Dichters, der Chefredakteur der royalistischen „Action francaise", der vor zweieinhalb Jahren durch einen genialen Handstreich der Camelots du Roi aus dem Gefängnis geholt wurde und nach Belgien entfloh – dieser Léon Daudet, von dem man annahm, daß die Regierung ihn nach acht Tagen begnadigen werde, hat erst jetzt die Erlaubnis bekommen, aus dem Exil heimzukehren. Die Intellektuellen haben zu wiederholten Malen seine Begnadigung energisch gefordert und man begreift, daß die Manifeste, mit denen sie für diesen rechtsradikalen Fanatiker eintraten, unter anderm die Namen der bedeutendsten linksorientierten Autoren trugen. Denn Léon Daudet hat nicht nur die erheblichsten Verdienste um das französische Schrifttum – so ist und bleibt er der authentische Entdecker von Marcel Proust in dem Sinne, daß unter all seinen frühesten, schüchternen Verehrern er der einzige war, der öffentlich für ihn eintrat und ihm dadurch den Goncourtpreis verschaffte –, Daudet hat das ganz besondre Verdienst um die Stadt, der erste gewesen zu sein, der auf den Gedanken gekommen ist, seine eigne Biographie zu einem Denkmal von Paris zu machen. „Paris vécu" hat er seine Lebensbeschreibung betitelt. Was ihr zugrunde liegt ist nicht das chronologische sondern ein topographisches Schema. Was ihm ein jedes Arrondissement von seinem ersten Pariser Tage bis heute gegeben hat, hat er darin erzählt. Um dies Buch ganz zu verstehn, muß man das Eigenleben der Pariser Arrondissements kennen, das so eigensinnig und reich ist, als seien diese Arrondissements ebenso viele Provinzstädte. Wir sind uns darüber im klaren, daß große folkloristische Unterschiede in den verschiedenen Quartieren aller Weltstädte zu beobachten sind. Aber wo anders als in Paris könnte das Selbstbewußtsein eines beliebigen beinah kleinstädtischen, völlig kleinbürgerlichen Arrondissements so weit gehen, eine eigne Wochenzeitung ins Leben zu rufen, wie die nun schon zehn Jahre bestehenden „Echos du quatorzième" für das friedliche Viertel sie darstellen, das sich zwischen dem Parc Montsouris und der Gare Montparnasse hinzieht. Dem Viertel übrigens, das in der geisterhaft benannten Rue de la Tombe-Issoire Lenin jahrelang sein Asyl gab. So viel von Lenin und Daudet. Man stellt den zweiten Band seiner Memoiren, „Rive gauche", in Aussicht, das Pendant zu der „Rive droite", die allen Liebhabern dieser Stadt als eines ihrer lebendigsten Dokumente genannt sei. – Wir werden nicht viel von Büchern reden, wir werden vor allem nicht rezensieren, aber wenigstens eine Verheißung wollen wir uns nicht entgehen lassen. Wir meinen den neuen Roman „Robert" von André Gide, der vor den staunend aufgerissenen Augen der Pariser in der „Revue hebdomadaire" zu erscheinen begonnen hat. Man muß wissen, daß Gide in Frankreich mit dem Ruf eines großen Autors zugleich den des gefährlichsten Spielverderbers verbindet, daß „Si le grain ne meurt", seine Autobiographie (die deutsch unter dem Namen „Stirb und werde" vor kurzem erschien), den französischen Familienvater, seine großen

Kolonialreportagen „Voyage au Congo“ und „Le retour du Tchad“ den französischen Staatsbürger sehr vor den Kopf stießen. Die „Revue hebdomadaire“ aber ist die Wochenschrift eben dieser Familienväter und Staatsbürger. Herr Le Grix hat denn auch den neuen Roman von Gide mit einer redaktionellen Bemerkung versehen, die nicht weniger als 18 Seiten umfaßt. Der Durchschnittsfranzose, das muß man wissen, bringt der Diskussion sexueller Probleme – und nun gar so spezieller, wie Gide sie aufwirft – gar kein Interesse entgegen. „Il en est encore“, wie Léon Pierre-Quint, der Proustbiograph, es mir gelegentlich sagte, „toute aux histoire de jupons dans le genre de ›La vie parisienne‹ et du ›Sourire‹.“ Gerade unter den Familienvätern und Staatsbürgern, den soliden Franzosen gibt es nicht wenige, die Gide als einen zweiten Marquis de Sade betrachten. Man kann diesem Vorurteil sogar Vernunft abgewinnen, wenn man sich einen Augenblick die kühne Charakteristik vergegenwärtigt, die ein junger französischer Essayist vor kurzem von Sade gegeben hat. „Was lehrt denn das Werk von Sade anderes“, schreibt er, „als zu erkennen, wie sehr ein wahrhaft revolutionärer Geist sich der Idee der Liebe entfremdet. Soweit seine Schriften nicht Verdrängungen darstellen, wie sie bei einem Gefangenen natürlich sind, soweit sie nicht aus der Absicht, Anstoß zu erregen, hervorgingen, und an die glaube ich nicht bei Sade, denn das wäre bei einem Häftling der Bastille ein ziemlich albernes Vorhaben gewesen – soweit dergleichen nicht im Spiele ist, entspringen seine Werke einer bis in die äußersten logischen Konsequenzen entfalteten revolutionären Verneinung. Was wäre denn auch ein Protest gegen die Machthaber nutze, wenn man einmal die Naturbedingtheit des menschlichen Lebens mit allem, was sie Empörendes mit sich bringt, akzeptiert hat? Als wäre die ›normale Liebe‹ nicht das anstößigste aller Vorurteile! Als wäre die Zeugung etwas anderes als die nichtswürdigste Manier, den Grundplan des Universums zu unterschreiben! Als wären die Naturgesetze, denen die Liebe sich unterwirft, nicht tyrannischer und hassenswerter als die sozialen. Der metaphysische Sinn des Sadismus besteht in der Hoffnung, die Revolte des Menschen werde eine so gewaltige Intensität gewinnen, daß sie für die Natur den Zwang bedeute, ihre Gesetze zu wandeln, daß angesichts der Entschlossenheit aller

Frauen, die Unbill der Schwangerschaft, die Gefahren und Schmerzen der Entbindung nicht mehr länger zu dulden, die Natur sich genötigt sieht, auf andere Wege zur Erhaltung der Menschheit auf Erden zu verfallen. Die Kraft, die zu der Familie oder zum Staate Nein sagt, muß Nein auch zu Gott sagen, und genauso wie die Anordnungen des Beamten und des Priesters muß das alte Gesetz der Genesis übertreten werden: ›Im Schweiße deines Angesichts sollst du dein Brot essen, in Schmerzen sollst du gebären‹ – das Gesetz, das nicht hervorgerufen zu haben, das erduldet zu haben, Adams und Evas Verbrechen ausmacht." Es ist eine Schrift des jungen Emmanuel Berl, der diese immerhin einprägsamen Sätze entstammen. „Der Tod der bürgerlichen Gedankenwelt" ist das Buch, dem sie entnommen sind, überschrieben. Wenn die französische Essayistik heute auf europäischer Höhe steht, und ihre kritischen Schriften insbesondere die unsrigen so weit übertreffen, verdankt sie das Figuren wie Julien Benda, wie Alain Chartier, wie Emmanuel Berl. Ich bin zu Berl gegangen und habe aus einem zweistündigen Gespräch einen ziemlich deutlichen Eindruck von der Denk- und Seinsweise des Mannes mit nach Hause genommen. Ich versicherte ihn der Bedeutung, die seine Schriften auch für die Avantgarde der deutschen Intelligenz besitzen und merkte, daß er zu den Menschen gehört, die nur auf ihr Lieblingsthema gebracht sein wollen, um dann, ohne viel Unterbrechung zu dulden, was sie zu sagen haben memorieren. Jetzt handelt es sich in der Fortführung seines polemischen Werkes für ihn vor allem darum, die Pseudoreligiosität des Bürgertums aus ihren letzten Schlupfwinkeln zu vertreiben. Als solche sieht er aber weder den Katholizismus mit seinen Hierarchien und Sakramenten noch den Staat an, sondern den Individualismus, den Glauben an die Unvergleichlichkeit, die Unsterblichkeit des Einzelnen, die Überzeugung, das eigene Innere sei der geheiligte Schauplatz einer einmaligen, nie wiederkehrenden tragischen Handlung. Und die modischste Form dieser Überzeugung erblickt er in dem Kultus des Unbewußten. Daß er in dem fanatischen Kampf, den er diesem Kultus ansagt, Freud auf seiner Seite hat, wüßte ich, auch wenn er mir's nicht versicherte. Und mit einem Blick auf das „Grand jeu", die kurzlebige Zeitschrift einiger modischer Obskuranten, die ich bei mir hatte: „Tout ça ce sont des séminaristes.“ Nun einige merkwürdige Andeutungen über den Lebensstil dieser jungen Leute: den refus, wie Berl sagt, wir können übersetzen: die Sabotage. Ein Interview zu versagen, eine Kollaboration abzulehnen, ein Foto zu verweigern, gilt ihnen für ebensoviele Beweise ihres Talentes. Berl setzt das auf sehr geistvolle Art mit dem eingewurzelten Hang zur Askese, der dem Pariser eignet, in Verbindung. Andererseits spukt hier noch die Vorstellung vom verkannten Genie, die wir bei uns so gründlich zu beseitigen im Begriff stehen. Ich höre ihm zu, ich widerspreche ihm nicht. So ganz unverständlich aber ist mir die Haltung dieser jungen Leute nicht. Ich sage mir, wie viele Prozeduren es gibt, als Literat zu reüssieren, und wie wenige darunter mit Literatur das geringste zu tun haben. Ein Champion in dieser Kunst: Jean Cocteau. Es gibt selbst in Paris nicht viele Autoren, die auch ohne zu dichten dem Publikum so beständig sich in Erinnerung zu bringen wissen wie Cocteau. Noch kürzlich, in einer Art von Propagandaschrift im Programmheft des neu eröffneten Théatre Pigalle, das von dem Baron Rothschild für eine Schauspielerin mit enormem Aufwand erbaut wurde. Im Pariser Volksmund hat es den Namen „Théatre de la monnaie“ bekommen. Die Innengestaltung erhält ihren Charakter durch das Widerspiel der konstruktiven, meist metallischen oder gläsernen Teile und der verschiedenfarbigen, wechselnden Lichtbündel, unter deren Schein sie hervortreten. Im Zwischenakt bietet das Vestibül mit seinen Auslagen, Buch-, Blumen- und Schallplattenhandlungen einem, der Pariser Sitte gemäß immer noch verhältnismäßig festlich gekleideten Publikum ein sehr helles und eigentümliches Bild. Freilich ist ungewiß, wieviel man davon dem Kontrast gegen die verstaubten, mit zähen Alexandrinern beschrifteten Bildern von Guitrys „Histoires de France“, die sich im Innern des Theaters abrollen, zuschreiben muß. „Der große Nutzen der Werke von Cocteau“, so hieß es neulich in einer Pariser Zeitung, „besteht – abgesehen selbstverständlich von ihrem literarischen Wert – in ihrer Eignung, nach ihnen Bars zu benennen, die ohne sein Protektorat vermutlich im Banalen versanden würden. Der ›Bœuf sur le toit‹ machte den Anfang, dann kam der ›Grand écart‹ und das neueste ist die blendende Einweihung der ›Enfants terribles‹.“ In der Tat, dies alles sind zugleich Titel Cocteauscher Werke. Das kann man sich noch gefallen lassen. Zweifelhafter ist der Geschmack, mit dem man den Namen einer kleinen mondänen Bar an der Place de l'Odéon dem Werke Rimbauds entnehmen zu wollen glaubte: „Le bâteau ivre“, das trunkene Schiff. Nun gibt es drinnen allerdings Kommandobrücken, Bullaugen, Schallrohre, viel Messing, viel weiß Lackiertes, und die Patronin des Unternehmens, die Prinzessin d'Erlanger, hat sich bemüht, dem Namen, den sie wählte, gerecht zu werden. Es ist nämlich neueste Mode, daß die Boîtes de nuit von Damen der Aristokratie unterhalten werden. Da der Gin-Fizz außerdem zwanzig Francs kostet, so kann die Aristokratie nebenbei noch Geschäfte machen und dies mit um so besserem Gewissen, als sich an ihren geistigen Getränken zum guten Teil Schriftsteller inspirieren, der Betrieb also den geistigen Schatz der Nation mehrt. Im übrigen habe ich persönlich keinen Grund, mit dem Bâteau ivre und der Prinzessin, die es befehligt, unzufrieden zu sein. Denn dort begegnete mir lange nach Mitternacht, glutheiß, gewissermaßen aus dem Kesselraum auftauchend, der selten sichtbare Léon-Paul Fargue. Nicht ganz einfach, diesen Mann vorzustellen. Man könnte zum Beispiel sagen, Besitzer eines schönen Vollbarts, dessen er sich jedoch, wenn's ihm einfällt, von einem Tag zum andern entäußert. Man könnte auch sagen, Besitzer einer gut gehenden Majolikafabrik. Als er da plötzlich vor mir auftauchte, blieb mir aber nur Zeit, meiner Nachbarin zuzuflüstern: „Der größte Lyriker Frankreichs.“ Das wiederum war vielleicht etwas übereilt. Man muß diesen Platz für Valéry reservieren. Abgesehen davon aber, daß Fargue in der Tat ein großer Lyriker ist, an diesem Abend lernten wir ihn als einen der bestrickendsten Erzähler kennen. Er hatte kaum erfahren, daß ich mich mit Marcel Proust viel beschäftigt habe, als er seine ganze Ehre dareinlegte, das kolorierteste und zerrissenste Bild seines ehemaligen Freundes vor uns aufzurufen. Das war aber nicht nur die Physiognomie des Mannes, die erstaunlich in Fargues Stimme auflebte, nicht nur das laute exaltierte Lachen des jungen Proust, des Salonlöwen, der, am ganzen Körper geschüttelt, die weiß behandschuhten Hände vor den weit aufgerissenen Mund preßte, während sein viereckiges Monokel am breiten schwarzen Band vor ihm hertanzt; nicht nur der kranke Proust, der in einem Zimmer, das sich vom Möbelspeicher eines Auktionshauses kaum unterschied, in tagelang ungemachtem Bett, vielmehr in einer Höhle aus Manuskripten, beschriebenen, unbeschriebenen Blättern, Schreibunterlagen, Büchern hauste, die sich zu Bergen türmten, in den Ritzen zwischen Bett und Wand sich verfingen, auf dem Nachttisch gestapelt lagen – nicht nur diesen Proust rief er auf, er skizzierte die zwanzigjährige Geschichte dieser Freundschaft, die Ausbrüche rührender Zärtlichkeit, die Anfälle irrsinnigen Mißtrauens – dies „Vous m'avez trahi" à propos de tout et de rien –, nicht zu vergessen die denkwürdige Darstellung, die er von dem Diner und freilich auch von seiner eignen Regie des Diners gab, zu dem er Marcel Proust und James Joyce, die sich dabei zum ersten und letzten Mal sahen, zu sich gebeten hatte. „Die Unterhaltung in Gang zu halten", sagt Fargue, „hieß für mich eine Zentnerlast stemmen. Dabei hatte ich schon vorsorglich zwei schöne Frauen eingeladen, um den Zusammenstoß etwas zu mildern. Aber das hinderte nicht, daß Joyce beim Fortgehn sich hoch und teuer verschwor, nie wieder den Fuß in ein Zimmer zu setzen, wo er dieser Figur zu begegnen Gefahr laufen könne." Und Fargue ahmte das Entsetzen nach, das den Iren durchzitterte, als Proust von irgendeiner kaiserlichen oder prinzlichen Hoheit mit aufgerissenen leuchtenden Augen beteuerte: „C'était ma première altesse." (Das war meine erste Hoheit.) – Dieser frühe Proust vom Ende der neunziger Jahre stand am Beginn eines Weges, dessen Verlauf er selbst noch nicht absehen konnte. Damals suchte er die Identität im Menschen. Sie erschien ihm als das was den Menschen vergottet. So begann der größte Zerstörer des Begriffs von Persönlichkeit, den die neue Literatur kennt. – Wir blieben unter einem kleinen Feuerregen von Erinnerungen und Maximen zusammen, bis man uns um drei Uhr heraussetzte. Es ist noch nicht achtundvierzig Stunden her, daß mein letzter Pariser Abend, mit dem ich hier schließen will, mir aus sehr anderem Spiegel das Bild Prousts erscheinen ließ. Dem Spiegel Albertinens, wenn wir so einen Mann nennen dürfen, der bei seinen Freunden und bei allen Parisern, die Proust kennen, Monsieur Albert heißt. Nicht so sehr daß das, was Monsieur Albert von Proust zu erzählen weiß, dieser Spiegel gewesen wäre – nicht alles, was er mir zum Besten gab, war neu, und noch weniger war es zur weiteren Verbreitung bestimmt – aber in diesem Manne selbst ist noch etwas, was spiegelhaft den Abglanz des Dichters gibt. Jedenfalls verrät die Diskretion, die Monsieur Albert im Sprechen wie im Auftreten hat, mehr den ehemaligen Leibdiener des Prinzen Orloff, den späteren Kammerjunker des Fürsten von Radziwill, als den heutigen Besitzer der Kaschemme „Trois colonnes" in der Nähe der Place de la Bastille. Monsieur Albert wollte mir noch die Ehren dieses Etablissements erweisen. Ich aber zog es vor, in der vornehmeren Kaschemme, in der wir unser ausgezeichnetes Abendbrot eingenommen hatten, ihn beim Kaffee festzuhalten und dem angenehmen Tonfall zu lauschen, mit dem er die Erinnerung an die früheren gemeinsamen Nachtspaziergänge auf dem Boulevard Haussmann zu Seiten des Dichters heraufrief, der die wechselnden Effekte des Mondlichts jeweilen mit den geeignetsten Versen von Vigny, Hugo, Lamartine oder Mallarmé begleitete. Paris hat mir in diesen Wochen kein anziehenderes Bild gegeben, als diese Worte von Monsieur Albert vor mir auftauchen ließen.

Friedrich Sieburgs Versuch „Gott in Frankreich?"

In den französischen Literaturblättern begegnet man jetzt einem neuen Genre von Buchkritik. Es nennt sich „Critique romancée", wörtlich übersetzt hieße das: Kritik in Romanform. Das ist es natürlich nicht. Wir müssen an etwas wie die bekannten Eulenbergschen „Schattenbilder" denken: Evokation des Autors durch den Kritiker bei Gelegenheit seines Buches. Man zeigt den Dichter in einem erdachten Gespräch über seine neue Arbeit mit einem Freund. Oder man schildert ihn bei der Arbeit selbst. Oder die Muse oder andre literarisch besonders autorisierte Persönlichkeiten äußern sich, wie es dem Rezensenten grad durch den Kopf geht, über die Neuerscheinung. Ein ziemlich zweifelhaftes Genre im ganzen. Wir wollen es ins Deutsche nicht übernehmen, erwähnen es vielmehr nur, um die besondere, freilich ebenfalls ungewöhnliche Art von Kritik, die wir uns im folgenden vornehmen, vorteilhaft gegen diesen Hintergrund abstechen zu lassen. In der Tat, wir haben nicht vor, Sieburgs

Buch „Gott in Frankreich?“ (Frankfurter Societätsdruckerei) in der üblichen Weise zu rezensieren. Wir wollen für diesmal vielmehr versuchen, die Beurteilung – ein literarisches Verfahren – durch ein mehr rechnerisches – durch eine Probe aufs Exempel sozusagen – zu ersetzen. Der Hörer wird der Reihe nach Sieburgs Aufstellungen zur Kenntnis nehmen, der Referent aber sich bemühn, aus seiner eignen Erfahrung diese Position zu illustrieren und zu ergänzen.

Vielleicht ist nichts für den Kenner des riesenhaften Schrifttums um Frankreich auffallender als dies: die tausend Briefbände, Reiseschilderungen, Tagebücher, Anekdoten und Korrespondenzen sind hier nicht um eine tausendundeinte vermehrt worden. Sieburg hat auf Impressionen verzichtet. Das ist meist rühmlich, und niemals mehr als wenn man sich über Frankreich äußert. Daß Sieburgs Buch nicht erwittert, sondern gebaut ist, dies Verdienst wird ihm niemand streitig machen. Gebaut um eine nachdrückliche, eine eindeutige Frage: wie lange noch? Wie lange kann dieses zivilisierteste Märchenland Frankreich noch seine Sonderexistenz, seine unverwechselbare Schönheit, seine unverkennbare Spröde bewahren? Was wird es aufgeben müssen? Was wird es gewinnen? Je weiter Sieburgs Darstellung fortschreitet, desto dringlicher wird die Frage, um am Schluß in einem politisch-ökonomischen Abschnitt ihre unverstellteste Formulierung zu finden. Noch ist Frankreich zum überwiegenden Teil ein agrarisch fundierter Wirtschaftskörper. Noch ist die Sicherheit der Kapitalanlage, nicht die Höhe des Zinsfußes für den französischen Rentner bestimmend. Noch haben Betrieb und Tempo, Arbeit und Reichtum, Macht und Geltung die Liebe zum Genuß, die sinnlich kontemplative Freude am Dasein nicht aus dem Felde geschlagen. Aber Vorzeichen eines Wandels kündigen sich an. Eine energische, jugendliche Elite hat unter dem Schlagwort „Créer“ die Intensivierung der Produktion zu ihrer Parole gemacht. „Ganz Frankreich“, sagt einer ihrer Wortführer, „ist heut vom Elan, die Produktion zu steigern, besessen.“ Und seit der Inflation hat der französische Bürger begonnen, Aktien zu kaufen. Die Mäßigkeit, Nüchternheit, Weisheit im Genusse, die mit der Sparsamkeit verbunden so kennzeichnend für den Durchschnittsfranzosen ist, sind Objektive, Angriffspunkte einer Industrie geworden, die um jeden Preis den Konsum steigern muß. Was das Ergebnis dieses Kampfes sein wird, welches Frankreich aus ihm hervorgeht, wie lange wir das alte noch behalten und lieben dürfen, das ist die Frage des Buches. Ich nehme sie in mich auf, mache auf sie das Exempel, und ich entsinne mich der Worte, die vor vielen Jahren ein Freund auf einer der langen Nachmittagsschlendereien mir stellte, die ihren Rausch aus allem, was man vor Augen hatte und aus dem endlosen Gleichmaß des Ganges brauten: „Das Altertum ist unvordenklich geworden und auch zum Mittelalter kamen wir viel zu spät. Aber daß es das Eine noch gibt: Paris, und daß wir es noch erlebt haben – das ist schon so unfaßlich, daß man's uns vielleicht schon nicht mehr glauben wird, wenn wir alt sein werden."

Sieburgs Werk hat, abgesehen vom kurzen Epilog, vier Teile, von denen tragend der erste und letzte sind. Der erste, der unterm Stichwort „Die heilige Johanna" die religiösen Grundlagen der französischen Zivilisation aufsucht, der letzte, der, wie sein Titel „Frankreich als Widerstand" andeutet, die Schwierigkeiten unserer aktuellen Auseinandersetzung beleuchtet. So wenig man sagen kann, daß der Verfasser in diesen entscheidenden Teilen die Dinge bagatellisierend oder spielerisch nähme, so sehr kann man an dem Sinn für Nuancen, für Genuß und Lebensbejahung seine Freude haben, die seine beiden Mittelteile „Die Zivilisation" und „Zwischenspiel" kennzeichnen. Was Sieburg über „Geschmack und Goût", „Das Wort", „Literatur als Einrichtung" sagt, ist mit ebensoviel Einblick in diese Dinge als Verständnis für die Positionen des Deutschen niedergelegt. Des Deutschen, dem es, wie der Verfasser schlagend formuliert, ja so schwer fällt, „gerade in der gesellschaftlichen Gebundenheit einer Geistäußerung etwas anderes zu sehen, als eine Schwäche und Gefährdung der Unbedingtheit". Es ist fast erstaunlich, daß der Verfasser sich dieser Einsicht nicht hat bedienen wollen, um dem Geheimnis der Pariser Mode sich zu nähern, zu dem sie der Schlüssel ist. Die konkrete Figur, unter welcher der Goût seine europäische Herrschaft, wenn nicht erobert, so doch behauptet hat, ist ja die Mode. Wie weit ihr Reich sich über das der Haute Couture hinausdehnt, hat man sich kürzlich wieder mit viel Vergnügen vergegenwärtigen können. Auch Sieburg wird ja Giraudoux' „Amphitryon 38“ gesehen haben, das einzige Stück, das einen zur Zeit in Paris zum Theaterbesuche bewegen kann, da der begabte Pitoëff seine Bühne mit einer uninteressanten Aufführung der „Verbrecher“ von Bruckner belegt hat. 38, die Zahl nach dem „Amphitryon“, heißt: die achtunddreißigste Bearbeitung dieses Stoffes. Und man braucht diese Worte nur ein wenig anders zu wenden, um an das Wesentliche dieses Dramas und an das Wesentliche des Goût zu rühren. In der Tat, Giraudoux hat die Sage als einen unerhört kostbaren Stoff betrachtet, der in so vielen Händen nichts von seinem Wert verloren, durch einen Anflug von Altersglanz ihn gesteigert und nun dem Dichter die modische Aufgabe gestellt hat, durch einen neuen eleganten Zuschnitt ihn auf unerwartete Weise zur Geltung zu bringen. Man vergleicht das Stück mit dem „Orpheus“ von Cocteau, ebenfalls einer Neubearbeitung des antiken Gegenstands, und bemerkt, wie Cocteau den Mythos nach den neuesten architektonischen Grundsätzen umkonstruiert, Giraudoux aber ihn modisch zu erneuern versteht. Man hat Lust, die Proportion aufzustellen: Cocteau : Corbusier = Giraudoux : Lanvin. In der Tat hat Lanvin auch die Kostüme gestellt und die Darstellerin der Alkmene, Valentine Tessier, spielt eine Rolle, in der die Rüschen, Schärpen, Volants und Fichus ihrer Roben mindestens ebenso begabte und lebendige Partner sind wie Merkur, Sosias, Zeus und Amphitryon. Nimmt man hinzu, daß die Moral, die so virtuos und verführerisch dem Beschauer sich insinuiert, die Sache ehelicher Treue gegen alle göttlichen Raffinements der Erotik führt, so hat man die modische und konservative, mit einem Worte die französische Tendenz des Verfassers zum Ausdruck gebracht. Nachdenklich geht man durch eine dieser milden Winternächte von Paris nach Hause und ist den Kräften etwas näher, die es bewirkt haben, daß diese Stadt jahrhundertelang die umfassendste wirtschaftliche und geistige Organisation der Mode gewidmet hat, nimmt auch von Giraudoux die Gewißheit mit, daß sie nicht nur die Frauen, sondern die Musen kleidet. Oder man denkt an eine Figur wie den kürzlich verstorbenen Doucet,

Besitzer eines der größten Modehäuser der Stadt, der sein Vermögen darauf verwandte, eine erlesene Kunstbibliothek und ein unschätzbares Archiv von Dichterhandschriften zu sammeln. Paris hat viele Vermögen gesehen, die aus der Mode entstanden und an ihr vergingen. Der Name Poirets allein ruft eine bewegte Kurve herauf. Weniger bekannt sind die Manöver, mit denen der große Pariser Perlenhändler Léonard Rosenthal sein Vermögen gerettet hat, als er es von der Mode bedroht sah. Man erinnert sich, wie vor etwa zehn Jahren, infolge der Verarmung durch Krieg und durch Inflation, daneben auch durch neue technische Errungenschaften, das alte europäische Vorurteil für den echten Schmuck allmählich durchbrochen wurde. Rosenthal witterte Gefahr, machte den größten Teil seines Vermögens flüssig und kaufte die Terrains in der Gegend der Champs Elysées, um sie mit riesigen Mietshäusern zu bedecken. Die Spekulation, die infolge der Wohnungsnot überaus glücklich verlief, hat ihm das Vielfache seines Vermögens, uns eines der reizvollsten Bücher eingebracht: die Aufzeichnungen, die er unter dem Titel „Quand le bâtiment va“ über seine Unternehmungen und die Geschichte der Champs Elysées publizierte. Man kann sie getrost neben Sieburgs Buch ins Regal stellen.

Denn dieses gilt ja durchaus nicht nur Frankreich im allgemeinen. Man findet darinnen vor allem eine Fülle erstaunlicher Einblicke in Paris. Sieburg hat der Hauptstadt drei Kapitel gewidmet, die allein in der Abfolge ihrer Überschriften einen Begriff von der behutsamen Exaktheit geben, mit der seine Darstellung sie umwirbt. Da findet er für sie diese nachhaltige Prägung: „Zuerst erscheint die Stadt einheitlich, als Ganzes zusammengerückt zu einem Bilde, das dadurch eigentümlich ist, daß es in ihm nichts Neues, nichts Frisches gibt. Selbst das neueste Material, Betonklötze für einen Bau, die ersten Meter eines Fundaments, eiserne Träger, Erdarbeiten, das alles hat bereits die Patina, will sagen den Reiz der Vollendung“ – diese Prägung, der nachgesagt werden kann, daß sie das divinatorische Wort heraufruft, das Apollinaire von Paris sagte: „Ici même les automobiles ont l'air d'être anciennes“. Auch das Prinzip, nach dem dieser große Zentralkörper Paris dialektisch die Vielfalt in sich aufrecht erhält und ihren Zellen die Freiheit von Individuen gibt, ist ihm nicht entgangen: die Sonderexistenz der quartiers. „Die Quartiere sind die eigentlichen Einheiten, von denen jede einen bestimmten Charakter aufweist. Jede hat ihren natürlichen Mittelpunkt, ihre Geschäftsstraßen, ihren Markt, ihre Cafes, Kinos und Promenaden. Ausflüge in andere Viertel sind selten, werden meist nur sonntags vorgenommen und nehmen leicht den Anstrich von Expeditionen an. Den einzelnen Bezirken entspricht ein bestimmtes Bezirksgefühl, das durch allerlei Festlichkeiten und Veranstaltungen genährt und von den Politikern bei den Wahlen ausgebeutet wird." Und wo sonst könnte es Institutionen geben wie das „Echo du quatorzième", das als Wochenschrift schon ein stattliches Alter hat, oder wie die historische und archäologische Gesellschaft des achten Arrondissements.

In der Tat, was Sieburg hier erfaßt hat, ist gleich wichtig für die Durchdringung Frankreichs wie für die Kenntnis der Hauptstadt. Es hat sein Gegenstück in den wenigen, aber schlagenden Seiten, in denen er das typische Bild der französischen Kleinstadt zeichnet. „Wohl ist", heißt es da, „in den letzten Jahren auf der Bahnhofstraße ein kleines Warenhaus entstanden, das meist ›Magasin de Paris‹ heißt, es hat aber kaum ein Kleingeschäft zu verdrängen vermocht. Es verdankt sein Bestehen hauptsächlich dem Umstande, daß eine große Anzahl von häuslichen Fähigkeiten – wie Wäschenähen und -weben – verschwunden ist und die Handwerker teils weniger haltbare Gegenstände als früher anfertigen, teils neue Bedürfnisse zu befriedigen haben. Aber das Trauermagazin mit seinen pompösen Sarggriffen, Kreppschleiern und Glaskränzen blüht immer noch, und auch der Laden mit religiösen Artikeln, Gebetbüchern, elfenbeinernen Kruzifixen, Geschenken für die erste Kommunion und Wachskerzen für alle Gelegenheiten ist immer noch auf der Höhe. Nicht etwa, daß die Leute besonders religiös wären, aber sie gehn doch alle ins Hochamt am Sonntag, weil es eben ein gesellschaftliches Ereignis ist, und sie feiern fleißig die religiösen Feste, da sie ihnen Gelegenheit geben, möglichst viele Familien zu Promenaden durch die Stadt und zum Kaffee zu versammeln." Was Sieburg hier schildert, ist die Stadt des großen französischen Novellisten Marcel Jouhandeau, und ich darf in der angekündigten Form auf das Exempel dieser Seiten wohl die Probe machen, indem ich einiges von meinem Besuche bei Jouhandeau hier einfließen lasse. Der Raum, in welchem er uns empfing, ist die vollendetste Durchdringung von Atelier und Mönchszelle, die sich denken läßt. Eine ununterbrochene Fensterreihe zieht sich über zwei Wände. Zudem gibt es Oberlicht. Dichte grüne Vorhänge überall. Zwei Tische, deren jeden man mit gleichem Recht als Arbeitstisch ansehen könnte; vor ihnen Stühle, wie verloren im Raum. Die Strategie des Beleuchtungswechsels beim Arbeiten macht den ersten Gegenstand unseres Gesprächs. Jouhandeau redet von den inspirierenden Kräften des Lichts, das von rechts kommt. Sodann viel Autobiographisches. Mit 13, 14 Jahren bekommen zwei leibliche Schwestern, die im Institut der Karmeliternonnen in seiner Vaterstadt leben, entscheidenden Einfluß auf ihn. Von da an umfaßt ihn der Katholizismus, der ihm vorher nicht anders denn als Gegenstand von Erziehung und Unterricht vorkam. Daß er ihm mehr geworden ist, sagte mir beim ersten Blick in den Raum ein Kruzifix aus Porzellan überm Bett. Ich gestehe ihm aber, wie ich nach Kenntnis seines ersten Buches ganz im Unklaren blieb, ob er den Katholizismus als Bekenner oder nur als Forschungsreisender, explorateur, darstelle. Dieser Ausdruck gefiel ihm sehr. Er fuhr fort, von seinem Leben zu sprechen, besonders von der Nacht – es war die, die der Beisetzung Déroulèdes folgte – da er seine ganze Arbeit verbrannte, eine unendliche Menge von Notizen und Spekulationen, die ihm zuletzt als ein Hemmnis auf dem Wege zum wahren Leben erschienen waren. Erst seitdem begann seine Produktion das Lyrisch-Spekulative zu verlieren. Erst seitdem formte sich die Welt dieser Personen, die eigentlich, wie Jouhandeau mir erzählt, alle der einen Straße seiner Heimatstadt entstammen, in der er wohnte. Es ist ihm wichtig, die Welt dieser Personen zu kennzeichnen: ein Kosmos, dessen Gesetz sich nur vom Mittelpunkt her erschließt. Dieser Mittelpunkt ist Godeau, der kanonische Fromme, der Mann, dessen Existenz Jouhandeau in seinem „Monsieur Godeau intime“ beschrieben hat. Im übrigen aber erklärt er: „Was mich am Katholizismus am meisten fesselt, das sind die Häresien.“ Jedes Individuum ist für ihn ein Häretiker.

Und das Passionierende sind ihm die unabsehbaren individuellen Verzerrungen des Katholizismus. Oft stehen seine Personen, deren er eine große Zahl kennt, die in seinen Büchern noch niemals auftraten, schon lange vor ihm, ehe sie ihm so greifbar werden, daß er sie darstellen kann; oft vergeht lange Zeit, bevor ihm eine kleine Wendung oder Geste an ihnen ihre besondere, eigenste Häresie kundgibt. Ich spreche zu ihm von der großartigen und abstrusen Verspieltheit seiner Menschen, deren Zerstreuung nicht mit den Gegenständen des täglichen Gebrauches, Messern oder Gabeln, Zündhölzern oder Bleistiften, sondern mit Dogmen, Beschwörungsformeln und Illuminationen hantiert. Mein Ausdruck „bedrohliches Spielzeug“ gefällt ihm sehr und auch, daß ich sage: „Vos personnes sont tout le temps à l'abri de rien.“ Mademoiselle Zéline, Ermeline, Noëmie Bodeau kommen vor. Das Ende unseres Gespräches markierte die Stelle, die er mir in der schönen Luxusausgabe seines „Monsieur Godeau intime“ aufschlug. Er bezeichnet sie selbst als den Angelpunkt des Buches, und es ist darin von dem Aufenthalt Gottes in der Hölle und von dem Kampfe mit ihr die Rede.

Die Wiedergabe dieses Gespräches hat mich weiter geführt, als ich dachte. Und wenn ich jetzt wieder auf die Schrift von Sieburg zurücklenke, dann ist es eine Probe auf sie in mehr als einem Sinne gewesen. Auf Frankreichs Katholizität hat Sieburg seine ganze Darstellung aufgebaut. Im ersten Teil, der dieser Fundierung gilt, steht das Kapitel mit der Überschrift: „Ist Gott Franzose?“ Dort handelt Sieburg von der größten Häresie aller Zeiten, dem religiösen Nationalismus. Wie aber der für Frankreich zu verstehen sei, darauf gibt es in der neueren Dichtung, abgesehen von Charles Péguy, keinen energischeren Hinweis als das Werk Jouhandeaus, in dem die Folklore des katholischen Daseins, wie sie in innigster Durchdringung dieses Glaubens mit diesem Boden, dieser Nahrung, diesem Werktag, diesem Menschenschlage im Schoße der französischen Provinz sich durchgebildet und erhalten hat, zum Ausdruck kommt. „Dies Land“, schreibt Sieburg, „war immer katholischer als der Papst, der nur die Seelen vereinigen und zusammenschließen will, während Frankreich erst um die religiöse, dann um die zivilisatorische

Idee ein Volk zu bilden vermochte." Mit Recht werden in diesem Zusammenhange die Kämpfe erwähnt, die Rom noch in der allerjüngsten Zeit mit den Ultras des nationalen Katholizismus der Action Française zu führen gehabt hat. Von dem fleißigen Chronisten der französischen Außenpolitik, der Sieburg in den letzten Jahren gewesen ist, läßt es sich begreifen, daß er für die Einschränkung der zivilisatorischen Ansprüche Frankreichs bisweilen ebenso diplomatisch aber scharf geprägte Entgegnungen bereit hat wie der Vatikan gegen die religiösen. Wie denn überhaupt der Verfasser nicht selten die Kehrseite des Medaillons Frankreich zum Vorschein bringt. Aber vielleicht hämmert und pocht er bisweilen nur so energisch auf ihr, um mit einer Entsagung, für die wir ihm dankbar sind, das Bild der Vorderseite um so reiner herauszustanzen.